大旗出版
BANNER PUBLISHING

大旗出版
BANNER PUBLISHING

大旗出版
BANNER PUBLISHING

大旗出版
BANNER PUBLISHING

教科書裡沒有的近代史

出版緣起

「史」是記錄人類社會「過去式」的事件簿。

中國近代史是個內憂外患的年代。1839年，鴉片戰爭的第一聲炮響起，封閉的東方古老大國不得不打開通往世界的大門與西方文化接觸，大清帝國不再是以天朝上國和所謂的蠻夷小國外交，也無法如同輝煌年代般以「理藩」、「朝貢」的方式進行，與實行鎖國的清廷不同，這些蠻夷小國歷經工業革命、啓蒙運動、海權興起等各方面大躍進，國力不可同日而語。清廷抵抗西方列強與處理內憂時，並非無任何改革活動，如自強運動、維新運動、清末新政等，但緩不濟急！長期貧窮積弱的清廷實無法力挽狂瀾，改革均以失敗告終。最後，1912年，宣統帝溥儀宣布退位，清朝正式滅亡。

《教科書裡沒有的近代史》一書的作者爲中國歷史學博士，書名指的「教科書」，當然是中國部定的教科書，或許裡面某些事件、人物與我國教科書內容有所重疊，然由於角度的不同，事件敘述會有所相異，或許有許多與我們學過的歷史有著迥然不同的論述與立論，但爲了尊重原著的創作精神並求本書語氣及文意的一致性，我們在內容上沒有做違反原意的調整，對於此類用字遣詞也未做修改，我們期望能從不同角度解讀歷史，可以產生不同的火花，也企盼此書能夠讓讀者換個角度認識那個古文明與新世界碰撞、大清帝國與西方列強對抗、傳統皇權與改革思想摩擦的那段矛盾又震撼的歲月。

大旗出版．大都會文化 編輯部 敬啓

前言

對於歷史的特性，近代著名的教育家、思想家羅家倫曾將之概括為「連續性」和「交互性」。僅就歷史的連續性而論，羅氏告誡我們，近代並不是一個特殊的時代，不能將其與過去的一切相分離。掩卷思之，我認為此話甚有道理。仔細思考現代中國的形成、發展與進步，又何嘗能與近代中國的歷史完全撇清呢？例如，我們今天習慣上稱之為「新社會」，國家被喚為「新中國」。既然有「新」字之說，則必然有「舊」字與之相對應，而「舊社會」、「舊中國」亦不能不攝入世人之眼簾。道理很簡單，「舊的不去，新的不來」。不瞭解「舊社會」、「舊中國」的危難與黑暗，亦自然不能理解「新社會」、「新中國」的孕育及產生。

那麼，這個被現代中國人視作是「舊中國」的歷史又從何談起呢？鴉片戰爭應當是一個起點。從鴉片戰爭開始，古老的中國開始和外部世界發生聯繫，隨著彼此交往的一天天增加，那些國門洞開後一股腦兒湧進的泰西文明日漸對長期封閉的這個東方古老國度產生了諸多深刻影響。這所造成的後果，不單是軍事、經濟和所謂一切的物質文明的更迭，而是整個國家、整個社會系統的大換血。中國傳統的政治制度、社會制度和文明基礎，都受到了劇烈的震動和變更。老實講，我們今天沒有哪件事是獨立於世界的，要研究現當代中國，非瞭解國際情勢不可。而造成「你中有我，我中有你」這種狀況的老根兒恐怕還得從1840年鴉片戰爭的那聲炮響算起。

不過，那些試圖對歷史進行發掘的有心人大多都會發現，事實上距離我們並不遙遠的近代史，想要眞正撩開她的面紗，對她進行深入瞭解卻並不容易。近代以來，或由於當事人的刻意布局，或由於史料文獻的破殘消匿，或由於意識形態的局限，以及民族主義的思想束縛，常常有一些隱藏在表像背後的歷史眞實被主觀人爲地遮蔽起來，時間一長自然「弄假成眞」，以至於現在不少戲說惑眾的僞史大行其道，一些篡改歷史、不負責任的胡說公開傳播，且有愈演愈烈之勢。凡此種種，每一個從事史學研究的學界同仁身上都有一種如芒在背的感覺，因爲這是一份沉甸甸的、責無旁貸的社會責任！

是故，本書的寫作目標就是對準這些史學亂象進行「正本清源」，對一些大家有所瞭解卻又尚不深透的歷史原委予以完整、眞實地呈現。特別是對一些幾乎已成定論、又廣爲世人所知的錯誤認識進行「撥亂反正」，基於史實重新提出新認識，從而豐富大家對歷史複雜性、曲折性的認知。譬如，書中對蒙冤百年的葉名琛、駐朝監國時的青年袁世凱、決斷收復新疆的慈禧等諸多重要人物的歷史評價問題，均力圖通過讓史實「說話」的方式，對他們做出客觀、準確、眞實的再評價。

另一方面，如若從文明衝突的角度分析，這七十年風雲變幻的歷史又可以解讀爲一部中外異質文明從衝突、對抗，到相知、融合的文化交流史。古老且變化緩慢的文明在遇到另一種現代和更有生氣的文明後步步退卻，中國的先進知識份子在追尋救國圖強的過程中，也逐漸形成了一種在新世界格局中重新檢視中國地位的新觀點。而這些在當時有些「超前」的觀點，又不可避免地與固守傳統的國家政權和普羅大眾之間產生矛盾和摩擦。簡言之，中國的近代史就是兩齣大戲：一齣是向外擴張的西方海洋文明和固守傳統的中國大陸文化之間的文化對抗，另一齣則是第一齣的衍生物，表現爲辛亥革命前中國內部的劇烈社會分化與思想激蕩。故而本書也試圖通過對太平天國運動、蒲安臣出洋、天津教案的來龍去脈、蘇報案、廢科舉、廢淩遲、張謇下海等一些歷史事實的描述能喚起讀者對中國傳統社會在「三千年未有之大變局」下迅速轉變的反思。

回顧自己對中國近現代史的研究，始覺自己從接受專業的史學訓練算起彈指一揮間已走過十二個春夏秋冬。十二年看似漫長，如今感覺卻是如白駒過隙，倏然而已。回顧這麼多年來的點點滴滴，在這個過程中我不僅體會到了科研探索的艱辛，也品嘗到了收穫的喜悅。在專業上，體驗了由「技法」到「思想」的轉變，在人生意義的感悟上，也經歷了一次痛並快樂的修煉。在對歷史進行解讀的問題上，我個人以爲，品讀歷史既可以是嚴肅的，也可以是生動的。很多朋友喜歡歷史，尤其樂於在閒暇之時對歷史人物事件品頭論足。一些民間故事由於其輕鬆、活潑、貼近老百姓生活的敘事風格而深受人們喜愛。一時間，「戲說」取代「正說」，塑造了人們心中對於某些歷史人物和歷史事件的印象。因此，本書在創作中也盡可能地做到貼近現實、貼近生活，通過對一些歷史事件的起因、緣由、過程和結局的描述，採用大家喜聞樂見的形式、生動形象的語言、豐富深刻的思想來達到寓教於史的目的。應該說這也是我本人寫作上的一個嘗試和努力，希望能夠達到深入又能淺出、嚴謹而不顯拘謹、通俗而不失高雅的境界。

隨著這部書稿寫作結束，自己雖有如釋重負之感，但又恐有不當而貽笑大方。所幸從寫作伊始，大眾讀物編輯室的馬燕和劉樹林編輯就對本書傾注了大量心血，提供了諸多寶貴意見，感謝她們對我的信任。書稿完成後，馬老師和劉老師又對文字進行了極爲細緻的審閱和校訂工作。她們工作中的一絲不苟、嚴肅認真，令我極爲欽佩。應該講，這部書稿能按時完成，實與二位編輯的悉心幫助密不可分。由於工作繁忙、水準有限，本書一定有不足之處，其中可能出現的問題都應歸咎於我本人，同時也希望各位讀者批評指正，以便改正。

目錄

【紀事焦點】

【歲月留痕】

大清帝國
有限股份鄣陽貯蓄勤業銀行股票
股東 君
一足銀壹百伍拾兩
參股
右記名之股東交付本票為証
鄣陽貯蓄勤業銀行
理事
鄣陽貯蓄勤業銀行

人物過往

「海上蘇武」的百年冤案

1859 年 4 月 9 日，兩廣總督葉名琛在印度加爾各答的一座砲臺裡絕食而死。時人將這位魂斷異國的大清高官看作貪生怕死之輩，譏諷他是「不戰、不和、不守、不死、不降、不走」的「六不總督」。有人甚至認為正是由於他的外交失誤，才引發了第二次鴉片戰爭，導致圓明園被毀。在以後很長一段時期裡，葉名琛成為一位功過混沌、史說不清的歷史人物，以至於被臉譜化，成為晚清政治昏庸、官場愚頑的代表人物。可事實果真如此嗎？

咸豐 8 年 12 月（1858 年 1 月），英國軍艦「無畏」號從香港起航開往印度。在「無畏」號的船艙裡有一名中國囚犯，他就是葉名琛[1]。葉名琛本是清朝的兩廣總督，在此之前由於英軍攻破廣州而兵敗被俘。雖說成了俘虜，葉名琛卻仍舊身著朝服，頂戴花翎，始終保持了一種「天朝上國」封疆大吏的凜然氣節。儘管受不了海上顛簸起伏的劇烈晃動，葉名琛嘔吐不止，卻始終正襟危坐，不哼一聲，只是偶爾從小小的舷窗中向外眺望，望著波濤起伏的大海、自由飛翔的海鷗和時隱時現的島嶼漁船，若有所思。爲保持民族氣節，葉名琛在「無畏」號起航前，還特意叮囑廚師帶了大量中國食品，對於洋人送來的洋酒、烤肉碰也不碰。

1 據《香港紀事報》記載，軍艦上的軍官很尊敬他。偶然有人上艦，都向葉名琛脱帽致意，他也欠身還禮。他看上去神情坦然，並默默地作著某種準備。

對於此次航行的目的地，葉名琛原以爲是英國，所以他不但不恐懼，反倒有幾分高興。他認爲自己將有機會面見英國國王，能成功地說服英王，使其罷兵和好。因此他以「海上蘇武」自詡，頗有幾分使命感。但當「無畏」號到達印度後，這位可憐的總督卻被囚禁在印度的加爾各答，甚至連當地的地方長官也沒見到，最後在焦躁困惑和饑餓病痛中默然死去。對於其悲情慘狀及其在面對生死考驗時所表現出來的民族氣節，遠在北京的咸豐皇帝和一般國人不僅一無所知，反而還對其大加斥責。可歎葉名琛，其生前不但壯志未酬，死後還遭人詬病，以致含冤百年。這使人不禁要問，那個曾屢受朝廷嘉獎、連年加官晉爵的官場紅人爲何會落得如此下場？

咸豐皇朝的東南柱石

葉名琛（1807-1859），湖北漢陽人。清道光 15 年（1835）進士，道光 18 年（1838）任陝西興安知府，此後連年升遷。道光 26 年（1846）任廣東布政使，兩年後升任廣東巡撫。咸豐 2 年（1852）繼徐廣縉擔任兩廣總督。細算起來，葉名琛從翰林院編修的七品閒職，升到二品廣東巡撫，只用了十三年（其中還包括丁憂守制的二十七個月）。以葉名琛的升官速度來看，此人絕非等閒之輩。

咸豐 4 年到咸豐 8 年（1854-1858），受洪秀全起義的影響，廣東珠江流域爆發了大規模的「洪兵」起義[2]。咸豐 4 年 7 月，二十萬起義軍包圍了廣州城。而守城清軍卻只有九千人，再加上當地的團勇六千

2 這種血淋淋的場面，把剛從美國回來的容閎給嚇壞了。容閎後來在其回憶錄中寫道：「天啊！這是一種什麼景象！血流遍地，街道兩旁，無首的屍身堆積如山，等待掩埋，但卻並沒有任何準備清除的跡象。……土地已完全被血水滲透，散發出污穢惡臭的氣味，以致周圍兩千碼左右，都被籠罩在這種傳播瘟疫的濁氣之下。」

人，也不過一萬五千人。此時的葉名琛雖不免膽戰心驚，但表面上卻故作鎮定，一面激勵手下將士，一面動員百姓守城，最終打敗了組織鬆散且缺乏訓練的起義軍，守住了廣州城。在當時，太平天國起義如風捲殘雲般狂掃了江南廣大地區。清朝官兵對太平天國和各地起義軍早已是聞風喪膽，一觸即潰，不少官員或棄城而逃，或自殺身亡，軍事上一敗塗地。而兩廣總督葉名琛卻以少勝多，不僅保住了廣州，還派遣官兵分路進剿，連戰皆捷，先後鎮壓了清遠、英德、廉州、儋州、高州、韶關和珠江流域等多處農民起義，這不能不說是個奇跡。而在廣東「洪兵」變亂的高峰期，葉名琛甚至還親自指揮處決犯人，僅 1855 年 6 月至 8 月的三個月內就屠殺了起義軍俘虜七萬五千人。就這樣，葉名琛用起義軍的鮮血染紅了自己的「頂子」，一時聲名大振，被視為清王朝的東南柱石，也由此得到了咸豐皇帝的信任與重賞。

拒夷有功，加官晉爵

第一次鴉片戰爭後，清政府被迫同意五口通商，在福州、上海、寧波、廈門等地設立了領事館。英國人也屢次要求進入廣州城並開辦領事館，但由於廣州的「平英團」曾在三元里與英國人發生大戰，當地百姓群情激奮，共同向官府請願，要求禁止英國人進入廣州城。在這種情況下，當時的兩廣總督耆英對英國的要求，既不敢接納也不敢拒絕，於是就使用緩兵之計，對英國人說「廣東民風強悍，要慢慢說服，二年後一定履行條約」。道光 28 年（1848），耆英被召回京後，徐廣縉代為總督，葉名琛任廣東巡撫。此時，英國人又派兵船闖入珠江口內，要求履行耆英的約定。葉名琛經與徐廣縉協商後，決定仍用耆英的招數來對付英國人。他們秘密召集諸鄉團練，先後達到十多萬人，日夜巡邏，

「戈矛耀路，鑼鼓震天」，齊聲吶喊，聲勢如雷，顯示出眾怒不可觸犯的樣子。見此情景，英國人似乎有些害怕，便暫不提入城之事。在這種情況下，廣州地面一時群情激昂，大家都認爲洋人其實很好對付，有些人乘機提出要澈底斷絕與洋人的通商。而英國駐華公使文翰也在此時照會徐廣縉，表示願意重訂通商專約。

如此看來，局勢非常有利於中國。道光皇帝在聞訊後龍心大悅，立即下令加封「撫夷有功」的徐廣縉一等子爵，葉名琛一等男爵，賜戴花翎。咸豐 2 年（1852），葉名琛升任兩廣總督兼通商大臣。後來又加封爲兩廣總督協辦大學士、體仁閣大學士。就這樣，葉名琛終於成爲了咸豐朝相當於宰相的一品高官。

處理「亞羅」號事件受到馬克思的稱讚

在進廣州城的要求被拒絕後，深感被中國人戲耍的英國人惱羞成怒。他們認爲，如果不能進入廣州城，中國的大門就不會打開。於是，1854 年英國駐華公使包令向兩廣總督兼通商大臣葉名琛重提入城要求，並要求對《南京條約》進行修改，其內容包括中國全境開放通商、鴉片貿易合法化、廢除進出口貨物子口稅、外國公使駐北京等。對此，葉名琛斷然拒絕。英國公使包令遂聯合法國公使、美國公使等一起乘軍艦北上大沽口，要求在天津與清政府舉行修約談判，不料也遭拒絕。在連吃兩次閉門羹後，包令等人雖十分不滿，但無奈兵力不足，也不敢貿然行動，最後只好返回香港。但由此，他們卻得出了「用孤單的行動而不伴以強大的軍事壓力，就沒有希望從中國取得任何重要的讓步」的結論。在這種情況下，1856 年的「亞羅」號事件就成了侵略者使用武力的藉口。

咸豐6年9月初10（1856年10月8日），一艘在香港登記執照（此執照的有效期已過）的小商船「亞羅」號，悄悄地停泊在擁擠而忙碌的廣州黃埔港。廣東水師得到舉報說，海盜梁明太等人以水手的身分出現在「亞羅」號上，於是，水師千總梁國定率領官兵登船搜捕海盜，逮捕了十二名有嫌疑的中國水手。「亞羅」號的船主是中國人蘇亞明，他僱用了英國人甘迺迪做船長。這位英國船長很快向英國領事館報告了此事。正欲藉端生事的英國領事巴夏禮得報後欣喜若狂，當即趕往碼頭，並援引《虎門條約》，要求按照領事裁判權規定將所有人移交英國領事館處理，還硬說中國人登船後故意扯掉船上的英國國旗，侮辱大英帝國，要求中方道歉。而中國方面則認爲這艘船既不是英國船，被捕的人也不是英國人，無法適用《虎門條約》。巴夏禮態度極爲強橫，不斷向葉名琛施壓，要求放人、道歉。在查明事實後，葉名琛照會英國領事館，說明在被捕的十二人中梁明太等三名水手確爲海盜，他們將繼續接受審訊，其餘人等可以送還。至於所謂「扯英國旗」的說法，葉名琛據理力爭，聲明「亞羅」號是中國船，而且船上並未懸掛英國國旗，更無侮辱英國國旗之事。但蠻不講理的巴夏禮還是發出最後通牒，限清政府在二十四小時內釋放全部水手，並正式道歉。面對英國人的無理挑釁，爲避免事態擴大，葉名琛決定妥協，令人將十二名水手全部送到英國領事館，但拒絕道歉。不料，巴夏禮又以「禮貌不周」爲由，拒絕接受水手。這擺明英國人並不想和解，他們要的只是一個能乘機擴大事端的藉口罷了。事實上也是如此，當「亞羅」號事件發生後，包令和巴夏禮便迅速向英國海軍上將西馬縻各厘發出「求援」的電報。心領神會的西馬縻各厘便立即率領艦隊開赴廣州。英國人相信只有通過戰爭，才能迫使葉名琛答應所有的條件。

平心而論，相較整個過程中英國人的蠻不講理，葉名琛在整個事件的斡旋和處理上表現得有理、有利、有節，始終堅持以理服人，反襯了敵人的蓄意糾纏。對此，當時正高度關注東方局勢的馬克思曾予以充分肯定[3]。1857 年 1 月 23 日他在《紐約每日論壇報》上，以社論形式寫了《英中衝突》一文。在當時西方輿論對葉名琛的一片譴責中，馬克思卻鮮明地指出「在全部事件程序中，錯誤在英國人方面」。

時局無奈，城破被俘

咸豐 6 年 9 月 25 日（1856 年 10 月 23 日），處心積慮的英國人在得到「亞羅」號事件的口實後，很快便調集艦隊進攻廣州。面對氣勢洶洶的敵人，葉名琛決定發動民眾來抵禦。他在致廣州百姓的告示中寫道：「照得英夷攻擾省城，傷害兵民，實爲罪大惡極，合行曉諭，公同剿捕……但見上岸與在船滋事英匪，痛加剿捕，准其格殺勿論，仍准按名賞三十大元，解首級赴本署呈驗給領，斷不食言，毋稍觀望。」於是乎，本來就對洋人恨之入骨的一般百姓，在政府的獎金刺激下，變得更加情緒激昂。一時之間，在廣州、香港等地紛紛出現了一些自發性的群眾抵抗，給英國人造成了不小的損失。再加上自身軍力有限和四個月的對峙，使得疲憊不堪的英軍最後不得不宣布暫時放棄廣州，退出虎門，以待援軍。而此時遠在北京的咸豐皇帝在得到英軍退出廣州的消息後也大喜過望，深信葉名琛「撫夷」有功，並對其大加讚賞。殊不知此次英國人的退卻只是權宜之計，暗地裡正策劃一個更大的陰謀。

---

3 後來馬克思還在《英人在華的殘暴行動》的社論中，高度評價了葉名琛：「葉總督有禮貌地、心平氣和地答覆了激動的年輕英國領事的蠻橫要求。他說明捕人的理由，並對因此而引起的誤會表示遺憾，同時他斷然否認有任何侮辱英國國旗的意圖。」

進攻廣州的冒險失敗後，英國人很快就開始在葉名琛發布的告示上大做文章，英國國內媒體也開始大肆報導說懸賞緝捕英國人的告示對在華的外國人造成了致命的威脅，拼命宣傳英國人在廣東的「危險處境」，並將這一切歸咎於葉名琛。這樣一來，葉名琛的對外形象很快便被妖魔化，被描繪成了一個兇殘成性，尤其仇視外國人的「東方屠夫」。此舉很快便引發了英國朝野的極大的不安和恐慌。

在這種情況下，在好戰的英國巴麥尊內閣的堅持下，於 1857 年春，英國國會終於通過了一個擴大對華戰爭的議案。恰好同年 9 月，法國政府也以馬神父事件為藉口，以「保衛聖教」為旗號，宣布參戰。於是在咸豐 7 年 11 月（1857 年 9 月），英法聯軍五千六百多人抵達廣東，準備再次進攻廣州。英國公使額爾金和法國公使葛羅此時聯名向葉名琛發出通牒，要求對「亞羅」號事件和馬神父事件賠償損失，並進城舉行修改條約的談判，否則將「不得不採取暴力措施來對付廣州」。葉名琛駁斥了英法的無理要求，但表示可以在香港繼續進行談判。而狡黠的額爾金卻謊稱葉名琛無視通牒，隨即再次下令對廣州發起攻擊。

面對敵人的進攻，葉名琛表現出一如往常的鎮定。他對下屬說：去年英軍之所以一度攻入廣州，後來又被迫退出，說明英軍不能長期占領廣州；據敵情偵察的報告，英國和俄國在克里米亞的作戰及其在印度的鎮壓兵變中耗損了大量財力、人力，此時也應該沒有能力對中國發動戰爭；他在總督衙門裡建有「長春仙館」，裡面祭祀著呂洞賓、李太白二位大仙，凡軍機大事他都會向二仙求籤占卜，而他此次占卜的結果是「過十五日後便無事」了。

初聽之，葉名琛的求仙做法著實讓人覺得既可悲又可笑。可仔細想想，在當時葉名琛之所以把希望寄託在神仙身上，其實也是一種無奈之舉。當時廣東的絕大部分兵力都被抽調去鎮壓太平軍了，英法聯軍此時乘虛而入，葉名琛面臨無兵可派、無險可守、無錢可用的尷尬局面。可即便在這種情況下，葉名琛也還是努力地作了迎戰準備。他再次動用了民團和團練，以此來抵禦英法聯軍。只可惜，戰爭畢竟是一場實力的對抗。儘管葉名琛「沉著」應戰，但終究無法抵擋強大的英法聯軍強攻廣州。1857 年 11 月 14 日，葉名琛在城破後被聯軍俘虜，隨後被帶往聯軍司令部，後來又移送到一艘英國輪船上。在被押送的過程中，他的隨從曾示意他投江殉國，但葉名琛不予理會，從容登船。此時他仍舊身著朝服，端坐在太師椅之上，威儀不減。他天眞地以爲會在船上見到額爾金，與之舉行談判。

可此時的英國公使額爾金不但沒有與其見面的打算，甚至還計劃著把葉名琛送往印度去關押。箇中緣由，他在給法國公使葛羅的信中講得非常清楚：「將葉氏留在廣東會使民眾不安分，這也會對重建社會秩序和統治信心不利。」更何況此時英法聯軍也在廣州物色好了一位新的談判代表，即廣東巡撫柏貴。柏貴對外主和，與前英國公使包令等早有往來。當廣州陷落時，柏貴已秘密派人和英法聯軍進行接觸，表示出對葉名琛的不滿，主動要求和談，而這正是英法聯軍所希望的。因此，略加思考後，額爾金便決定將已沒有利用價值的葉名琛押往印度。

幻想與強盜論理的「海上蘇武」

就這樣，在咸豐8年12月（1858年1月），葉名琛被送往印度，囚禁在加爾各答的一座砲臺裡[4]。在押期間，葉名琛非常關注時事新聞，按時作息，清早還要翻譯官讀報，他還在等待機會和英國最高當局談判。可惜，數月以來，他連面見當地長官的機會也沒等到。在逐漸意識到覲見英王無望後，陷入絕望的葉名琛又面臨著自帶中國食品瀕臨吃光、無食可用的窘況。出人意料的是，葉名琛竟表示拒絕食用任何外國食品。至於其原因，他對僕人說：「我之所以不死而來者，當時聞夷人欲送我到英國。聞其國王素稱明理，意欲得見該國王，當面理論，既經和好，何以無端起釁？究竟孰是孰非？以冀折服其心，而存國家體制。彼時此身已置諸度外，原欲始終其事，不意日望一日，總不能到他國，淹留此處，要生何爲？所帶糧食既完，何顏食外國之物！」如此一來，葉名琛在見不到英國國王，無法與其講理的情況下，由於失去了支撐其繼續活下來的唯一信念，選擇死也就不難理解了。由此看來，葉名琛的「不戰不和不守」是實力不濟，「非不爲也，是不能也」。「不死不降不走」並非怕死，是打算與闖入家中的強盜論理，可歎！可悲！

葉名琛於咸豐9年2月29日（1859年4月2日）開始絕食，至3月初7（1859年4月9日）身故。在死之前，葉名琛曾寫下兩首詩來表明自己的心跡：

鎮海樓頭月色寒，將星翻作客星單。

縱雲一範軍中有，怎奈諸君壁上看。

---

4 據《清史稿》記載，葉名琛被關押時，整日賦詩明志，每天不停地誦念道經，並時常寫書法作畫，署名「海上蘇武」。

向戎何必求免死，蘇卿無恙勸加餐。
任他日把丹青繪，恨態愁容下筆難。

零丁洋泊歎無家，雁剳猶傳節度衙。
海外難尋高士粟，鬥邊遠泛使臣槎。
心驚躍虎笳聲急，望斷慈烏日影斜。
惟有春光依舊返，隔牆紅遍木棉花。

形象醜化，冤屈百年

就在葉名琛被英國人擄去的第三天，廣東巡撫柏貴、廣州將軍穆克德納等一批軍政大員聯名上奏，向咸豐皇帝報告廣州戰敗城破的戰況，並彈劾葉名琛失職誤國。聽信讒言的咸豐一怒之下發下旨意，以剛愎自用、荒謬悖理爲由，剝奪葉名琛官職。而中國近代史上第一個投降外國的傀儡大臣柏貴卻乘機成功上位，得到了咸豐皇帝的認可，被任命爲代理兩廣總督。命運何其不公！

作爲中國近代史上的著名人物，葉名琛以傲慢固執、剛愎自用、迂腐愚昧、昏庸誤國的形象被扭曲醜化百餘年，幾乎成了十惡不赦的罪人。時人謂曰：「不戰、不和、不守，不死、不降、不走；相臣度量，疆臣抱負；古之所無，今之罕有。」這種評價，以第二次鴉片戰爭爲分水嶺，其評價的逆轉實源自於咸豐皇帝對葉名琛態度的一百八十度大轉變。而咸豐皇帝之所以要轉變對葉名

遭受百年冤屈，被世人冠以「六不」的葉名琛

琛的態度，是因爲棄國而逃的咸豐皇帝要將戰爭失敗的責任推給葉名琛這個替罪羊。對此，目睹了葉名琛悲劇命運的英國公使秘書俄理范曾一針見血地指出：「毫無疑問，帝國政府經常將一個官員作爲替罪羊，以無能的藉口讓他做出犧牲，這種犧牲無辜下級官吏以保全更高統治者的做法在全中國的官場上很流行。」很明顯，對咸豐帝來說，這個已經被英國人「妖魔化」的葉名琛，在西方人眼裡早就是聲名狼藉了。若能將其問罪，既能開脫朝廷的戰敗責任又能得到洋人的諒解，可謂一舉兩得。在洋人和清廷的共同策劃下，葉名琛成爲國家民族的罪人。所幸「歷史自有公論」，在後來由英法聯軍所公布的總督衙門檔案裡顯示，當年葉名琛所施行的每項政策或行動幾乎都是經過咸豐皇帝批准，葉名琛只是清朝皇帝旨意的忠實執行者，「剛愎自用、辦理乖謬」的評價實屬冤枉。

時隔百年，該還歷史一個眞實，也該還葉名琛一個清白。

「忠王」李秀成的忠與不忠

太平天國的忠王李秀成是歷史上的一個「問題人物」。圍繞他在被俘後到底有沒有投降湘軍的疑問，一百多年來始終存在著極大爭議。而要想確切回答李秀成「忠」與「不忠」的問題，還得從他本人的「忠」字談起。

李秀成畫像

李秀成究竟是個什麼樣的人呢？他是太平天國時期最傑出的將領之一，從普通士兵到統軍主帥，出生入死，身經百戰，爲太平天國立下過卓越的功勳。但李秀成也犯過大錯。他被俘後，在囚室裡寫下的洋洋數萬言《李秀成自述》，就是引發後世巨大爭議的導火索。在這篇文章裡，他以自己的親身經歷敘述了太平天國的興亡始末，總結造成太平天國毀滅的十大原因。他讚美曾國藩的過人之處，指出湘軍招降太平軍的十大要領。他還提出願以「罪將」之身，出面爲清軍招降太平軍餘部。只不過，這是一部被曾國藩大肆刪改過的《自述》，究竟有多少可信度呢？它是否應該成爲判斷李秀成到底是眞投降還是行詐降之計的依據呢？

其實，只憑一時一事、一件不完整的證據來整體評價一個歷史人物未必客觀，也未必全面。把李秀成設想成完美無缺的英雄或寡廉鮮恥的叛徒都未免過於簡單化。歷史上那個有血有肉、眞實的李秀成，未必就是文人們所刻意美化或醜化的李秀成。對他的認識，或許還要從他的人生經歷開始。

「忠不忠看行動」

李秀成（1823-1864），原名李以文，廣西藤縣人。出身貧苦農民家庭，1851 年參加太平軍。由於在作戰中屢立戰功，李秀成很得東王楊秀清的賞識。天京事變前，李秀成已升任地官副丞相，其優秀的軍事才能已開始嶄露頭角。1858 年天王洪秀全任命李秀成爲太平天國後軍主將，與陳玉成共同主持軍政大計。同年 9 月，李秀成、陳玉成合力大敗清軍，擊潰江北大營，後來又在安徽三河鎮配合陳玉成全殲湘軍李續賓部。1859 年冬，因軍功卓著而被洪秀全封爲忠王。此時，清軍江南大營重圍天京，忠王李秀成再次施展才華，制定「圍魏救趙」的策略，於 1860 年春領軍連下安徽廣德、浙江安吉等地，一舉攻下杭州。當清軍江南大營分兵救援時，李秀成又率領太平軍間道馳還，分進合擊，再破江南大營，並乘勝東下，連續攻占了常州、蘇州、嘉興、松江等地，建立了蘇福省，爲太平天國開闢了新局面。除擅長打仗外，李秀成對於發展地方經濟也是一把好手。建立蘇福省後，李秀成大力推行休養生息政策，爲農民減免賦稅，恢復農業生產，提倡城鄉交易，減輕各路關稅，使治下的蘇南地區人煙密集、百貨聚集，漸漸恢復了往日的繁華。1862 年至 1863 年蘇福省的生絲出口量，竟然超過了戰前和平時期的水準。

1861 年初，陳玉成和李秀成按計畫相約會攻武漢。但由於李秀成此時銳意經營江浙，進兵遲緩，導致兩軍未能按時會師，軍事上一向雷厲風行的李秀成此舉卻鑄成軍事大錯。後來，李秀成又與侍王李世賢合力進軍浙江，同年年底攻占包括杭州在內的浙江大部分府縣，使太平軍的蘇浙占領區連成一片。1862 年 1 月，李秀成由蘇杭再攻上海，與李鴻章的淮軍及英法洋槍隊反復激戰，一度攻到上海城下。無奈由於外國列強的插手，導致進攻上海失敗。

1862 年 6 月，捲土重來的清軍圍攻天京，李秀成率軍十多萬回救，與兩萬湘軍大戰四十多天，屢戰失利。李秀成往來天京、蘇州之間，幾乎成了救火隊長，哪裡告急就趕到哪裡，但因三面受敵，故而疲於奔命，兵力折損大半。無奈之下，李秀成帶領剩餘的太平軍進入天京城內，彈盡糧絕，成困守待斃之勢。到 1863 年冬天，李秀成經營了三年多的蘇州也被李鴻章攻破，湘軍重圍下的天京城內糧草已完全斷絕。然而，此時天京城內被洪秀全亂封的兩千七百多個王爺卻仍在爭權奪利，把好端端的一個太平天國搞得烏煙瘴氣。而此時的戰爭局勢已極度危急。爲此，李秀成向洪秀全提出放棄天京，向江西、湖北轉移的意見。洪秀全聽後竟勃然大怒，荒謬地說：「朕奉上帝聖旨、天兄耶穌聖旨下凡，做天下獨一無二的眞主，何懼之有？朕的鐵桶江山，你不扶，有人扶，你說無兵，朕的天兵天將比長江水多，曾國藩等清妖有什麼可怕呢！」但事實上天父上帝、天兄耶穌是救不了洪秀全，也救不了太平天國的。由於長期以野草充饑，在恐懼與絕望的雙重折磨下，洪秀全的身體越來越差，最終於 1864 年 6 月 1 日病逝於天王府中[5]。7 月 19 日，曾國荃即率湘軍攻破天京。

李秀成在天京城破之時，不顧自己家中的老母和妻兒，帶領一千多人，保護幼天王（洪秀全長子洪天貴福）從太平門衝出。出城後，李秀

5 已先病故的洪秀全遺體被湘軍從天王府中掘出，上帝的神話從此便與天王府七日不熄的大火，一起化作了灰燼。

成執意讓幼天王先走，自己斷後。由於李秀成在出城時把自己的戰馬讓給了幼天王，所乘馬匹腳力不濟，出城後不久便與太平軍大隊走散，迷失在南京郊外的一個荒山破廟裡。兩天後，當地的幾個饑民發現了落難的李秀成，他們瓜分了李秀成的財物，並向湘軍告密，李秀成遂不幸被俘。

忠王之死

事實上，李秀成從被俘到被殺，前後僅有十六天。李秀成被俘當日，湘軍首領曾國荃就下令對他施以酷刑，以刀錐割其臀股，頓時血流如注，但李秀成「殊不動」，泰然自若。眼見酷刑未能將李秀成降服，狡猾的敵人想出了攻心的計策。當晚，曾國藩的心腹幕僚趙烈文與李秀成進行長談，此舉果然奏效。在長談中，李秀成將太平天國最終的敗亡解釋爲「數盡國崩」，並將1861年錯失解救安慶的良機解釋爲「天意」。他根據天上的星象，預言洋人在十餘年後必成大患。而當被問到「你還有何打算」時，李秀成毫不猶豫地答道：「死爾」，顯示出他已有必死的思想準備。三天後，清軍特製了一個大木籠，將李秀成囚禁其中。7月28日下午，曾國藩趕到南京，隨即親自審訊李秀成。老謀深算的曾國藩沒有對李秀成動刑，而是展開了攻心戰。曾國藩的攻心策略果然收到了奇效，李秀成不久便表示自願書寫供詞。於是，從7月30日起，歷時九天，李秀成在囚籠中親筆寫下了洋洋數萬字的《自述》供詞。該供詞雖然文理略欠通達，但李秀成結合自己的親身經歷，詳細敘述了太平天國的興亡始末，還認眞檢討太平天國敗亡的原因，並對自己的一生進行反思[6]。在檢討太平天國敗亡的原因時，李秀成時

6 李秀成在死亡的威脅下，以一種百感交集的心態，冒著酷暑，以大約每天六、七千字的速度撰寫出這

常抱怨天王「不信外臣」、「不問政事」、「不用賢才」、「立政無章」，又自歎自己「一生屈錯，未遇明良」。言語雖然偏激，但也是有感而發，是他痛定思痛之後一種眞實心態的自然流露。

在該《自述》中，李秀成除細數太平天國的成敗和自己的不幸外，還提出願以「罪將」之身，出面爲曾國藩招降太平軍的餘部，明顯流露出獻媚乞降之意。他在《自述》中有這樣一段話：「今自願所呈此書，實見中堂（指曾國藩）之恩情厚義，中丞（指曾國荃）恩容，佩服良謀，我深足願。」這段話明顯表現出他已對太平天國澈底絕望，但似乎對曾國藩還抱有幻想。如此一來，李秀成在此前後的表現簡直可說是判若兩人。今天我們已無法知道，曾國藩是否對李秀成表達過安撫之意，或是有過什麼暗示或許諾，讓李秀成感到曾國藩對他有「恩情厚義」，使他心存幻想。李秀成在《自述》中又爲何流露出乞降求生的意思，其動機爲何，恐怕只有他自己才明白。也許李秀成知道自己活下去的希望極爲渺茫，他之所以流露出求生的欲望，更多的是抱著一種僥倖的心理。李秀成雖然身經百戰、叱吒風雲，如今卻英雄末路，束手就擒。他雖然不是怕死之輩，此刻卻表現出有些貪生。畢竟每個人在求生的欲望面前，都難免會流露出一些反常、複雜的心態。而經驗老辣的曾國藩正是利用了李秀成的這種心理變化，抓住其性格中的弱點，使李秀成爲其所用，讓事態沿著自己設計的思路發展。

而實際上，早在初審李秀成之後，曾國藩就有了將李秀成就地處決的念頭。曾國藩在第二天寫給兒子的信中說：「僞忠王曾親訊一次，擬即在此殺之。」不過，儘管早就動了殺機，老奸巨猾的曾國藩此刻卻仍然不露聲色，抓住李秀成在絕望中的複雜心理，如願以償地騙取了李

份《自述》。

秀成的供詞。事後，他又將《自述》的供詞大加刪改，凡是吹捧自己的話一字不動，對自己不利的段落則肆意加以刪改甚至撕毀，把自己粉飾成一個正人君子。在這件事上，曾國藩手段卑劣，他既欺騙了李秀成，又欺騙了清廷。

8 月 6 日夜，曾國藩第二次審問李秀成。次日傍晚，李秀成剛剛趕寫出的《自述》還墨跡未乾，就被曾國藩下令處死，時年四十二歲。臨刑前，李秀成毫無戚容，談笑自若。曾國藩將李秀成斬首後，把其首級傳示各省，屍體則用棺材裝殮掩埋。但在給清廷的奏摺中，曾國藩卻又謊稱將李秀成「凌遲處死」。

但事實上，曾國藩此時處死李秀成，已違背了清政府的旨意。早在李秀成被殺的前六天（8 月 1 日），朝廷就已下旨讓曾國藩將李秀成押解來京。對於自己先斬後奏的行為，曾國藩狡辯說，上諭先被驛站誤投到安慶，等轉到南京時，李秀成已被處死。那麼，曾國藩為什麼要急於將李秀成置之死地呢？很顯然，他心裡有鬼。曾國藩心裡清楚，一旦李秀成被押解到京城，他們兄弟二人欺瞞朝廷的一些事情，如曾國荃洗劫天京中飽私囊的真相、李秀成被俘真相、曾國藩對其誘騙的經過，以及李秀成勸誘曾國藩反清稱帝的事，統統都會暴露。因此，無論從哪個方面考慮，他都不能留下李秀成這個活口。所以，李秀成的死便是註定的了。

忠王不「忠」嗎？

從前面所述功績來看，李秀成當之無愧是一位文武兼備、頗有謀略的傑出將領。他作戰機智勇敢，戰功卓著，受封為忠王，成為太平天國後期的支柱之一。然而，他卻不時受到天王洪秀全的猜忌和掣肘，還被迫將老母在內的家眷留在天京城內作爲人質。可即便在這種情況下，在太平天國大勢已去的時候，李秀成還依舊對天王忠心耿耿，忍辱負重，苦撐殘局，直到天京城被攻陷時他還不顧自己老母和家人的安危，親自保護幼天王突圍。用他自己的話說就是「盡心而救天王這點骨血，是盡我愚忠而爲」。從李秀成被俘之前的所作所爲看，他的確做到了殫精竭慮，鐵膽忠心，報效天國，是對得起「忠王」這個封號的。

盤點在太平天國因兵敗被俘的重要將領中，英王陳玉成視死如歸，翼王石達開捨身以全三軍，都死得十分壯烈，都是沒有瑕疵的英雄。而李秀成對太平天國、對天王和幼天王也是一片愚忠，只是餘忠未盡。在李秀成身陷囹圄後，他判斷幼天王洪天貴福很可能已經被殺了。他認爲在「國破君亡」的前提下，自己的效忠物件已失，「我爲此事」並非不忠。因此，正是在天命思想的指導下，李秀成才放棄了一片愚忠而向清軍「降服」的。所以，這樣一位曾爲太平天國出生入死，立下赫赫戰功的將領，在被俘後不久便寫出了數萬字的《自述》「乞降求生」也就不難理解了。

至於李秀成所著的這部《自述》，與其說它是降書，倒不如說它是遺書。在洋洋數萬言裡，他回顧了太平天國運動的歷史，總結了經驗教訓。但現存這部《自述》的稿本經過歷史學家的研究，卻被證明是一個殘本，卷中被刪改多處，卷末的大部分內容顯然已被曾國藩撕毀。據此，著名歷史學家陳寅恪先生曾大膽推測，曾國藩之所以不肯將李秀成《自述》原稿公布，並蓄意破壞其文稿，必有不可告人之處。

那麼，被撕毀的部分究竟包含哪些內容呢？羅爾綱先生認爲，曾國藩之所以對《自述》第七十四頁以後的內容進行大量刪改，很可能是李秀成在這部分內容中寫進了勸說曾國藩擁兵自立、取清朝而代之的話[7]。而若果眞如此，那麼這部《自述》就不僅是李秀成的乞降書了，因爲它同時也是對曾國藩的「勸降書」。從李秀成寫完《自述》當晚即被殺害的情節看，曾國藩急於殺人滅口，一定事出有因。所以，故事也只能以李秀成的悲劇收場。

7 對此，1977 年 12 月，曾國藩的曾外孫女還曾把李秀成勸曾國藩做皇帝的曾家「口碑」寄給羅爾綱先生。其「口碑」記錄為：「李秀成勸文正公做皇帝，文正公不敢。」

天國才子：石達開

在老百姓心中，他是像關羽、宋江那樣的完美英雄；他是太平天國中最富有傳奇色彩的人物之一，也是最著名的軍事家、政治家；他生前用兵神出鬼沒，死後仍令敵人提心吊膽，直到他死後數十年還有人打著他的旗號從事反清活動和革命運動。他的對手左宗棠說他是賊之宗主，我所畏忌；四川總督駱秉章說他是長毛賊當中最狡猾善戰者；而一生罵過太平軍無數次的曾國藩，也稱他有將才之風。這個人到底是誰？他就是二十歲擔當左軍主將、封王，二十五歲主持朝政，三十三歲兵敗大渡河的太平天國翼王石達開。

石達開生於 1831 年，名亞達，廣西貴縣（今貴港市）那邦村人，祖籍廣東[8]。石達開出生於中產之家，世業爲農。他自幼耕讀，頗知詩書，熟讀孫子兵法，嫉惡如仇。青少年時就以豪情義氣、文武足備在貴縣一帶聞名。由於石家在當地是「外來戶」，經常受當地大地主的欺負，早年石達開曾組織佃農與當地豪紳進行抗爭。後來洪秀全和馮雲山來到貴縣訪晤石達開，邀其共圖大事。他和洪秀全等人志趣相投，一見如故。十六歲的石達開就這樣走上了反清鬥爭的道路，成爲拜上帝會組織的核心成員之一。在投身太平天國革命後，石達開不惜盡散家財，在村內秘密組織了拜上帝會分支機搆，吸收附近鄉村的數百名農民入會，又招引許多年輕人練習武術，爲太平天國起義的組織準備做出了很大貢獻。

---

8 其父石昌輝是漢族，母周氏是壯族，有壯人血統。

會打仗的軍事奇才

1851 年 1 月，石達開率領四千餘人參加了太平天國金田起義，在戰鬥中屢立戰功，被封爲太平軍左軍主將，成爲太平天國的主力之一。1851 年秋，天王洪秀全永安封王時，年僅二十歲的石達開被封爲「翼王五千歲」，意爲「羽翼天朝」。此時的他，雖已聲名顯赫，但其金戈鐵馬、決勝沙場、立功建業的軍事生涯才剛拉開序幕。

全州突圍之後，翼王石達開作爲太平軍的先鋒主將，打桂林、攻長沙、圍武昌、戰採石，直搗金陵。與清軍大小數百戰，戰無不勝，攻無不克。清軍聞風喪膽，稱之爲「石敢當」、「鐵丈夫」。在太平天國北進、東征、定都天京的過程中，翼王都發揮了重要的作用[9]。

曾國藩的湘軍是太平天國的一個勁敵。1854 年 5 月，太平軍遭到湘軍的兇猛反撲，先敗於湘潭，10 月又敗於武昌，12 月曾國藩已率湘軍進駐九江城外，形勢危急。洪秀全急令翼王出任西征軍主帥，率部馳援。而此時的敵我力量對比懸殊，特別是湘軍的水師裝備精良，戰績驕人，一路戰鬥所向披靡。反觀太平軍的水師都是民船，如果按當時的軍事實力來看，一旦發生水戰，太平軍將必敗無疑。但二十四歲的石達開此時卻表現出高超的軍事才能，把不可一世的湘軍打得落花流水。湘軍水師的一個作戰特點是大船配置重砲，居中指揮，舢板輕舟則環衛在大船左右作爲保護和策應，其戰術運用一直非常有效，幾乎戰無不勝。可正是在這一點上，被石達開看出一個巨大的破綻。他先用計策把江南湘軍的機動小船吸引到江北，而後把湖口跟長江相連的地方阻塞起來。如此一來，湘軍的主力大船和小船就脫節了，湘軍失去了大小配

9 在太平天國首義諸王中，石達開年紀最輕，也最具軍事才能，是一位玉樹臨風、英姿勃勃的少帥。

合的優勢。於是太平軍就以長擊短，對不靈活的湘軍大船發揮速度上的優勢來對付。其中在1855年初的湖口、九江戰役中，石達開趁夜色彌漫，連續派精兵火攻湘軍水師，使其遭到了非常慘痛的打擊。太平軍進而圍攻曾國藩的座船，曾國藩情急之下幾次想要投水自殺，都被他的部下救上來。後來奮力搏殺，殺出一條血路，曾國藩才得以狼狽逃回南昌，但此時湘軍的所有重要資料都已損失殆盡。事後，羞憤難當的曾國藩把九江之戰視爲生平四大恥辱之一。

九江大戰是石達開與曾國藩第一次面對面的交鋒，石達開漂亮地贏了第一回合，更重要的是，這次大勝將湘軍咄咄逼人的攻勢阻止了下來。湘軍水師被分割在鄱陽湖內外長達一年半之久，曾國藩妄圖直取天京的計畫也隨之破產。可以說，九江大捷是石達開爲太平天國立下的不世奇功。由此太平軍不但恢復了先前在長江沿線的勢力，還乘勝揮軍西進，順利取得湖北、安徽和江西的大部分地區，爲太平天國打開了寬廣的活動疆域和豐富的軍需物資來源。此後，石達開又奉天王洪秀全之命回師天京，參加攻克清軍江南、江北兩大營的戰鬥，解除了清軍對天京長達三年的包圍，使太平天國進入了軍事上的鼎盛時期[10]。

懂治理、善外交的政治奇才

石達開不僅在軍事上立下了汗馬功勞，在政治上也顯示出異於常人的卓越才能。太平天國起義之初，部隊的物資給養主要靠奪取地主富商的財物來解決。定都天京之後，天國機構日益龐大臃腫，已無法單靠剝奪地主財產來滿足新政權的需要。爲此，天王洪秀全派石達開到

10 曾國藩等清軍將領非常畏懼石達開，曾國藩說：「石達開狡詐，為諸賊之冠。」連當時的外國人也這樣報導：「這一位青年領袖是英雄俠義、勇敢無畏、正直耿介的，正是全軍的中堅人物。」

新開闢的安徽去試行「交糧納稅」政策。而石達開也很快建立起省、郡、縣三級地方行政體系，並以誠意待民，整肅軍紀，緝捕盜賊，恢復治安。然後在各地方再選擇鄉村裡有聲望的人爲鄉官，抑制豪暴，賑恤貧民，使百姓安居樂業，農工商經濟迅速恢復，並迅速督造糧冊，開徵賦稅，按畝輸錢，爲太平天國的政治、軍事活動提供了穩定的經費和物資來源。

石達開在執行太平天國的反清政策時並不教條，他審時度勢，按「清朝的貪官污吏必殺，保護天父子民」的原則治理地方，從來不隨意殺戮，並由此贏得了民意。在當時，有一首稱頌石達開的民謠曾廣泛流傳於安徽鄉里：「翼王達開到宣州，窮苦百姓有出頭。打倒州官清血債，窮人都把翼王拜。」與此同時，石達開還特別注意爲太平天國廣泛招攬各種人才，爲其所用。張汝南在《金陵省難記略》中說：「觀其所爲，頗有廣泛籠絡人心，並把求取人才作爲當務之急。」這說明石達開不僅有治世之才，而且求賢若渴，有長遠的治國理念和人才觀。這也使得許多原本非常敵視太平天國的知識份子此時也紛紛轉而支持太平軍，令清軍將領哀歎「民心全變，大勢已去」。

石達開的手跡

除此以外，石達開還是一位高明的外交家。1854 年 6 月，有英國人到南京，以「訪問」爲名，試探太平天國的政權狀況和對待洋人的態度。翼王義正辭嚴地回答英國人提出的三十個問題，他告訴這些外國人：天國是眞的信奉天父天兄，並願和各國友好。通商是可以的，但通商者必須遵循太平天國的法令，並拒絕承認清政府所簽訂的不平等條約。至於「與外國通商立埠之事，則需要以後才能決定」。石達開根據天王的主張，宣布了太平天國對待國際問題的基本態度，回答機智、巧妙，表明當時太平天國的正義立場[11]。

重仁義、講操守的忠義人格

1856年年9月，天京爆發內訌，東王楊秀清及其部下二萬餘人被北王韋昌輝殺害。石達開聞訊，從湖北前線趕回天京，責備韋昌輝殺人太多。不料殺紅了眼的韋昌輝，又意欲加害翼王。情急之下，石達開隻身逃出天京，但京中家人數百口卻全部被韋昌輝所害。事變發生後，天王洪秀全迫於形勢，不得不下令處死了韋昌輝，並詔令石達開回京輔政。深明大義的石達開在回天京後，不計前嫌，只追究屠殺責任的首惡，對其部屬網開一面，迅速安定了天京人心。由此石達開深受滿朝文武擁戴，被尊爲「義王」。在翼王的部署下，太平軍穩守要隘，伺機反攻，讓陳玉成、李秀成、楊輔清等後起之秀走上一線，獨當一面。內訌造成的被動局面遂很快得到扭轉，太平天國有望復興。不料洪秀全及其兄弟安、福兩王，見石達開深得人心，竟又心生疑忌，開始對石達開百般牽制，甚至意圖加害。爲了避免再次爆發內訌，石達開不得已再次出走，率部眾十萬餘人先後轉戰於浙江、江西、湖南、廣西、貴州、雲南、四川等地。

---

11 此時的廣西流傳民歌：「翼王派官到我家，問聲糧米差不差。缺糧給款並銀兩，牽來牛馬又有耙。地主老財亂似麻，窮人心裡正開花。自耕自種自得食，大家齊唱太平歌。」苗族民歌也歌頌他：「苗家救星是翼王，秧苗得雨喜若狂。從今耕種齊落力，為保太平把兵當。」

然而，此次出走卻種下了石達開後來悲劇的種子。1859 年，石達開進攻湖南失利，折返廣西。1862 年初，率主力十萬（號稱二十萬）入川。同年 4 月，攻忠州、豐都、涪州（今涪陵）、巴縣，均告失敗，渡江未成。8 月，在宜賓、合江、江津渡江又未成。1863 年 1 月，石達開率部在川南橫江鎮與清軍決戰，遭遇到湘軍劉嶽昭的頑強抵抗，這時石達開部下郭集益等四將突然投降清軍，自焚太平軍營壘三十餘座，導致石達開主力部隊死傷四萬多人，元氣大傷，只好退入雲南。同年 4 月，石達開帶領四萬太平軍過金沙江，5 月攻占西昌，經冕寧北上。太平軍數月來連續轉戰，實際上已成疲憊之師，喪失了當初的銳氣。5 月 14 日來到大渡河畔的紫打地（今四川石棉縣安順場），石達開下令多備船筏，準備次日渡河。但當晚天降暴雨，大渡河發生了百年不遇的洪水，無法渡河。石達開在此等候了三天，終於鑄成大錯。三日內，清軍已從大渡河兩岸陸續趕到嚴密佈防，將太平軍團團圍住。

此時身處險境的翼王石達開仍然表現出破釜沉舟的英雄氣概。他激勵將士說：「戰必死，降亦必死，都是一死，不如戰死！」5 月 17 日，他選出精銳千餘人，分乘船筏，搶渡大渡河。但無奈對岸清軍槍炮齊射，這支敢死隊全部陣亡。5 月 21 日，石達開又令五百人再次強渡大渡河，「隔岸呼噪，聲震山谷」，但渡船上的火藥被清軍炮火擊中，引起爆炸，搶渡戰士無一生還。6 月 3 日，石達開再次揮兵渡河，又被官軍隔岸炮擊，加上河水湍急，強渡的船筏全部沉沒。此時，由於太平軍多次搶渡不成，清軍又實行「堅壁清野」政策，石達開所率的太平軍已糧草彈藥全部用盡，全軍陷入絕境。在走投無路之下，石達開請求當地的部族土司王應元讓路，答應以良馬兩匹、白金千兩作為報酬。孰料王應元已被四川總督駱秉章收買。6 月 9 日，當石達開最後一次強渡大渡河失敗時，王應元趁勢殺過松林河，另一支土司部隊從馬鞍山殺下，兩面夾攻，紫打地失守，失利的太平軍殘部不得不撤至老鴉漩。此時，經過二十多天的苦戰，石達開手下只剩一萬多人。爲儘量減少人員的不必要傷亡，澈底絕望的石達開將傷病或參軍不久的弟兄「給資遣散」，讓他們自謀生路，剩下的六千餘人則與石達開同生共死。最後，石達開命令自己的妻妾與子女投河自盡，其他傷病員也跟著紛紛投河而死，其場景悲壯萬分。

此時，眼見勝利在望的四川總督駱秉章求勝心切，派遣說客前來勸降，石達開做出了一個政治上極爲錯誤，但人性上極爲光輝的決定。他決心到清軍營寨去自投羅網，以「好漢做事好漢當」的豪氣，捨命保全麾下三軍的性命[12]。他在前往清軍營寨前對屬下說：「吾一人自赴敵軍，爾等可以免死。」他深知自己一入敵營將必死無疑，但希望以自己的一死換取部下數千將士活命。石達開被擒後，見到四川總督駱秉章「只揖不拜」說：「我來求死，同時爲士卒請命。」駱秉章審問後，暗自豎起大拇指，不得不承認石達開「強悍梟桀的氣概，見諸於眉宇之間，與一般的頭目絕對不同」。四川布政使劉蓉也說石達開「堅強之氣，溢於顏面，而辭令不亢不卑，不作搖尾乞憐之語」。

1863年6月27日，天氣昏暗，烏雲密佈，在成都科甲巷刑場上，石達開英勇就刑，被凌遲割剮一百多刀，始終默然無聲，「神色怡然」從容就義。被殺時年僅三十三歲。石達開的凜然正氣和堅強意志使清軍官兵感到震驚，觀者無不動容，歎爲「奇男子」。但讓人遺憾的是，石達開所率殘部六千餘人中，除老弱病殘的四千人被遣散外，剩餘二千多青壯年全部被清軍殺害，這是石達開意想不到的事。

12 石達開同許多農民起義領袖一樣，很重義氣，他把自己赴清營「乞死」的行為視為大義所在，是敢做敢為的英雄末路。難怪太平軍將士「喜其義氣」，直呼其為「義王」。

石達開死後，時人對其十分推崇，太平天國的死敵曾國藩曾說：「在賊人的首領中以石某最爲兇悍，煽惑鼓動暴民，擴大聲勢，也以他最爲狡詐。」左宗棠評價石達開「以狡猾強悍著名，很得部下之心，他的才智在眾將領之上。看來他的作爲，是以籠絡人心，招引人才爲目的。他不大附會『拜上帝會』的說教，是賊中的領袖，是我最擔心忌諱的人。」清朝一位貢生更在一次湘軍內部的宴會上公開讚揚石達開有「龍鳳之姿，天日之表」，而曾在大渡河與他爲敵的許亮儒也對他的英雄氣概與仁義之風欽佩不已。直到他死去近四十年後，由清朝文人所撰的著作《江表忠略》之中還有這樣的記敘：「至今江淮間猶稱……石達開威儀器量爲不可及。」

帝國最後的武士：僧格林沁

蒙古王爺僧格林沁是晚清的赳赳武夫，也是帝國金戈鐵馬的最後騎士。作為清王朝的忠臣悍將，他以身家性命效忠於朝廷，他曾殘酷鎮壓農民起義，也曾英勇抗擊外國侵略，他繼承了兩千年來的中國騎士傳統，又以自身殞命疆場詮釋了一個古代騎士的宿命。

劉曉慶主演的電影《火燒圓明園》曾轟動一時，片中有一個震撼的鏡頭讓無數國人過目難忘：手舞長矛的大清鐵甲騎兵在英法聯軍的猛烈炮火下如同潮水般前仆後繼，拼死衝殺，血流成河。這個無比慘烈的歷史鏡頭，並不是編劇的創意，而是一段眞實的歷史，是晚清蒙古騎兵的最後寫照。蒙古王爺僧格林沁就是這一組歷史鏡頭的主演。

在第二次鴉片戰爭中，僧格林沁調集起自己最精銳的蒙古騎兵，在通往北京的最後一道關口八里橋設防，決心在此與英法聯軍決一死戰。咸豐10年（1860）9月21日晨，英法聯軍分東、西、南三路對八里橋清軍發起攻擊。僧格林沁親臨前線，命令數千騎兵反復衝殺，部分騎兵曾一度衝到聯軍指揮部附近與法軍短兵相接。然而，雙方武器裝備上的差距決定了最後戰鬥的結局。清軍用長矛和弓箭等冷兵器來對抗英法軍隊猛烈的炮火和槍彈，傷亡極爲慘重。之後，僧格林沁又指揮蒙古馬隊穿插於敵人的南路與西路之間，試圖分割敵軍的陣勢。但由於南路法軍的炮火過於猛烈，清軍遭到重大傷亡，一向驍勇的蒙古騎兵無奈以血肉之軀抵擋不住侵略者的新式槍炮，損失慘重。

三朝顯貴的蒙古王爺

僧格林沁（1811-1865），蒙古族，博爾濟吉特氏，科爾沁左翼後旗人。幼年的僧格林沁家境貧寒，曾跟隨生父畢啓爲富戶放牧，十二歲時才被送到昌圖老城文昌宮讀書。道光 5 年（1825），十五歲的僧格林沁因「儀錶英武」被朝廷選中，成爲科爾沁郡王索特納木多布齋的嗣子。老郡王去世後，幸運的小僧格林沁繼承了郡王爵位。由於受到道光皇帝的賞識，僧格林沁官運亨通。道光 5 年（1825），奉命鑾行前走，賞戴三眼花翎；道光 9 年（1829），奉命管理火器營事，賞賜黃馬褂；道光 14 年（1834），授御前大臣、正白旗領侍衛內大臣；道光 21 年（1841），爲正黃旗滿洲都統；道光 25 年（1845）2 月，爲鑲黃旗領侍衛內大臣；道光 30 年（1850），爲鑲黃旗蒙古都統。此時的僧格林沁不斷加官晉爵，可謂少年得志。到道光皇帝駕崩之時，僧格林沁已成爲朝廷的顧命大臣之一。咸豐皇帝即位後，對僧格林沁依然寵信有加。咸豐元年（1851），任命他爲御前大臣，署鑾儀衛事。咸豐 2 年（1852），又因爲恭謹主持道光皇帝的遷葬事宜，受皇帝賞識而加賞三級。咸豐 3 年（1853）5 月，又受命督辦京城巡防，任參贊大臣。從此，僧格林沁便負責清朝最精銳的衛戍部隊，擔負著守衛京畿的重任。

俗話說「溫室裡的花朵是經不起風雨的」[13]。由於入關後待遇優厚，長期沒有經歷戰火洗禮的八旗子弟迅速腐化，普遍成爲提籠架鳥的紈褲子弟，八旗軍也全面喪失戰鬥力。在近代內外戰爭中連遭敗績的時候，蒙古騎兵便成爲維持清王朝統治的一支武裝力量。而蒙古王

---

13 僧格林沁自 1825 年承襲王位至 1865 年 4 月陣亡，整整四十年的人生旅途中，有三分之一的時間都在為大清國鏖戰。

爺僧格林沁連續剿滅太平天國北伐軍和大沽口成功阻擊英法聯軍的顯赫戰績，也猶如一劑強心針，一度被清朝皇族倚爲「長城」和「柱石」。

咸豐 3 年（1853）10 月，太平天國天官副丞相林鳳祥、地官正丞相李開芳率領太平天國北伐軍約三萬人突入直隸（今河北），連克滄州、靜海等地，前鋒已達天津西郊楊柳青，直接威脅到北京的安全，清廷爲之震動。臨危受命的僧格林沁當即率領精銳的蒙古騎兵和八旗禁軍駐守於天津週邊，並親自帶隊衝鋒，最終大敗太平軍。當咸豐皇帝聽說僧格林沁擊退太平軍的消息後，興奮不已，特賜其「博多羅巴圖魯」的稱號，滿語意爲「急流一樣不可阻擋的英雄」。同年 6 月，僧格林沁決定趁北伐軍南撤未穩之機，由防禦轉爲反攻，率兵追擊太平軍至河北東光縣連鎮，在連鎮周圍四十裡築牆挖壕，圍攻九個多月。後來又借雨季之便，引運河水浸灌太平軍營壘，導致太平軍城牆工事塌陷。最終經過激烈的戰鬥，俘獲了太平天國北伐軍主將林鳳祥。咸豐 5 年 3 月，太平軍餘部六百多人轉戰至山東茌平縣馮官屯，僧格林沁領兵包圍了馮官屯，又引陡駭河水倒灌屯子，馮官屯失陷，李開芳突圍被俘，被僧格林沁解送到北京殺害，太平天國北伐軍遂告全軍覆沒。替大清朝解除了燃眉之急的僧格林沁也被咸豐帝封爲「世襲罔替」的「博多勒噶台親王」，簡稱「博王」或「僧王」。

1861 年，咸豐皇帝病死熱河後，手握重兵的僧格林沁再次成爲慈禧太后和恭親王奕訢極力拉攏的對象，恩寵有加。他的地位在道光、咸豐、同治三朝愈來愈顯赫，備享尊榮。

抗禦外侮的民族勇士

第二次鴉片戰爭期間，咸豐皇帝時而主戰，時而主和，舉棋不定，進退失據。朝廷內部又分爲主戰、主和兩派，兩派態度不一，爭論不休。僧格林沁是態度鮮明的主戰派。他曾向咸豐帝奏請，要求撤回談判代表，主張調用全國之兵，傾全國之力，與英法聯軍進行決戰[14]。咸豐 9 年（1859），僧格林沁奉命到天津督辦大沽口和京東防務。他積極籌建大沽口防禦工事，整頓海防，建立南岸砲臺三座，北岸砲臺二座，並抽調步兵和騎兵加強陸地防禦。

1859 年 6 月 25 日，英法聯軍由一艘巡洋艦和十三艘炮艇組成的艦隊，突襲大沽砲臺。僧格林沁督軍力戰，英勇抵抗。由於清軍彈藥充足，戰術得當，官兵奮勇，在砲戰中擊毀英軍戰船五艘，擊傷六艘，打死打傷英法軍四百六十多人，英國海軍司令賀布負重傷，英法聯軍的第一次進攻慘遭失敗。而清軍直隸提督史榮椿、大沽協副將龍汝元也雙雙陣亡。僧格林沁靠勇敢與智謀打贏了這一「上申國威，下抒民望」的關鍵一仗，使滿朝文武深受鼓舞。

不過，僧格林沁在大沽口的禦敵小勝，很快招致侵略者更大規模的報復行動。咸豐 10 年（1860）6 月，英法遠征軍再次進攻，英軍約一萬八千人、法軍約七千人分別占領煙臺、大連，完成了對渤海灣的封鎖。8 月初，英法調集各種艦船近二百艘，陸續向天津大沽口逼近。有備而來的侵略軍憑藉強大的火力和先進的戰術，奪取了大沽口北砲臺，直隸提督樂善戰死。清軍雖經拼死抵抗，但由於實力對比過於懸

14 要知道，這可是自鴉片戰爭以來，除台灣海戰勝利外，清軍在北方抵抗外國入侵的唯一勝利，也是中外交戰二十年來未曾有過的輝煌戰果。連遠在萬里之外的無產階級革命導師馬克思都對此事給予關注和充分肯定。

殊，大沽口最終失守。

大沽、天津失陷後，僧格林沁率蒙古馬隊七千人，步兵一萬人，從天津撤退至北京的通州、八里橋一帶，準備在此與英法聯軍進行最後的決戰。但此時軟弱無能的咸豐帝卻懼怕洋人武力，於 8 月 31 日急派大學士桂良爲欽差大臣到達天津，會同直隸總督恒福等與英法侵略者談判。無奈欲壑難填的英法兩國在談判桌上獅子大開口，漫天要價，提出除清政府必須接受《天津條約》外，還要增開天津爲通商口岸，並增加賠款及准許列強駐軍北京。9 月 7 日，談判破裂，英法聯軍決計進犯北京。

求和失敗後，自覺顏面無光的咸豐皇帝終於下旨與英法決戰，諭令「所有通州一帶防勦事機」，統歸僧格林沁指揮，命其集中兵力，以備攻勦。此時，僧格林沁統率的清軍共計三萬餘人，其中蒙古馬隊一萬人。他的軍事部署是，由他親率馬、步兵一萬七千人，駐紮在張家灣至八里橋一線，扼守通州至北京的大道；直隸提督成保率綠營兵四千人防守通州；大學士瑞麟率領八千人防守通州；副都統勝保率六千人駐守齊化門以東至定福莊一帶，作爲後備部隊。此外又派二千餘人駐守在張家灣西南，以防敵軍繞道進犯北京。

9 月 18 日，聯軍先頭部隊自天津北犯，由河西逼近張家灣附近，並向張家灣的清軍駐地發炮攻擊。僧格林沁命令蒙古騎兵出擊，聯軍爲抵禦彪悍的蒙古馬隊，以數百支火箭齊射逼近的蒙古騎兵，騎兵戰馬因受驚而回奔，沖亂了後面的步兵佇列，導致清軍陣勢混亂，紛紛後退。在失利的形勢下，僧格林沁不得不率部退入八里橋一線，扼守進京道路。隨後，聯軍占領了張家灣和通州城。清軍利用八里橋周圍的灌木叢林，構築了土壘和戰壕，準備在此決一死戰。

初戰失利後，僧格林沁與瑞麟商定，全軍分爲東、西、南三路截擊英法聯軍。其中，將近萬名滿蒙馬隊部署在八里橋一帶防守，計畫由蒙古馬隊首先出擊正面聯軍，實施反衝鋒。爾後由勝保部迎擊南路聯軍，瑞麟部迎擊東路聯軍，僧格林沁部迎擊西路聯軍。所有步兵均隱蔽在灌木林中和戰壕裡，待機衝殺。9 月 21 日淩晨，英法聯軍分東、西、南三路對八里橋清軍陣地發起攻擊。東路爲法軍第一旅，西路爲格蘭特指揮的英軍，南路爲法軍第二旅，主攻八里橋。此次作戰以法軍爲主，由法國人孟托班擔任總指揮。戰鬥打響後，清軍馬隊即按原定部署立即由正面衝上前去。他們奮不顧身，大呼殺敵，手持長矛、弓箭，憑著一腔熱血迎擊敵人，企圖衝亂和割裂敵人的戰鬥隊形。一部分騎兵衝至離敵人四、五十米的地方，有的甚至衝到敵人的指揮部附近。但衝在前頭的清軍馬隊卻被聯軍槍砲所噴出的火舌吞噬，傷亡慘重，一些戰馬因受驚而橫衝直撞，隊形陷入混亂，最後不得不在敵人火力的壓制下退卻下來。

緊接著，南路的法軍主力第二旅對守橋的勝保部進行猛烈的炮火攻擊。從天而降的炮彈如下雨般落在了守橋部隊的陣地上，清軍傷亡慘重。砲戰中勝保受傷退下陣來，率軍退至定福莊。當法軍衝到橋邊時，剩餘清軍勇敢地與之展開白刃戰。直到此時，僧格林沁才知道自己判斷失誤，主攻八里橋的是南路法軍，並不是西路的英軍。慌亂中，僧格林沁只得將錯就錯，指揮蒙古馬隊穿插於敵人的南路與西路之間，企圖分割敵人，用步兵包圍南路敵人，以殲滅敵人主力。但勝保的退卻卻導致僧格林沁的作戰意圖未能實現，而又由於與西路英軍的激戰，部隊傷亡更加慘重。作戰中表現異常勇敢的蒙古騎兵，不顧敵人的密集炮火，反復衝殺敵陣。但在聯軍阿姆斯壯砲、米涅式步槍、恩菲德爾步槍等現代武器面前，這些曾經天下無敵的蒙古騎兵則澈底變成了被屠殺的羔羊。

此時，英法聯軍又兵分兩路，一部分繼續與清軍作戰，一部分則企圖抄襲清軍後路。面臨著腹背受敵險境的僧格林沁最後不得不承認八里橋之戰終告失敗。而在帝國生死存亡的節骨眼上，一敗再敗的僧格林沁也終於受到了朝廷的嚴厲處罰，咸豐皇帝將其奪官罷爵。

一代驍將，殞命疆場

咸豐10年（1860）9月，直隸、山東及河間府一帶撚軍起義風起雲湧。清廷恢復了僧格林沁的王爵，命其率清軍赴山東與撚軍作戰。同治元年（1862），又賜還「世襲罔替」的博多勒噶台親王爵，授權僧格林沁節制直、魯、豫、鄂、皖五省兵馬圍剿撚軍。1863年，僧格林沁連續攻陷馬林橋、唐家寨、孟家樓等地，圍攻撚軍根據地雉河集。撚軍著名領袖張洛行在被捕後被僧格林沁殺害。同治4年（1865），撚軍餘部與太平天國餘部進行了整編，重振軍威，恢復了戰鬥力。僧格林沁又與太平軍賴文光部、撚軍張宗禹在魯山展開大戰。結果，力戰不支的賴文光敗逃至山東境內的兗州、曹州、濟寧一帶，貪功心切的僧格林沁一路率軍追擊，幾十天不離馬鞍，累得連馬韁都拿不住，用布帶拴在肩上馭馬。爲了加快追擊速度，後來他竟然甩掉步兵，親自率領馬隊猛追，最終在山東曹州菏澤縣高樓寨陷入撚軍的重重包圍。5月18日夜，經奮力廝殺，僧格林沁終於帶少數隨從實現突圍。但當逃至菏澤西北的吳家店時，由於月夜昏黑不辨行蹤，所帶騎兵全軍覆沒。一代梟雄僧格林沁最後被追至的撚軍張宗禹部俘獲，被殺於當地麥田。

僧格林沁的死，對清廷而言不啻晴天霹靂，令清廷震驚，如失柱石。當其棺材運抵京城時，同治皇帝和慈禧、慈安兩太后親臨祭奠，謚曰「忠」，配饗太廟，並繪像紫光閣。其子伯彥訥謨祜襲親王爵，並賞「博多勒噶台」王號。僧格林沁靈柩送回其家鄉科爾沁草原後，安葬在科左後旗公主陵（今遼寧省法庫縣四家子蒙古族鄉屬），並豎立了一塊由同治帝撰寫碑文的青石盤龍碑。後來光緒年間，又在北京今地安門東大街路北爲僧格林沁設立專祠，名曰「顯忠祠」，春秋致祭。

縱觀僧格林沁的一生，是兼具傳奇和悲劇色彩的一生。他出身寒門，卻貴爲王爺；他有勇無謀，又賞罰分明。守土抗敵、馳騁疆場是他的責任；曹州殞命、馬革裹屍是他的宿命。僧格林沁是晚清的一代名將，也是最後一個敢於提刀上馬的大清王爺。僧格林沁之死，使清廷失去了最後一位能征慣戰的滿蒙貴族將領，標誌著清朝的八旗軍隊走到了盡頭，也預示了清朝國運的末路。

僧格林沁像

青年袁世凱曾因愛國而「抗日援朝」

提起袁世凱，人們首先想到的一定是那個在戊戌政變中向慈禧告密的卑鄙小人和民國成立後篡奪政權的竊國大盜。可有誰知道，年輕時的袁世凱也是一個視國家利益為最高榮譽的熱血男兒。憑著對祖國的一片忠心，「抗日援朝」的小袁曾竭力維護中朝之間的關係，有力回擊了日本對朝鮮的滲透。他的所作所為，對加強當時中國的東部防衛，乃至維護遠東地區的穩定，都具有重要的戰略意義。

1834 年甲午戰爭前的朝鮮，是中國的藩屬國。它介於中、日、俄等大國之間，地處遏制日本海與太平洋間的要道，戰略地位相當重要，素有「東方巴爾幹」之稱。歷史上既是海洋國家向大陸擴張的跳板，同時也是大陸向海洋進發的基地。對於朝鮮，日本垂涎已久，早在幕府時代就有「征韓論」，明治初年又制定了「征韓策」，把征服朝鮮列爲其基本國策。而日本 1874 年對台灣的攻略、1879 年又吞併琉球，這一系列侵略行動也引起了清朝和日本周邊國家的警惕，紛紛把日本視爲敵國。與此同時，隨著近代以來列強在中國周邊地區的勢力擴張，中亞、北亞、印度、緬甸、南洋、印度支那已盡爲西方列強的勢力範圍，中國傳統的藩屬國已喪失殆盡。特別是《中法新約》簽訂後，越南脫離大清，清政府自此便僅有朝鮮一個藩屬。然而，就是這最後一個藩屬國，也面臨著即將不保的危險。隨著 1876 年日本脅迫朝鮮簽訂《江華條約》、1882 年美國與朝鮮簽訂《朝美友好通商條約》，列強紛至遝來，一次次地衝擊著清政府在朝鮮的宗主國地位，這使得清政府下決心一定要保住這個最後的藩屬國。

平息兵變，嶄露頭角

青年袁世凱

由於日本侵略勢力在朝鮮的擴張，朝鮮的民族矛盾和階級矛盾不斷激化，人民的不滿情緒日益激增。1882年朝鮮恰逢大旱，人心思變。果不其然，當年7月23日，朝鮮即爆發了「壬午兵變」，起義的士兵在興宣大院君的煽動下進攻王宮，國王高宗被挾持，閔妃外逃，負責訓練朝鮮新軍的日籍教官也在混亂中被人殺死，日本駐朝公使花房義質被迫回國避難。在趕跑了自己的政治對手之後，一人獨大的大院君開始取代閔妃主掌朝鮮政權。只可惜，好日子沒過幾天，應閔妃的請求，大清便派出三千大軍入朝平叛。而袁世凱此時身爲大軍統帥吳長慶手下的軍營幫辦，因而也一同隨軍進入朝鮮。雖說這時的袁世凱還很年輕（只有二十三歲），但正應了那句話「自古英雄出少年」，原本默默無聞的袁世凱在鎮壓朝鮮兵變的過程中，表現出了極高的政治智慧，逐漸在朝鮮政壇嶄露頭角。

8月26日晚，清軍設計將興宣大院君騙往清軍軍營，旋即將其逮捕，並連夜押解到中國的保定囚禁。隨後，袁世凱又帶領先鋒軍向兵變的朝鮮軍隊發動攻擊，硬是將正處在高潮時期的兵變鎮壓了下去。到9月中旬，朝鮮的政局終於重歸太平。而那位已經被亂軍趕走的閔妃此時也在清軍護衛下返回漢城。閔妃回來後不久，就對朝鮮政府進行大刀闊斧的改革，一些與日本有牽連的「開化黨」人物此時打著維新求變的旗號趁機混入政府[15]。作爲對中國入朝平叛的補償，1882 年 10 月，朝鮮與清政府簽訂《中朝商民水陸貿易章程》，以條約形式再次明確了清政府對朝鮮的宗主權。

說起清政府爲何出兵朝鮮，道理很簡單，不外乎阻止日本對朝鮮的染指，強化對朝的宗主權。但「壬午兵變」的平定，不但沒有達到上述目的，反而使日本有了進一步借題發揮的空間。日本藉口有日本人在戰亂中被殺及財產遭到破壞爲由，進而提出賠款和擴大在朝權益的要求。而朝鮮在日本的威逼利誘下最終與日本簽訂了喪權辱國的《濟物浦條約》和《修好條規續約》。按照該條約，朝鮮須向日本賠償五十五萬元，允許日本在朝駐兵，並開放通商口岸。而此時中國的海陸大軍已雲集仁川、漢城，清政府在取得戰略主動的情況下，竟也預設了日本在朝的駐兵權，這就爲後來的中日衝突埋下了禍根，也是晚清外交史上的一大失誤。

再說此時的袁世凱。相較清政府在處理朝鮮問題上的短視，這時袁世凱在朝鮮的仕途發展可謂喜事不斷。由於在平息兵變中的出色表現，初出茅廬的袁世凱不僅受到吳長慶的器重，還得到了朝鮮國王李熙的賞識。朝鮮國王特意爲其向大清請功，後來清政府以袁世凱治軍嚴肅、剿撫得當，賞賜其五品頂戴花翎。袁世凱的好運還不止於此。1884 年吳長慶由於中法戰事急調回國，知人善任的李鴻章便大力推薦袁世凱爲留朝「慶」字營的營務處將領，並負責主持朝鮮新軍練兵事宜。於是原來默默無聞的袁世凱幾乎在一夜間成爲朝鮮政壇最耀眼的新星。

---

15 事實證明，正是這些開化黨人成為後來「甲申政變」的肇事根源。

袁世凱受命上任後，很快便著手與朝鮮協練金允植一起編練新軍，並在朝鮮三軍府設督練公所，作爲練兵指揮部。經過他的精心挑選，一千多名朝鮮士兵被編成宮廷親軍左右兩營，並使用清廷饋贈的十門大砲和一千支來福槍裝備部隊。在袁世凱的組織和訓練之下，這支新軍訓練成績斐然，朝鮮國王在檢閱後不禁盛讚袁世凱「訓練之有法」[16]。而袁世凱也因爲手中掌握軍權和受到朝鮮國王的器重，很快成爲了中國在朝鮮獨當一面的人物。

老天似乎特別地青睞袁世凱，僅僅過了不到一年，就又給了袁世凱一個展示其過人膽識的機會。1884年12月4日，在慶祝漢城郵政總局大廈落成的宴會上，受日本支持的朝鮮「開化黨」人突然發動政變，劫持了高宗和閔妃，殺害親清派的官員，謊稱「聖旨」，請求日軍入宮護衛。隨後，親日派的金玉均和樸泳孝組織新政權，計畫「政治革新」。這場政變史稱「甲申政變」。在朝鮮親清派大臣沈舜澤的請求下，袁世凱力排眾議，當即率軍一千五百人舉兵入宮。經過與開化派及日軍的激戰後，救出了朝鮮國王李熙，重新控制了朝鮮政局。事變之後，袁世凱對「開化黨」人實行了嚴厲的鎮壓，並立即上書李鴻章，要求清政府「選派大員，設立監國，代治朝鮮內政外交」。這是袁世凱在朝鮮以「先斬後奏」方式獨立處理的第一樁涉外案件。

很顯然，日本是製造這次政變的背後主謀[17]。自19世紀70年代以來，日本因明治維新而迅速走上對外侵略擴張的道路，其矛頭首先直

---

16 袁世凱的練兵指導思想「一切從湘、淮軍制」。因此，朝鮮新軍從被袁世凱練成之日起，就是一支親清的武裝。這在後來的朝鮮「甲申政變」中極為重要。因為正是這支軍隊與清軍交火，並且立馬臨陣倒戈，站在了清軍一邊。

17 事實上，這場政變就是由日本人直接策劃的一場政治陰謀。日本駐朝公使竹添進一和外務卿井上馨就是這一事變的總導演。日本浪人牛場角造、井上角五郎等人則是開化黨人的政治顧問。

指朝鮮。此時的清政府正因中法戰爭忙得焦頭爛額。日本借此天賜良機，「以爲中國多事之秋，必不能保護高麗」，企圖兼併朝鮮。所以，「甲申事變」只不過是日本進行東亞擴張和實施「大陸政策」的一個開端，是對清政府實施的一次試探性攻擊。日本不但爲這次政變提供了充裕的經費和軍火，而且還專門制定了縝密的計畫和實施的步驟。日本人爲朝鮮代練的兩營親軍和留日士官生都是這次政變的基本力量，甚至駐朝日本使館的部分日軍也直接參與了此次事變。

從日本的角度看，「支持朝鮮獨立自主」只不過是對朝進行滲透的託辭罷了，其根本目的在於挑撥中朝之間關係，唆使朝鮮脫離中國，然後通過政治宣傳，製造國際輿論，培植親日勢力，從而最後達到將朝鮮納入日本勢力範圍的目的。因此，即使「開化黨」人奪取了政權，日本人也絕不會讓朝鮮眞正走向獨立和富強。也就是說，即使朝鮮能從依附於中國的傳統宗藩關係中擺脫出來，其結果也只能是掉入虎口，淪爲日本的附庸。而對中國而言，朝鮮如果獨立，則意味著東部國門洞開，失去防禦日本的最後一道屛障。十年前的越南「獨立」已是前車之鑑！所以，從大清的國際戰略考慮，朝鮮已成爲日中兩國擴張與反擴張，滲透與反滲透鬥爭的必爭之地。幸運的是，年輕的袁世凱在這個問題上扮演了極爲重要的角色。正是他的果斷出擊，有力地打擊了日本在朝滲透的囂張氣焰，暫時對中國實行了妥協，從而推遲了中日戰爭爆發的時間，也爲朝鮮贏得了一個相對穩定的和平時期。

而袁世凱也通過這次平叛再一次展示其出眾的政治才能。他在平息事變過程中所表現出的臨危不懼、果斷幹練、勇於負責的能力和左右逢源、進退裕如的傑出外交才能，成爲晚清腐朽官場的一大亮點。只可惜，袁世凱憑一己之力最終未能挽狂瀾於既倒。愚蠢的清政府再一次錯過了將日本勢力澈底清除出朝鮮的機會。爲此，袁世凱曾憤然上書李鴻章，要求趁列強尚未嚴重干涉朝鮮之際，澈底解決朝鮮問題，將其改設爲中國的一個行省。李鴻章雖無法滿足袁世凱的請求，卻非常賞識其才華，並爲之題寫了十六字的評語：「血性忠誠，才識英敏，力持大局，獨爲其難。」當 1885 年朝鮮形勢再度惡化時，一向看好袁世凱的李鴻章便立即任命年僅二十六歲的袁世凱以三品道員身分坐鎭朝鮮，主管中朝外交、通商事宜。不僅如此，得到朝鮮國王信賴的袁世凱還被賦予全權掌握朝鮮商業、外交、海關、貿易、電報等各項業務的權力。所以，從 1885 到 1893 年，袁世凱實際上已成爲了朝鮮國內權力最大的人物。

駐朝監國，跋扈專橫

袁世凱就任清國駐朝鮮通商大臣後，無論在發展兩國經貿合作，還是大力拓展清國在朝鮮影響方面，都做出了巨大貢獻。

首先，在發展兩國經貿方面，爲了拓展中國在朝鮮商貿，袁世凱在國內大力招商引資，並對在朝華商予以特別扶持，先後在龍山、仁川、釜山、元山等華商聚集的地方開設領事館，保護華商利益。在袁世凱的政治保護和商權擴張政策下，中國商人以仁川港爲基地，以漢城爲目標，不斷擴充勢力，先後在元山、仁川和釜山設立三地清朝專管租界，華商在朝商貿規模不斷擴大，在朝華商數量也逐年增長，在短短三年間便超過了在朝日商的數量。

爲了擺脫與朝貨物運輸完全由日商壟斷的局面，袁世凱特意開闢了新的中朝航線。當時壟斷中朝貨物運輸的日本郵船公司服務不佳，船費又高，甚至還發生過日輪丟失華商貨物而拒絕賠償的事件。袁世凱聞訊後，先後數次向李鴻章建議派遣中國輪船取而代之。袁世凱認爲，日商壟斷中朝航線不但不可靠，而且也對清朝在朝鮮的宗主國影響大有損傷。在他的建議下，1888 年 3 月清政府開闢了上海、煙臺、仁川間的定期航線。1892 年 11 月，朝鮮向清朝貸款白銀十萬兩，袁世凱遂趁機與朝鮮相關部門交涉，要求准許華商取得仁川、洛江等地的內河航道權，以便載運華商貨物。由此可見，袁世凱對於在朝華商權利的保護，不可謂不盡心竭力 [18]。

其次，在電信方面，在袁世凱的撮合下，1885 年 7 月和 1886 年 3 月，朝鮮政府同清政府先後簽訂《中韓電線條約》和《中韓釜山電線條約》，中國負責向朝鮮修建的「仁川、漢城、義州、中國鳳凰城」電線專案提供貸款，分二十年和二十五年還款，不計利息。而朝鮮方面承諾，其電線架設二十五年內不允許他國政府和公司在朝鮮境內另設水路電線，其他朝鮮電線所有事宜也都由中國代管，並且由中國派員主持沿線的各電報局工作。截至 1891 年，朝鮮的各主要電報線路已全部置於清政府的控制之下，清朝幾乎控制了整個朝鮮的電力通訊事業，並從中獲取了巨大的政治和經濟利益。

再次，在政治上，袁世凱自獲得朝鮮大權後，也極力維護中朝之間的傳統宗藩關係。只是袁世凱當時年輕氣盛，做事獨斷專橫。在朝鮮處理外交事務時，袁世凱往往拒絕與各國公使同席共議，遇事則直入王宮，驕橫專斷，盛氣淩人。在當時的朝鮮，幾乎任何一項重要的國家政策在沒有徵得他同意的情況下，即便朝鮮國王同意，也很難實行。例

18 在袁世凱的維護下，中朝貿易額逐年攀升，到 1891 年已達二百一十四萬八千二百八十四元；朝鮮對清國進口的比重逐年攀升，從 1885 年的百分之十九上升到 1893 年的百分之四十九點一，而同期日本對朝輸出卻逐年下降，從 1885 年的百分之八十一下降到 1893 年的百分之五十點二，日本壟斷朝鮮對外貿易狀況有所緩解。

如，1886 年 9 月，袁世凱竟公然以太上皇的口吻向高宗提出露骨的旨在干涉朝鮮內政的《喻言四條》。此舉一出，朝鮮朝野上下一片譁然，一時之間朝鮮國內出現了大量要求清廷罷黜袁世凱的呼聲。

爲了維護中朝之間的宗藩關係，袁世凱也極力限制朝鮮對外交往的自主性。1887 年，在美國的支持下，朝鮮決定不顧清廷阻撓，向歐美各國派遣使節。對此，袁世凱向朝鮮方面指出：「所有派往各國的官員使節，與中國往來均適用附屬國體制。」並提出「三端」作爲使節的行動準繩：❶朝鮮使節到達各國，應先到中國使館，再請中國公使同赴該國外交部；❷遇有朝會、公宴、酬酌、交際，朝鮮使節應跟隨在中國公使之後；❸交涉重大的事項，朝鮮使節應先秘密地向中國公使請示。後來，袁世凱利用「三端」有限地限制了朝鮮使節出訪歐美的計畫。

甲午戰敗，黯然離朝

很顯然，此時的袁世凱儘管在朝鮮權傾朝野，但他在朝鮮推行極端的干涉政策，卻不可避免地傷害了朝鮮的民族自尊心，也在事實上造成了朝鮮政府的離心傾向，刺激了朝鮮民族主義情緒的增長，擴大了中朝之間的裂痕，甚至埋下了後來中朝聯盟澈底解體的禍根。在當時即有不少朝鮮人對袁世凱恨之入骨，必欲除之而後快。甲午戰爭爆發後，日軍很快便控制了漢城，一部分朝鮮東學黨人和親日派曾公開揚言要取袁世凱的人頭。袁世凱聞訊後非常害怕，一度不敢邁出中國使館一步。在這種情況下，他不得不向清政府請示回國。後來經李鴻章的准許，袁世凱悄悄逃回國內。

至於甲午戰爭後的中朝關係也隨著清朝在戰場上的慘敗而發生逆轉，清朝勢力被日本澈底逐出朝鮮。不但如此，清政府還在喪權辱國的

《馬關條約》上簽字，其中第一條即承認朝鮮爲獨立國。此舉意味著中朝宗藩關係的澈底瓦解。鑒於朝鮮獨立已成定局，1899 年 9 月，清政府派遣安徽按察使徐壽朋出使朝鮮。經過反復磋商，中朝雙方在漢城簽署《中韓通商條約》。其中第二款即明文規定：「至此訂立通商友好條約後，兩國可派大使官員，駐紮在彼此的首都，並在通商口岸設立領事。」從內容上看，朝鮮已澈底擺脫了中國的控制，獲得獨立，而原來的藩屬朝貢關係也就此不復存在，而代之以新型的對等國與國之間的關係。

大清美籍外交使臣：蒲安臣

第一次鴉片戰爭後，清王朝被迫同西方列強簽訂了一系列不平等條約，中國在列強的強推下極不情願地走上國際舞臺。在被迫與國際接軌的過程中，中國近代外交應運而生。這時，出現了國際外交史上的一件奇事：黃頭髮大鼻子、曾任美國駐華公使的蒲安臣竟然代表大清帝國出使西洋各國。蒲安臣到底是一個什麼樣的人物？他為中國從事外交的目的何在？又為中國早期外交帶來了哪些變化呢？

蒲安臣

說起來這蒲安臣，還眞不是一般人。這位在後來既當過美國駐華公使，又擔任中國駐外使節的外國人，年僅二十八歲便進入美國政界，投身廢奴運動，三十五歲就成功當選美國眾議院議員。林肯就任總統後，恰逢清政府同意各國派遣駐北京使節，林肯總統遂派遣年輕有爲的蒲安臣爲第一任美國駐華公使。年輕的蒲安臣喜出望外，風塵僕僕地自巴黎啓程赴任。1861 年底到達廣州，1862 年 7 月來到北京，成爲第一批入駐北京的外國公使之一[19]。

19 由於家庭的影響和自身的經歷，使蒲安臣具有美國拓荒者的進取精神和追求平等的個性，這直接影響著他的政治活動。

蒲安臣比較有正義感，在擔任美國駐華公使期間，他積極推行美國國務卿西華德宣導的「合作政策」，推進中國與歐洲各大國間的合作，甚至充當清政府與歐洲各國政府的中間人。這使中國與西方列強之間成功避免了許多不必要的誤會，也使列強與清政府之間的關係在19世紀中期相對穩定。蒲安臣本人也因此獲得了清政府的好感與信任，進而成為與清政府交往中最具影響力的外國公使。

史上首位中國駐外使節

19世紀以來，西方各國之間互派使節成為國際慣例，而清政府還以天朝上國自居，實行閉關鎖國的政策。兩次鴉片戰爭的打擊，使清政府看到了西方國家的先進之處，開始改變與世隔絕的鎖國政策。以奕訢為代表的一批開明派已明白了外交活動的必要性和緊迫性，但在挑選出國使團的人選上，恭親王頗感棘手。因為自鴉片戰爭以來，中外關係緊張，交涉事務滯礙，既懂洋文又懂外交的人才實在缺乏。

既然中國人裡面挑不出稱心合意的人，那外國人可不可以呢？此時蒲安臣在任美國駐華公使期間表現良好，逐漸引起了奕訢的注意[20]。經過暗地考察，奕訢感覺蒲安臣是位正直、謙遜而又可以信賴的人。所以，在幾經權衡之下，奕訢決定特聘蒲安臣在卸任美國公使後「權充」中國使臣，出使歐美各國。而對於這項新任務，年富力強、喜歡嘗試新事物的蒲安臣也爽快地答應了。於是，原來的美國駐華公使竟搖身一變成為中國歷史上第一個被派往西方各國的「辦理各國中外交涉事務大臣」，這在國際外交史上可是件稀罕事。

20 清政府頒發給他一顆木質的漢洋合璧關防印信，「以資取信各國」，並規定出使時間以一年為限。

而清政府之所以對蒲安臣委以重任，一方面是由於國內缺乏從事外交活動的人才，正所謂「用中國人爲使，誠不免爲難；用外國人爲使，則概不爲難」。而使用外國人還有其他好處，既可以解決眼前的遣使出洋問題，還可以避免中外禮儀方面的糾葛。不過，蒲安臣畢竟是外國人，「非我族類，其心必異」的這個道理連小孩子都懂，因此清政府不可能對蒲安臣沒有任何顧忌。所以，在任命蒲安臣爲「辦理各國中外交涉事務大臣」後，大清又接著任命海關道志剛及禮部郎中孫家谷二人爲「辦理中外交涉事務大臣」，其職權與蒲安臣完全相同，並派有其他中國籍秘書和隨員一併出使。此時的清政府對蒲安臣還不放心，又對蒲安臣的使命和許可權作了限定：「凡於中國有損之事，令其力爲爭阻；凡於中國有利之事，令其不遂應允，必須知會臣衙門複准，方可照行。在彼無可擅之權，在我有可收之益，倘若不能見效，即令辭退。」其大意是，蒲安臣要盡力阻止有損於中國的事，遇事一定要及時通報北京，必須聽中央政府的命令，不能擅自決定，否則即予以辭退。爲此，總理衙門還專門給蒲安臣制定了八條訓令。其中有兩點最重要：第一，蒲安臣對隨行人員要負責訓練，使他們能夠在工作中盡快成熟；第二，遇到重大事情時，應先通知總理衙門，不能擅自做決定。其他幾條，諸如禮節、外交人員待遇、關防使用的範圍、出訪期限、隨行人員的外交待遇等，清政府也都做了詳細、明確的規定。這說明清政府在如何使用蒲安臣這一問題上還是相當細心和謹慎的。

清政府任命美國人來掌管中國的外交事宜，這可不是一件小事情，勢必引起其他國家不滿。爲了解決這個問題，恭親王思前想後，決定在使團中加入英國人柏卓安（時任英國駐華使館中文翻譯）、法國人德善（曾於 1866 年隨斌椿出外遊歷，時任職中國海關），因爲二人均「通曉漢語文……兼可以籠絡英法諸國」。於是，柏卓安和德善在這種情況下也先後被任命爲使團的左協理和右協理。

促使中國外交禮儀現代化

自1793年英國馬噶爾尼使團來華開始，西方列強與大清在外交禮儀方面就一直衝突不斷。造成這種狀況的原因有很多，但根源是中西文化傳統與價值觀念的差異。在西方，各國外交禮儀的本質在於維護和體現主權國家間的平等，在形式上表現爲對等。如互派外交使節、互設外交機構、互向對方國家元首呈遞國書等，君臣之禮非常簡略，「進退不過三鞠躬而已，彼此立談，無拜跪之文」。這種對等的外交禮儀，在當時已形成了國際條約和國際慣例，是主權國家之間建立外交關係後必須遵循的外交形式。而反觀清朝，在中外交往之初，清朝統治者始終抱著唯我獨尊的高傲心態，無國家平等的觀念，不可能採用平等的外交禮儀。馬噶爾尼使華事件非但沒有促使清朝統治者改善外交禮儀，反而強化了他們天朝上國的傳統觀念，對固有的禮儀規定愈發堅持。這也爲後來頻繁產生的中外衝突埋下伏筆[21]。

由於對外交往中禮儀的問題越來越突出，1867年清廷曾對覲見禮儀進行單獨討論。此時，初具國際交往經驗的總理衙門大臣奕訢雖未提出明確的改進意見，卻表明了欲變「中國之禮」的態度。曾國藩、李鴻章等洋務派大臣也主張放棄傳統的朝貢禮儀，陝甘總督左宗棠更明確地提出要以西方禮儀覲見的建議。然而，主張恪守跪拜禮的大臣也

21 1860年9月，英法聯軍由天津攻入通州，怡親王載垣等奉命前往談判，咸豐帝對英法提出的八條要求一一照準，但唯獨對英方提出的國書「必須親自面呈給大清皇帝」的要求「萬難允許」，甚至為此不惜重啟戰端。而外國使節向清帝遞交國書時到底要不要行跪拜禮，也一直是清政府的一塊心病。直到19世紀中葉，清朝統治者還不清楚，在歐洲，外交使節向所駐國家元首遞交國書，已經在1815年維也納會議後就成為外交慣例。

蒲安臣使團

不在少數。在這種情況下，眼看著蒲安臣所率領的大清使團就要邁出國門，外交禮儀問題還是遲遲無法解決。對此，清政府曾試圖予以回避，總理衙門甚至做出了不讓蒲安臣向出使國遞交國書的安排。但該計畫卻遭到英國人柏卓安的否定，他爲此明確指出：「如果國書缺失，恐怕各國會以禮節不通爲情由，對辦理外交事務不利，反而會使蒲安臣臨時無措，處處爲難。」恭親王聽罷，覺得很有道理，於是便奏請皇帝頒發了大清國書，經柏卓安轉給蒲安臣。同時，總理衙門還對蒲安臣向各國元首遞交國書時的外交禮儀做出了規定。

美國是大清使團此行的第一站。1868 年 2 月 25 日該團從上海出發，幾經輾轉，最後於 6 月 2 日抵達美國首都華盛頓。一到美國，一向特立獨行的蒲安臣就把總理衙門的規定拋到腦後，一切事情都按西方禮儀辦理。

按照國際慣例，當時的世界各國一般是不接受本國人作爲派駐本國使節的，對此蒲安臣本人也忐忑不安。不過，美國政府卻欣然打破了這個慣例，由詹森總統破例接待了作爲中國使臣的蒲安臣，並收下國書，接見了使團。這是中國歷史上第一次以主權國家的身分出現在國際舞臺上，這也是清朝歷史上第一次採用鞠躬、握手禮節與西方國家平等交往。而在接下來出訪英、法、瑞、丹、荷、普、俄等國時，蒲安臣也一律按這種西方禮節覲見各國君主，親遞國書[22]。

但這樣一來，卻給總理衙門造成了極大的外交被動。一些外國駐華公使紛紛以蒲安臣的出訪爲例，要求解決覲見中國皇帝時的禮儀問題。爲此，英國公使阿禮國還專門向總理衙門遞交了一封照會，要求中國政府允許外國使臣以西方禮儀覲見大清皇帝。1873 年 2 月，俄、德、美、英、法等國使臣又藉口同治皇帝親政，連續兩次照會總理衙門。於是，在列強的反復要求之下，總理衙門以「國體攸關，兩邊均應兼顧」爲由，默認接受。在這種情況下，1873 年 6 月西方公使們第一次以國際禮節覲見了同治皇帝。

努力達成《蒲安臣條約》

1868 年 6 月 6 日，蒲安臣率使團前往白宮，在國務卿西華德的引薦下，謁見美國總統詹森，呈遞了國書。隨後，美國政府舉行盛大招待會宴請中國使團。之後，在美國方面的安排下，蒲安臣使團前往華盛頓、紐約等地參觀遊覽，歷時一月之久。

蒲安臣深知美國輿論對政府決策的影響，因此，從他一踏上美國國土開始，就積極在美國各地進行自己的巡迴演講。在首站三藩市，蒲安臣向聽眾們宣稱：他的出使，意味著中國已經走上了開放和文明的道

22 對此，曾跟隨蒲安臣出訪的中國欽差大臣志剛曾予以詳細記載，他們也並不覺得採用西方禮儀有失體面。志剛認為，「禮從宜，使從俗，亦禮也」。因此，蒲安臣病逝後，志剛和孫家谷二位欽差大臣在繼續出訪比利時、義大利和西班牙時，也繼續沿用西方禮儀行事。

路，他相信這個古老的東方國度能夠和西方各國攜起手來，一起迎接文明的光輝。在紐約，蒲安臣大肆鼓動道：中國已經「睜開他的眼睛了……他願意和你們通商，向你們購買貨物，賣東西給你們」。蒲安臣甚至鼓動美國的傳教士，要讓中國每一個地方都能夠聽得到上帝的福音！在贏得美國社會各界的好感後，他又用富有煽動性的語言宣稱自己的使命，是「我希望中國的自治能夠得到保持，我期望他的獨立能夠得到保證，我期望他能夠得到平等的待遇，從而使他能夠得到與所有國家同等的權利」。

後來，蒲安臣又把這些他對美國各界的承諾寫入了《中美續增條約》（即《蒲安臣條約》）。這是一部鴉片戰爭後列強與中國締結的較爲平等的條約。在形式上，中國首次以主權國家身分而不是以戰敗國身分訂約；在內容上，締約雙方都享有設立領事館、保護僑民、移民、辦學、宗教信仰自由等各項權利和義務。更何況，清政府還通過這個條約獲得了夢寐以求的美國不干涉中國內政的保證。因此，從總體而言，這個條約對中國近代外交是有利的。該條約不僅直接保護了當時在美務工的大量中國華僑，使他們獲得了在美正常生活的合法地位，而且該條約簽訂後，美國政府還通過外交途徑，將不承認任何干涉中國內政的立場轉告了英、法、德、俄等國公使，以保持各國對華政策的相互協調與合作，並要求美國駐歐各公使，務必協助蒲安臣在使團到達歐洲後完成其使命。

使俄公務中殉職

1868 年 9 月 19 日，蒲安臣使團抵達倫敦。10 月 20 日，蒲安臣一行受到了維多利亞女王的接見。此時正在訪英途中的大清使團恰逢 12

月 4 日英國大選，大選的結果是自由黨獲勝，伴隨著執政黨的更迭，英國對華政策也可能出現變化，因此蒲安臣使團在英國停留的時間較長。12 月 26 日，新任英國外交大臣克拉蘭敦會見了蒲安臣等人。在會談中，蒲安臣以「中國欽差」的身分，向英國政府提出「合作政策」問題。克拉蘭敦也宣布英國政府願意同中國政府「以和濟事」。但兩天後克拉蘭敦又約見蒲安臣，聲稱與中國修約的主動權應在英國。在一份照會中，英國政府還具體闡述了他們今後對華政策的走向：「（英國）不實施與中國的獨立和安全相矛盾的一種不友好的壓迫；英王陛下政府寧願同中國的中央政府直接接觸，不願同各地方官吏交涉。」並隨後告知在華英國公民，應完全遵守中國法律，應當和中國人保持彼此友善的關係。但事實上，英國的這種友好是有條件的。這個條件是：中國必須忠實地遵守各種條約義務，英國保留使用武力保護生命財產受到迫切的危害。對於這樣一份以保護者自居，充滿威脅口吻，並以使用武力爲保留條件的照會，蒲安臣竟覆信表示完全贊同。

1869 年 1 月 2 日，蒲安臣使團一行到達戰爭陰影籠罩下的巴黎。當時普魯士大兵壓境，普法戰爭一觸即發，所以法國政府不想在遠東問題上過多糾纏，在有關中國的問題上一切都惟英國馬首是瞻。1 月 5 日，法國外交部長拉發特致函英國政府，表明法國政府和英國政府立場一致。1 月 21 日，法國皇帝拿破崙三世又出於禮節接見了蒲安臣使團。但蒲安臣一行卻始終沒有取得中法關係的較大進展，雙方既未締結類似於中美那樣的友好條約，也沒有得到像英國那樣的外交照會。

1869 年 9 月 21 日，蒲安臣使團前往瑞典、丹麥和荷蘭等國。由於沒有與這些國家修約交涉的任務，外交使團過得十分輕鬆。1870 年 1 月，蒲安臣使團又抵達柏林。因爲普魯士在中國政策上追隨美國，所以蒲安臣使團與普魯士的交涉也比較順利。中國使團在很短的時間內就完成了同普魯士的談判，普魯士首相俾斯麥也發表了對中國有利的聲明。

1870年2月1日，蒲安臣一行又自普魯士前往沙俄。此時，正值沙俄大肆侵略中國西北和黑龍江流域，中俄關係十分緊張。2月16日，沙皇亞歷山大二世於聖彼德堡親自接見了蒲安臣使團。本來，蒲安臣是代表中國進行交涉，亞歷山大二世卻大談俄美關係，令蒲安臣十分尷尬。他深知中俄之間矛盾重重，外交關係緊張，因此焦慮不安，再加上一路鞍馬勞頓和俄羅斯嚴寒的侵襲，蒲安臣的健康狀況開始迅速下降。在這種情況下，長期精神高度緊張的蒲安臣在接見後第二天就病倒了，被醫生診斷爲急性肺炎。可即便在病中，蒲安臣還仍然堅持每天看報，尤其關注俄國時局發展，唯恐「辦法稍差，失顏於中國，措詞未當，又將貽笑於俄人」。最終由於長期操勞、日夜焦思，在一周後的2月23日，蒲安臣不幸病逝於聖彼德堡。

1870年2月26日，俄國政府在聖彼德堡的英國教堂內爲蒲安臣舉行了喪禮。隨後，他的遺體被運回美國，葬在麻塞諸塞州劍橋市離其故居不遠的奧本山公墓。3月22日，消息傳回北京，清政府深表痛惜，除頒布上諭表示對蒲安臣逝世的慰問外，還訓令志剛等負責料理其身後事宜，並撥付一萬兩白銀交給蒲安臣家屬，以示撫恤。而志剛則由於長期跟隨蒲安臣在外出訪，兩人結成了深厚的友誼。在蒲安臣逝世後，志剛深爲痛惜，他認爲蒲安臣「爲人明白豪爽，辦事公平。而心志未免過高，不肯俯而就人，一遇阻礙，即抑鬱愁悶而不可解。兼之水陸賓士，不無勞瘁，受病已深，遂致捐軀於異國」。

不管怎樣，蒲安臣雖死，但他所開創的中國新式外交禮儀及《蒲安臣條約》的簽訂，則無疑增進了近代中外邦交，緩和了各國對華的強硬態度。在他之後，一個具有國際眼光的近代知識份子群體日漸形成，湧現出了一批以曾紀澤、郭嵩燾、薛福成、伍廷芳、梁敦彥等爲代表的中國近代職業外交官。自此，自我封閉的清王朝開始逐漸走向世界，而19世紀末的改良運動和革命運動高潮也隨之洶湧而來。

康有為的幸福流亡生活

鼎鼎大名的康有為是戊戌變法中的改革領袖，他在變法中出盡風頭，變法失敗後卻也狼狽到極致，隻身逃往異國。不過，康有為的海外漂泊生活並不清苦，反倒有滋有味。下面我們就一道來領略一下康聖人的幸福海外流亡生活吧！

逃亡日本，一度差點被趕下大海

1898年戊戌變法失敗，「六君子」慘遭殺害，維新派領袖康有爲和梁啓超被迫逃亡海外。10月27日，一艘英國客輪緩緩地停靠在日本神戶碼頭，喬裝打扮的康有爲正躲藏在這艘客輪上。此時的康有爲心中可謂五味雜陳、百感交集。僅僅一年前，他在自己所寫的那篇《日本變制考跋》中還說：我大清朝的變法，只要借鑒日本的經驗，就足夠了。然而，話音未落，變法失敗，自己竟逃亡至此，眞是丟臉。想到這兒，康有爲不禁有些黯然神傷。

很顯然，寄人籬下的政治避難並不是件容易的事情。時任日本首相的山縣有朋在得知康有爲逃亡到日本的消息後，顯得頗有不快，皺了皺眉頭後，不耐煩地說：「他現在來做什麼？中國的維新運動已經失敗，維新派在中國政治舞臺上已難有作爲，更何況他現在又是大清通緝的政治要犯，把他留下無異於和清政府作對。」說罷揮揮手：「就讓他走吧。」消息傳回後，康有爲對日本人的如此冷遇始料不及，無奈之下，只好寫信給日本的弟子歐集甲求助。歐集甲、品川彌二郎二人苦苦相勸，日本政府才最終勉強同意，失魂落魄的康有爲才得以成功入境。

康有爲剛到日本，恰逢孫中山正在日本招兵買馬，準備武力推翻清政府。此時，若能把中國的革命派和改良派撮合起來，推翻清朝，建立一個親日的政府，對日本而言，實在是一件一舉兩得的好事。爲此，在接受了康有爲後，日本人便積極推動康有爲與孫中山之間的聯合，而孫中山此時也爲擴大隊伍而非常希望爭取改良派。於是，在日本人宮崎寅藏、平山周的聯絡下，孫中山先後多次與康有爲商洽合作事宜，希望他放棄保皇改良的主張，實行「革命的辦法」來拯救中國，攜手推翻清王朝。無奈，頑固的康有爲始終不忘聖恩，談判最後無果而終。

既然拒絕了日本人和孫中山的邀請，康有爲自然無法指望得到日本政府和革命派的熱情款待。冷落、嘲諷對這個改良失敗者而言，已經是家常便飯。不過，儘管政治抱負無法施展，在日期間，康有爲也總能找到一些讓自己快樂的方法，例如到一些親朋好友家裡去串門。在與朋友們的交往過程中，他詼諧幽默的性格表現得淋漓盡致。有一次他應邀參加一位華僑的婚禮。在鬧洞房時，興致勃勃的康有爲即興寫出「司月二大旦牛住了」幾個大字，並邀請新郎新娘在每個字上加一筆，組成一句新詞。在康有爲的暗示下，新娘在「司月二大」四字上各加一筆，新郎在「旦牛住了」四字上各加一筆。新娘和新郎添加完成後，康有爲讓他們齊聲讀出。而此時的新娘新郎已兩頰緋紅，難以啓齒。康有爲則朗聲讀道：「同用工夫早生佳子。」不禁引得在場賓客哄堂大笑。

豔福不淺，旅美娶回華裔美女

1899 年春，在日始終不如意的康有爲來到了加拿大的溫哥華。此後，他在加拿大、墨西哥和美國先後停留了兩年。一熱心華僑幫他在溫哥華購置了房屋，並爲之取名「廖天室」。此處氣候宜人、風光秀美，再加上有數不清的美麗島嶼和雪山圍繞，康有爲的生活環境可謂輕鬆愜意。初到時，康有爲每天遊一個小島，泛舟吟唱，飽覽北美的秀麗風光，然而瑰麗的風景卻始終難消心中的憤懣和鬱鬱不得志的惆悵。此間，孫中山又多次與康有爲接觸，就合作事宜反復磋商，但由於康有爲堅持保皇，談判始終沒有成功。一次，康有爲到達了美國西部的佛雷斯諾。當地數萬華僑久聞康有爲大名，突然傳出康有爲來訪的消息，他們都想親眼目睹這位維新派領袖的風采。

這一日，康有爲在華僑領袖的簇擁下，神采飛揚地走上講臺。他略作停頓，環視四周之後，便滔滔不絕地講演起來，「維新變法」、「君主立憲」、「獎勵實業」等一個個維新派的主張在他的描述下顯得那麼生動，而中國在他的改革描繪中也呈現出一幅幅宏偉的藍圖。人們彷佛看到了災難深重的祖國，馬上就會看到光明、重獲新生……此時，康有爲沒注意到，講臺下有一位年輕的姑娘正目不轉睛地注視著他。這位姑娘叫何金蘭，是當地一位華僑的女兒。她自幼深受中國文化的浸染，不僅擅長書畫，而且能歌善舞，通曉四國語言。這次聽說具有傳奇色彩的維新派領袖康有爲要來演講，特地約了幾個小姐妹，從幾十裡外的莊園趕來。「同胞們，人都是天生的，有其身必有其利，如果誰侵犯人權，就是侵犯天

康有為

權……男女雖然性別有異，但都是一樣的人。我們必須解禁變法，實行男女平等！」台下受到感染的觀眾掌聲如雷。何金蘭也被康有爲動人的演講所感動，不禁熱淚盈眶。待演講結束，她便大步上前，躬身施禮道：「南海先生（康有爲出生於廣東南海，故又稱康南海），您講得眞是太好了！我還想再聽您講些呢。」康有爲凝視著眼前這位美麗端莊的姑娘，滿口答應。於是，在朋友們的說合下，康有爲最終同意去何家暫住幾日。數日下來，何金蘭對康有爲儒雅的氣質和深邃的思想佩服得五體投地，情竇初開的少女之心也不禁泛起了層層漣漪。

不久，康有爲接到一位歐洲弟子的來信，敦請他去處理一大筆捐款。多情才子康有爲此刻終於要離開美國，繼續自己的環球之旅了。然而他的心中早已種下愛情的種子，眼前不時浮現出那位美麗少女的倩影。現在孑然一身的他是多麼需要一位元溫柔體貼而又擅長英文的紅顏知己。於是，康有爲不禁鼓起勇氣，大膽寫信給何金蘭表達愛意。很快，一封封熱情似火、感情眞摯的情書便遞送到了年輕的何金蘭眼前。閱罷，何金蘭不禁心潮澎湃、心跳加速。在經過短暫的猶豫後，勇敢的何金蘭終於向康有爲表白，願意和他一起遠赴歐洲。康有爲雖滿心歡喜，但轉念一想，畢竟兩人年紀相差過大，若不能徵得女孩父母同意而擅自離家，傳出後實在有礙視聽。於是，康有爲便對何金蘭說：「金蘭，你我年齡相差不小，你還是徵求一下父母的意見吧。」不料金蘭告知家人後，遭到了家人的堅決反對：「你怎麼會愛上一個五十多歲的老頭子、被大清朝通緝的頭號欽犯呢？」但此時鐵了心的何金蘭已決心要和康有爲在一起，便大聲反駁道：「你們知道什麼？他是一個偉大的愛國者，他的變法救國思想是多麼振奮人心哪！」說罷轉過身、背過臉，稍事一會兒又高聲說道：「他現在需要我，你們不要反對了，我非他不嫁！」家人看金蘭態度如此堅決，只好依了女兒的意思，同意了這門婚事。康有爲攜這位新婚的三太太漫遊世界。後來他們生育有一子一女[23]。

周遊列國，投資地產暴富

從美國抵達歐洲後，康有爲開始他在歐洲的遊歷。他在歐洲的經歷比較豐富，先後曾七赴法國，八遊英國，十一次出入德國，還遊歷了義大利、荷蘭、比利時、西班牙、希臘等國。其中，康有爲對義大利和瑞典的遊歷印象最爲深刻[24]。1904 年 6 月，康有爲到達義大利。在羅馬，他參觀了雄偉壯觀的古代建築和現代化的工廠。所見所聞使他不由不感歎資本主義經濟和文化的先進，但也看到資本主義貧富懸殊的弊病。1904 年底，康有爲抵達瑞典，旅瑞期間，康有爲走遍了瑞典的山山水水，既參觀了美輪美奐、富麗堂皇的皇宮和歌劇院，也特意考察過監獄和貧民窟。給他留下深刻印象的是斯德哥爾摩的露天博物館斯坎森，這裡彙集了瑞典各地一百多個民俗建築，依天然地勢而建，充分體現了人工與自然完美融合的園林之美[25]。

讀到這裡，您也許會問，康有爲進行環球旅行的經費到底從何而來呢？其實，除了極少量的華僑捐款外，康有爲在四處遊歷的同時，也從事一些商業活動，做過些地產生意。例如，在 1906 年春節，當康有爲訪問墨西哥時，那時墨西哥城正準備修築有軌電車，康有爲便利用各

---

23 有意思的是，康有為雖然提倡男女平等，實行一夫一妻制，然而自己卻妻妾成群，一生共娶有五位妻妾。

24 有感於瑞典優美的自然環境和獨特的北歐風情，康有為在旅瑞期間，曾買下了位於斯德哥爾摩東南沿海的一座小島，並在島上建起中國式的園林，取名為「北海草堂」。直到 1907 年，他才依依不捨地離開。後來，當地華人把該島稱為「康有為島」。

25 20 世紀初，到過北歐的中國人寥寥無幾，像康有為這樣的名人就更少之又少了。據考證，康有為是第三個到瑞典遊歷過的華人。

康有為在瑞典構建的「北海草堂」現狀

地華僑提供的捐款，購置了電車軌道經過地區的幾處地產。不久後，這些地產價格上漲了好幾倍，此舉就足足讓他淨賺十多萬銀元。除此以外，康有爲還經常通過撰寫文章、發表演講，進行一些公益活動來獲取經費。這些活動不僅有效化解了康有爲自己的財政困難，還常常被他拿來資助一些親友。例如，當時梁啓超所投資的「廣智書局」就因經營不力而面臨關門倒閉的危險。在得知這個消息以後，康有爲作爲老師，自然不能袖手旁觀，慷慨解囊，曾先後向梁啓超及其家人資助了五千銀元。

1911 年辛亥革命的爆發，宣告了清政府的垮臺。隨著封建皇權的澈底廢除，康有爲身上所背負的通緝令也就自然解除了。回國後的康有爲，爲了紀念自己在海外流亡的日子，曾特意請當時著名的篆刻大師吳昌碩刻過一枚朱文小字印章，上面曾別開生面地寫道：「維新百日，出亡十六年，三周大地，遊遍四洲，經三十一國，行六十萬里。」由此，可以毫不誇張地說，康有爲是中國近代史上到過世界各地最多、接觸各國人物最多的一位超級旅行家。而有趣的是，康有爲所過的這種生活也恰恰是當下許多「驢友」所夢寐以求的。從這個角度看，由政治避難而周遊世界的康有爲，在後人看來，其海外流亡生活又何嘗不是一種幸福呢？

被冤死的軍機大臣：趙舒翹

清朝的軍機大臣、刑部尚書趙舒翹在八國聯軍的壓力下，被清廷下詔「賜死」。堂堂大清政府竟不能保全本國軍機大臣的一條性命，實在是晚清的又一政治悲劇。

1901 年 2 月 24 日（農曆辛丑年正月初 6），陝西巡撫岑春煊正在西安的監獄中執行一次特殊的死刑，被殺者不是普通的犯人，而是清朝的軍機大臣（相當於現在的國務委員）兼刑部尚書（相當於現在的司法部長）趙舒翹。要說起來，這趙舒翹並沒有違反任何大清法律，而是代人受過、是被「賜死」的。而之所以要「賜死」趙舒翹，是因爲他被八國聯軍總司令瓦德西指控爲「庚子事變禍首」，瓦德西逼迫清政府必須將他處以死刑，否則就要繼續進行戰爭。以慈禧太后爲首的清朝政府爲了保全自己，屈辱地答應了八國聯軍的要求，推出趙舒翹等一批替罪羊，爲 1900 年「庚子事變」中被殺的洋人殉葬。

直到生命的最後一刻，自信一生並無過失的趙舒翹還幻想著事情會有轉機，一直在拖延時間等待慈禧太后的免死旨意。可是轉眼到了中午，朝廷的免死旨意還遲遲不下。絕望的趙舒翹只得吞金自殺。通常，婦女吞下一枚金戒指便會胃裂腸斷而死，可趙舒翹身材偉岸，體壯如牛，連吞赤金二兩多還不死，反而還能與家人哭訴並囑託身後之事，更痛哭其九十多歲的老母無人盡孝。無奈，監刑官岑春煊只能命人逼趙舒翹吞食鴉片，可仍不起作用，最後又只得逼其吞食砒霜。在吞食了劇毒後，趙舒翹很快便開始了痛苦的呻吟，以手捶胸大呼「難過」，但仍未咽氣。此時，遲遲無法交差的岑春煊看到限時已到，急於向慈禧覆命，於是便眼一瞪、心一橫，令人將厤紙數層打濕，糊住七竅，再澆灌上燒酒以「悶煞之」。即便如此，趙舒翹仍幾次氣絕，幾次復蘇，反復數次才最終斃命，其情景令人慘不忍睹。

刑事專家，軍機大臣

要說起來，這趙舒翹在法律上建樹頗多，可謂是晚清著名的刑事專家。這位同治 13 年的進士，剛入朝參加工作即被授與刑部主事，後來曾先後調查、平反過許多民間冤案。其中，爲大家所熟知的「楊乃武與小白菜」案就是由趙舒翹參與平反的。而光緒年間的河南「王樹汶臨刑呼冤」案，更使他聲聞朝野。其具體的案情是這樣的：

光緒 8 年（1882）8 月的一天，河南開封府刑場警備森嚴，刀光閃閃。就在劊子手舉刀將要處斬搶劫集團首犯「胡體安」時，該「犯人」不禁連連高聲哭喊：「冤枉！我叫王樹汶，不是胡體安。」監斬官聞聽趕緊下令停刑，並趕忙稟報河南巡撫塗宗瀛，塗宗瀛又將此案轉呈刑部。後來，刑部將此案批回河南，下令認眞複查。而此時塗宗瀛已調任湖北巡撫，案件已交新任的河南巡撫李鶴年和河道總督梅啓照複審。而李鶴年爲了袒護之前辦案的幾個部下，竟力主維持原判，並在給刑部的複查呈文中說：「所謂王樹汶冤案，純屬輾轉訛傳……」此案到了刑部後，交給趙舒翹查核。趙舒翹在反復審閱案卷，仔細分析後，認爲這是一起冤案。他認爲，如果不澈底深究，不但會錯殺無辜，而且將縱容一批貪贓受賄、徇情枉法的官吏。最後經過趙舒翹的親自複查審理，才終於使案情得以眞相大白。

原來此案中的王樹汶本是河南鄧州的一個十五歲少年，之前因在家被其父責打而賭氣出走南陽，在南陽與搶劫集團頭目胡體安、胡廣德等相識。光緒 5 年（1879）12 月初 10 夜間，胡體安一夥搶劫鎮平縣富戶張首堂家時，誑騙王樹汶同去，讓王樹汶在村外爲他們看守行李。而胡體安搶劫得來的財物，王樹汶卻分文未得。案發後，鎮平縣衙的差役，接受了胡體安的賄賂，竟然放胡體安逃走，而抓來王樹汶頂罪。狡猾的差役在哄騙十五歲的王樹汶時說：「只要你在公堂上承認自己是胡體安，我們一定寬待你，並設法放你逃走。」但王樹汶在審訊時卻如實吐露眞情。不料，該縣縣官竟也接受賄賂，硬說王樹汶狡猾抵賴，並將其屈打成招。等到開封府重審時，受賄的差役又先後收買了兩個犯人作了僞證，開封府便也將王樹汶當成胡體安定爲死刑。而此時眞正的胡體安已逃到河南新野縣，改名換姓，搖身一變，竟當上了縣衙裡緝捕盜賊、維持治安的衙役。

然而此案雖已查清，但案件的平反卻異常棘手。原先包庇部下而不惜草菅人命的河南巡撫李鶴年因怕遭受處分，開始四處活動，一面請求清室某王爺出面，一面又托兵部尙書藩祖蔭向趙舒翹說情。要說起來，這藩祖蔭一直對趙舒翹非常器重，平日裡也多有褒獎，趙舒翹也一直視藩祖蔭爲自己的恩師。但當藩祖蔭示意趙舒翹高抬貴手、設法遮掩此案時，趙舒翹卻拒不從命。他說：「百姓性命事關重大，怎能遷就呢！我可以丟官去職，這件案子不可更改。」說罷便拂袖而去。最後，在刑部官員薛允升的支持下，趙舒翹終於將王樹汶冤案平反昭雪：主犯胡體安被處死；王樹汶被釋放；河南巡撫李鶴年被革職；南陽知府、鎮平縣令等二十多位官吏都得到了應有的懲處。從此，趙舒翹的正直清明傳遍全國，朝廷上下，京城內外，一片稱讚之聲。

光緒 8 年（1882）因平反冤獄、判案有功的趙舒翹升至員外郎。此後，趙舒翹又彙集清朝相關條例，編成了中國第一部監獄法規彙編——《提牢備考》[26]。光緒 12 年（1886）趙舒翹出任安徽鳳陽知府，在任四年，「清理積案，剖斷如流，人皆驚服」。光緒 19 年（1893）授浙江按察使，同年冬授浙江布政使。光緒 21 年（1895）任江蘇巡撫。不久，清廷又以趙舒翹熟知法律，召爲刑部左侍郎，光緒 24 年（1898）升至刑部尙書。第二年即入總理衙門並充任軍機大臣，兼管順天府尹（相當於現在的北京市長），由此一舉成爲朝廷的中樞要員。戊戌變法時，趙舒翹極力反對改革。變法失敗，他主張對譚嗣同等維新派人士不必問供即殺無赦，此舉很爲慈禧賞識。爲此，慈禧曾多次賞賜其綢緞、貂皮，並將趙舒翹名列「恪守職責、功勞顯著」的大臣之列。

庚子之變，因言獲罪

19 世紀末，旨在「扶清滅洋」的義和團運動在中國北方興起。義和團運動最初始於山東，但袁世凱接任山東巡撫後，對於義和團運動開始嚴格限制。於是，義和團逐漸由山東向直隸等地轉移。1900 年 5 月 12 日，直隸淶水縣高洛村發生教案，官府派軍官楊福同領兵前往彈壓處置。然而 5 月 22 日，數千名義和團成員卻在石亭一帶擊斃了楊福同。這種百姓襲官的事件使朝廷大爲震驚。5 月 27 日，直隸中部的蘆保鐵路沿線又聚集了三萬義和團成員，並占據了涿州城。此時，處在狂熱排外中的義和團不僅搗毀了剛剛修建起來的高碑店至玻璃河之間的百餘里鐵路，還焚燒了鐵路沿線的各處車站。面對聲勢浩大的義和

26 《提牢備考》共分囚糧考、條例考、章程考、雜事考四卷，總結了清朝監獄提牢制度的詳備資料，堪稱中國第一部系統記敘獄政管理的著作。

團運動和西方列強的政治、軍事壓力，進退維谷的清政府陷入了剿撫兩難的境地。在這種情況下，一些朝廷重臣如許景澄、李鴻章、張之洞等都主張堅決鎮壓義和團，而主持總理衙門的端親王載漪和協辦大學士、軍機大臣剛毅則力主對其招撫。此時，慈禧太后想發洩一下對列強干預她廢黜光緒皇帝的不滿，於是便打算利用義和團的愛國激情，把義和團推上反帝鬥爭的一線，然後再假洋人之手消滅義和團，以坐收漁人之利。

6月5日，慈禧太后命趙舒翹去涿州察看義和團形勢，6月6日又故作姿態地派明顯支持義和團的軍機大臣剛毅去涿州考察義和團。不久，老奸巨猾的慈禧終於得到了她想要得到的回答，剛毅在回朝覆命時向其說義和團「可以利用」。而此時，老於世故的趙舒翹雖對義和團有些看法，但他深知義和團的事情非常棘手，處理不好會招來麻煩。因此，他先察言觀色地對慈禧說：朝廷不能對義和團期望過高，義和團不可大用。但當他看到慈禧面帶不悅之色時，又馬上改口表示贊成對其招撫。趙舒翹本想爲自己留條後路，誰知卻留下了禍根。

就這樣在載漪、剛毅等人的主張下，清政府正式承認了義和團爲合法組織。從6月10日起，在官方的默許下，義和團開始大量湧入北京。起初，義和團與北京的外國人關係雖然緊張，但並未發生大規模暴力事件。然而6月20日，德國公使克林德被暗殺一事，卻迅速惡化了本已十分脆弱的中外關係，與此同時一些在北京的外國使館也開始成爲義和團攻擊的主要目標[27]。在這種情況下，慈禧太后連續召開御前會

27 據《庚子西狩叢談》記載，慈禧後來談到此事時說：「依我想起來，還算是有主意的，我本來是執定不同洋人破臉的，中間一段時間，因洋人欺負得太狠了，也不免有些動氣。雖是沒攔阻他們，但始終總沒有叫他們十分盡意的胡鬧。火氣一過，我也就回轉頭來，處處都留著餘地，我若是真正由他們盡意地鬧，難道一個使館有打不下來的道理？」事實上，當時清軍對外國使館的進攻只是虛張

議，最終做出了以武力阻止八國聯軍進京的決策。6 月 21 日，清政府又以上諭形式正式對外宣戰。此時，由於得到政府的支持，義和團和清軍很快就把洋人聚居的使館區和西什庫教堂團團圍住，但是卻久攻不下，其實這與慈禧太后有關，慈禧爲自己留有餘地，暗自下令不許清軍全力進攻使館。

1900 年 8 月，爲解救被困的西方人士，八國聯軍開始向北京發起猛攻，京城形勢危急。慈禧爲了鋪平自己的投降道路，命令王文韶與趙舒翹前往外國使館聯絡。但此時趙舒翹卻以自己資歷淺薄爲由推辭不去，此舉也錯過了最後一次討好洋人的機會。8 月 15 日，八國聯軍攻陷北京。慈禧太后在北京陷落前倉皇挾持光緒皇帝，帶著載漪、剛毅及趙舒翹等王公大臣，從西華門至德勝門，經頤和園、居庸關逃出北京。一路沿懷來、宣化、大同到太原，最後逃亡到西安。

代人受過，冤死西安

在八國聯軍的強大攻勢面前，慈禧太后與清政府最終澈底屈服。其實，早在北京陷落前，慈禧就任命李鴻章爲議和全權大臣，從廣東回京與列強談判。不久又發布上諭，讓李鴻章會同慶親王奕劻迅速與八國聯軍議和。緊接著 9 月 7 日，急於向列強示好的慈禧太后又正式發布剿匪諭旨，下令「痛剿義和團」，以此向列強表示誠意。

作爲與李鴻章進行談判的前提，驕橫的八國聯軍首先提出必須從重懲處那些曾經支持過義和團運動的清朝大臣，並明確指出要「先辦禍首，再開議和」，其意圖直指慈禧太后。不過，在李鴻章的反復活

聲勢，其間還不時有清軍偷偷向使館運送大米、白麵、蔬菜和西瓜等生活物資。

動、說服下，聯軍總司令瓦德西最終退而求其次，提出了一個長長的「懲辦禍首」名單，其中軍機大臣剛毅、趙舒翹和山西巡撫毓賢等都名列其中。9 月 25 日，清政府被迫發布了「懲辦禍首」的諭旨。對於趙舒翹的處罰，清廷最初曾試圖給他一個「革職留任」的處分，但無奈洋人堅持必須重辦，並以武力相威脅。而且在北京議和的奕劻和李鴻章也由於害怕八國聯軍重新開戰而上書朝廷，要求加重對「庚子禍首」的處分[28]。因此，迫於西方列強的壓力，慈禧太后和清政府最終不得不將對趙舒翹的處罰先改爲「斬監候」，再改爲「斬立決」。

趙舒翹是西安本地人，在家鄉有很高的德望威信，消息傳出，「陝人不服」。有人甚至揚言要劫法場，還有人鼓動說，如果朝廷殺了趙舒翹，就請太后回北京去。軍機處看到西安人心躁動，於是便趕快向慈禧太后建議不如將趙舒翹賜爲「自盡」，以安撫當地民心。而此時的慈禧太后剛剛逃到西安，驚魂未定，又何堪再起民變？因此，覺得這個建議甚有道理，便立即將趙舒翹的「斬立決」改爲「賜令自盡」[29]。這樣一來，朝廷總算是給西安紳民們留了一點面子，讓趙舒翹得了個全屍。

慈禧内疚，泣下沾襟

關於趙舒翹的死，時人議論頗多，但大都認爲趙舒翹死得淒慘而且冤屈。甚至賜令趙舒翹自盡的慈禧太后本人也頗爲內疚。後來她曾不止一次地向親信談及此事，說「其實趙舒翹並未附和拳匪」，「惟趙舒翹我看他尚不是他們（指載漪、剛毅）一派，死得甚爲可憐」。說到這

28 這份電文在開頭即稱：「這樣重大的案件，如果不殺一個禍首，無法維持法理的公平，無法滿足洋人的意願要求。」

29 1901 年 2 月 17 日，西安城中紳民三百餘人向軍機處為趙請命，願以西安全城人力保趙舒翹免死。2 月 20 日，西安城內的陝西巡撫衙門附近又聚集了數萬人為趙舒翹請命。

裡慈禧不禁眼中含淚，「泣下沾襟」。

其實，庚子事件中的主戰派人物，第一是慈禧，第二是端郡王載漪，第三是剛毅。趙舒翹只是揣摩慈禧之意，又怯載漪、剛毅之權勢，不敢堅持己見，以至言不由衷，鑄成大錯，成爲八國聯軍指名必殺的主戰派人物。事後看來，正是官場逢迎諂媚的惡習把趙舒翹送上了黃泉路，成爲慈禧和載漪的替罪羊和犧牲品。因此，平心而論，晚清重臣趙舒翹著實死得冤枉，死得窩囊。應該說，趙舒翹之死是歷史的悲劇[30]。但這事情本身也充分說明，在義和團運動失敗後，清政府已徹底淪爲帝國主義的傀儡，其最後的覆亡也就在情理之中了。

30 曾在西逃途中一路支應慈禧太后的吳永在《庚子西狩叢談》中説道：「趙舒翹之被賜死，不能不說是冤枉，其功過是非，民眾自有輿論，我願為死者洗清冤屈。」

大太監李蓮英其人其事

細讀晚清歷史不難發現，很多歷史大事背後都有太監的影子。而說到清朝的太監，鼎鼎大名的便是大太監李蓮英了。李蓮英雖出身卑微，卻精靈乖巧，深得慈禧寵愛，可謂是當時眾太監們的偶像。有關李蓮英的故事也在正史、野史中演繹得層出不窮、五花八門。那麼，這個李蓮英在歷史上究竟是怎樣一個人呢？

咸豐5年（1855），直隸河間府大城縣李賈村有一個叫李英泰的窮孩子，七歲時因左腿膝蓋受傷，久治不愈之後傷口化膿成瘡。心疼孩子的老父親，爲了給孩子看病，便帶他去了趟北京。此時，在北京西直門外有一個賣野藥的人，在端詳了李英泰一陣後，說這孩子長的是人面瘡，治晚了就沒救了，幸好我的藥專治此症，用我的藥包好。然後，這個賣藥人又拉著李英泰左看右看，比劃著說，這孩子長得大耳厚唇，眼睛深邃，貌有奇相，是鐵掃帚命，十歲以後會上克父母，下克兄弟姐妹，你家必定要大禍臨頭。聞聽此言，李英泰父子趕忙上前請求破解之法。在花了五個「咸豐重寶」之後，賣藥人支招說：破解之法有兩條，一是入佛門，出家當和尚；二是入皇門，進宮當太監。還說，這孩子要混好了，可能還有大出息！

您別說，這李英泰腿上的瘡在抹了藥之後，還眞是慢慢好了起來，可一家人卻從此背上了沉重的思想包袱。幾年之後，頂不住巨大的精神壓力，父母遂決定讓小英泰去當太監，或許還眞能混出個人樣來[31]。

時來運轉，髮型師嶄露頭角

小太監李英泰先是在鄭親王端華府中聽差，不久被端華送入皇宮御花園欽安殿照應香火。說來也巧，欽安殿供的是眞武大帝，每逢朔望之日，慈禧太后都要來拈香祈福。而自從李英泰當差後，佛前的寶蓋珠幢、祭神用具總是收拾得一塵不染、光潔整齊。慈禧太后見他心細靈活，便調他到內宮伺候御前起居。當時京城流行一種新髮型，喜歡漂亮的慈禧太后聽說後也很想試試，可惜宮內沒人會做，使她非常鬱悶。此事被細心的李英泰從同鄉沈玉蘭處聽說後，便留了個心眼兒，暗中揣摩起新髮型的梳法來。等到練得差不多了，李英泰便苦苦哀求沈玉蘭幫他向慈禧推薦。不用說，經過苦練的李英泰，其梳頭技術果然讓慈禧太后非常滿意。於是，慈禧便欽定李英泰專給自己梳頭。以後聰明伶俐的李英泰又陸續做出許多新的髮型，甚得慈禧歡心。從此時來運轉，日見恩寵，逐漸由梳頭太監提升爲總管太監。據《奴才小傳》說，李蓮英這個名字，就是慈禧太后於同治元年夏天親自賜名李英泰的。

低調行事，老佛爺身邊紅人

李蓮英雖然成了慈禧太后身邊的紅人，但也不是沒有競爭對手。那時，除了李蓮英外，太監安德海也得到了老佛爺的恩寵。只不過，紅得發紫的安德海爲人囂張，得罪了不少人。有一年慈禧太后秘密派安德海到蘇杭地區爲皇家置辦衣物面料，安德海竟公然以太監身分招搖過

31 當時，河間府一帶是盛產太監的地方，經常有窮人家的小孩被閹割了送進宮去，運氣好的還真能發家致富，出人頭地，家裡人也能得到提攜。

市，大肆向沿途官員索賄。一直對安德海看不慣的山東巡撫丁寶楨遂抓住這個藉口，以清廷祖訓「太監不得出宮」爲由，以假太監的名義將安德海處死。慈禧得知後雖然十分傷心，卻因爲不能違背祖制，也不好聲張。安德海既死，李蓮英前進道路上的最大絆腳石也隨即搬除。從此，沒有了對手的李蓮英便逐漸成爲慈禧太后跟前的大紅人，二十二歲就被提拔爲副總管太監，賞戴四品頂戴花翎。

儘管如此，得勢後的小李子仍十分低調。1886 年北洋海軍建設已初具規模，李鴻章奏請朝廷派員前來閱兵。慈禧太后本打算派醇親王奕譞前往視察，但膽小怕事的奕譞生怕慈禧猜忌他擅權，便主動請求讓李蓮英陪同前往，以示自己沒有二心。慈禧太后也想趁著這個機會讓李蓮英出去見見世面，於是便派醇親王爲朝廷正使、李蓮英爲副使，前往威海視察海軍。而太監作爲朝廷欽差大臣外出視察，這在大清歷史上是頭一次。這事換了安德海，那尾巴肯定翹到天上去了，而李蓮英則不然。爲了避免別人說閒話，李蓮英出發前還特地把慈禧太后破格賞賜給他的二品頂戴換成四品頂戴[32]，然後規規矩矩地跟在醇親王後面出發了。一路上，年輕的李蓮英絲毫沒有欽差大臣的架子，一路跟在醇親王的後面，好生伺候，不知道的人還以爲李蓮英是專門來伺候醇親王的。甚至連醇親王晚上用的洗腳水，都是李蓮

李蓮英像

32 按清朝制度，太監最高只能獲得四品頂戴。

英親自去打的。爲此，李蓮英還一個勁兒地說自己以前沒機會伺候王爺，這次一定要多盡點孝心，此言一出立刻把老實憨厚的醇親王感動得連連拱手。到了威海閱兵的時候，李蓮英也刻意與醇親王、李鴻章保持著一定距離，他捧著醇親王的大煙袋，退後半步，低眉斂目，一言不發，活像是給醇親王站班伺候的太監。沿途當中，李蓮英也不隨意結交地方大員，那些準備好貴重禮品想要討好他的人，根本就進不了門，見不到面。這次閱兵，李蓮英可謂低調，給慈禧太后掙足了面子，也堵住了那些大臣們的嘴，事後慈禧太后滿意地說：「總算我沒白疼他。」

俗話說，「伴君如伴虎」。慈禧是一個心狠手辣的女人，李蓮英跟隨她一生，始終立於不敗之地，就是因爲學會了揣測主子的脾氣和愛好，時時處處謹愼小心。他憑著自己的聰明才智，完全摸透了慈禧的心理，時時處處都能迎合，因此慈禧也對他特別優待。1886 年，慈禧提拔李蓮英爲內廷大總管，並親賜黃馬褂，二品頂戴花翎。由此他成了後宮之內最有權勢的太監。第二年李蓮英生日，各省督撫、京中大員紛紛送來壽禮。慈禧太后更親自爲其張羅，並親賜玉貓一個，大幅壽字一軸，在宮中唱戲三天，讓李蓮英和自己並坐聽戲，還把李蓮英的母親接到宮裡看戲。不僅如此，就連平日裡紫禁城內的御用點心，慈禧太后也專門留給李蓮英吃。到了晚年，慈禧更對李蓮英格外恩寵，1904 年賞賜他全套蟒袍補服，這可是清宮太監空前絕後的榮耀。

處事圓滑，對光緒帝前倨後恭

仰仗著慈禧的寵信，李蓮英儘管表面上仍然對人謙恭有禮，但也不時流露出張揚跋扈的勢頭，有時甚至連光緒皇帝也不放在眼裡。1894 年正值慈禧六十大壽，有一天光緒皇帝率領文武官員參加慶賀演習，身爲演習總管的李蓮英卻直到午後才姍姍來遲，此時的光緒皇帝和王公大臣們已經足足等了三個時辰，一個個餓得饑腸轆轆。此時的李蓮英不但面無愧色，還表情傲慢，絲毫沒有一點道歉的意思。盛怒之中的光緒帝便把李蓮英臭罵了一頓，不料李蓮英卻由此記恨在心，埋下了伺機報復的禍根。

這一年甲午戰爭爆發，原本準備大操大辦的慈禧壽筵，被迫從簡辦理。籌辦八個多月，花了五百四十萬兩銀子的萬壽盛典未能如願，老佛爺很是掃興。就在這個節骨眼上，珍妃與其兄串通太監賣官一事，被李蓮英暗中查明，並奏報了慈禧。此舉猶如火上澆油，慈禧聞訊後勃然大怒，帶著李蓮英直奔光緒居住的養心殿。此時，光緒正和軍機大臣們商量抗日軍機大事，忽聞太后駕到，馬上跪拜迎接。不料慈禧並不理會，反而厲聲責問道：「我問你中日戰爭何時結束？誰要你天天主戰，如今弄到這等地步，把祖宗留下的這個江山弄丟了怎麼辦？我看你如何收拾這個殘局！」接著又對李蓮英說：「把珍妃給我帶來！」此刻養心殿上鴉雀無聲。珍妃一到，慈禧如遇仇敵，火冒三丈，叫她把賣官一事從實招來。珍妃見事情已經敗露，立刻跪在地上低頭不語。盛怒之下的慈禧又叫一個小太監取來竹鞭，猛抽珍妃。光緒皇帝此時戰戰兢兢地跪在地上爲珍妃求情，但無濟於事。而李蓮英卻假仁假義地說：「老佛爺暫且息怒，免得傷了玉體，這事可以慢慢處治，難道別無他法？」這句話果然奏效，停止鞭打的老佛爺轉而命令光緒當即下聖旨，將珍妃降爲貴人[33]。

---

33 慈禧為了淩辱珍妃，在她的禁室內掛了一塊禁牌，以示懲戒。後來珍妃牽連賣官一案，株連很廣，宮中杖死大小太監達六十多人，珍妃的哥哥也被迫逃往廣州。

戊戌政變後，光緒帝被軟禁在中南海的瀛台，處於慈禧太后的嚴密監視之下。當時有人為迎合慈禧，經常製造一些謊言，加重慈禧對光緒的反感。有一次光緒帝喃喃自語，被李蓮英的一個心腹小太監聽見，雖然沒聽清說些什麼，但其謊稱，皇帝暗自咒罵老佛爺，求神靈有眼早拿太后歸天。慈禧聞聽後勃然大怒，讓李蓮英直奔瀛台，責打可憐的光緒。光緒受此淩辱，氣得吃不下飯。

經過這麼幾次事情，李蓮英與光緒的個人關係自然不佳。但李蓮英是個聰明人，他明白「皇上總是皇上」，萬一將來光緒還政，以自己卑微的奴才身分，只有死路一條，他必須給自己留一條生路。於是決定就此打住，儘量修補與光緒帝的關係。而 1900 年的庚子事變也剛好給了他這麼一個機會。

1900 年八國聯軍攻陷北京後，慈禧太后帶著光緒西逃，當時已是陰曆八月，晚上頗有些秋寒之意。一行人夜宿鄉村，慈禧住的臥室被褥鋪陳周備，李蓮英住的地方也有被褥。而堂堂大清光緒皇帝的住處卻沒有一件臥具，光緒一個人蜷臥在冰涼的土炕上，凍得瑟瑟發抖，無法入睡。小太監也全部走光，竟無一人值班。半夜起身小解的李蓮英看到此情此景，頓生惻隱之心。於是，他便進屋跪在光緒面前說：「奴才們罪該萬死。」隨即把自己的被褥抱來讓光緒用，自己則躲在牆角蹲到天亮。光緒見狀十分感動，又想起自己被禁瀛台時，李蓮英也曾設法將珍妃偷偷地送到瀛台與自己幽會，不禁對李蓮英心存感激。日後，光緒還常常念叨這事，說：「若沒有李俺答，我恐怕都活不到今日。」回到北京以後，光緒帝雖仍舊被慈禧太后繼續軟禁，可李蓮英非但沒有落井下石，還儘量給予光緒一點照顧。相比其他趨炎附勢的太監們而言，不管李蓮英出於何種目的，對光緒還總算厚道。

大廈將傾，一代權監黯然謝世

1908 年慈禧太后去世，李蓮英也就失去了靠山。在辦完慈禧的喪事後，年邁的李蓮英主動申請次年退休。隆裕太后准其「原品休致」[34]，就這樣，李蓮英依依不捨地黯然離開了他生活了五十一年的皇宮。出宮後，李蓮英在靠近紫禁城東邊的地方買了一套宅院。雖然不是很氣派，卻也足娛晚年。後來，李蓮英又過繼了兩個侄兒作爲嗣子，並購買了城內著名的飯店東興樓三分之二的股份，晚年倒也過得逍遙自在。李蓮英常常遙想當年，自己是何等風光，就連自己的名字，還是老佛爺給改的啊！可如今老太后走了，大清也日薄西山氣息奄奄，不復當年，老奴也不得不走了。

1911 年春，在老佛爺去世三年後，李蓮英隨之而去。後來，他的嗣子們爲了報答其養育之恩，不惜耗費重金，在北京城外恩濟莊太監墓地裡爲他修了一座豪華墳墓。只可惜，這座墳墓在「文革」期間被紅衛兵澈底破壞，只有墓誌銘上的拓片留了下來。至於他的那兩個嗣子，則一個比一個敗家，狂嫖濫賭之後把李蓮英一生聚斂的財產變賣得一乾二淨。到了 1930 年的時候，北京德勝門市場上還經常能發現珍貴的皮草外褂、碧縷牙筒、翠樟圍肩，大半是出自皇家的珍異古董。很多古董家都認定是李蓮英生前所獲得的恩賞御賜，紛紛出高價索求。而他的這兩位嗣子則在抗戰期間因貧病交迫，先後倒斃街頭。一代權監的聲威，也就從此煙消雲散了。

---

34 「原品休致」的意思是退休後保持原來的職稱、待遇不變，依舊享有每月六十兩銀子的退休金。

奇女子賽金花傳奇

賽金花是清末民初頗具傳奇色彩的一位奇女子。她既作為公使夫人出使過歐洲四國，也曾作為妓女而知名京滬。八國聯軍進北京的一場浩劫，又將她造就為「亂世女傑」。她三次嫁為人婦，又三番重操舊業。賽金花也因此被世人稱之為中國歷史上最具傳奇色彩的一個女人。

1887年，清朝駐德意志、奧匈帝國、荷蘭、俄羅斯四國公使洪鈞，在任命後不久便帶著自己的小妾傅彩雲來到駐地——德國首都柏林任職。抵德後不久，便得到了德皇威廉二世和皇后維多利亞的接見。在接見儀式上，傅彩雲身著清朝誥命夫人服飾，長裙飄帶，翩然若仙，其優雅的風姿，引來一片讚美之聲。德皇一見，驚爲天仙，連稱「東方美人」，維多利亞皇后也特意與她合影，德國首相俾斯麥與她握手時，更稱讚其美麗動人。傅彩雲雖不常參加公開社交活動，但她的每次出現，都會引起關注。在柏林上流社會和外交界中，中國公使夫人的名氣甚至超過了洪鈞公使本人。後來，傅彩雲又隨洪鈞出使並遊歷了俄國的聖彼德堡、法國巴黎、英國倫敦、荷蘭海牙以及奧地利的維也納等地，都受到了王室、大臣們的接待和禮遇。她的美貌聰慧與氣質風度，聞名於歐洲上流社會。這位大名鼎鼎的「東方美人」就是本文的主人公——賽金花。

兩位狀元，一對佳偶

傅彩雲原籍安徽黟縣，原姓趙，小名三寶，又名傅彩雲、洪夢鸞、曹夢蘭、魏趙靈飛。傅彩雲自幼聰慧，琴棋書畫無所不精。無奈十三歲時父親病故，家道中落，淪落到蘇州花船上爲妓，成了一名「清倌人」[35]。後來爲不辱家門，遂改名爲傅彩雲。

傅彩雲天生麗質、氣質出眾，紅透蘇州，曾被稱爲「花國狀元」。1887 年，她遇到了自己的命中貴人——洪鈞。洪鈞出生於蘇州，是同治年間的前科狀元，後來擔任江西學政，因母親去世而回到蘇州守孝。洪鈞偶遇傅彩雲，立刻被她的美貌與氣質所打動，當即用紋銀千兩爲傅彩雲贖身，並把她娶回家做了姨太太。就這樣，時來運轉的傅彩雲便由花船妓女一躍而成爲狀元夫人，並改名洪夢鸞。豔若桃李的「花國狀元」，嫁給了兩鬢初霜的前科狀元，兩個狀元佳偶連理，倒也不失爲一段佳話。

當時，洪鈞已有一妻一妾在堂，傅彩雲排在第三房。洪鈞的前兩位夫人性情和順，與世無爭，婚後日子過得還算和睦。1888 年，洪鈞服喪期滿，帶著家眷回京復官。不久，朝廷即任命洪鈞爲德意志、奧匈帝國、俄羅斯、荷蘭四國公使。按照慣例，公使夫人應當隨行，但原配王夫人思想守舊，畏懼華洋異俗，不願去洋邦異域生活，遂命傅彩雲陪同洪鈞出洋。出行前，王夫人將一套華麗的清朝誥命夫人服飾借給傅彩雲，以隨時應付外交場合。

就這樣，洪鈞和傅彩雲帶著外交隨員和男女僕人，從上海搭乘法國的「薩克遜號」郵輪，開始了他們的歐洲之旅。在旅途中，聰明伶俐的

---

35 「清倌人」是指只賣藝、不賣身的歡場女子。

傅彩雲很快就學習掌握了「公使夫人」所應知曉的外交禮儀。經過一個多月的航行，郵輪抵達義大利港口熱那亞，再從義大利改乘火車，直達柏林。隨後即發生了本文開頭的故事。

再入青樓，重操舊業

1890 年，洪鈞公使任期屆滿，應召回國。1893 年，年僅五十五歲的洪鈞死於兵部左侍郎任上。洪鈞一死，傅彩雲的生活迅速惡化。先是洪府將傅彩雲逐出家門，不准她帶走自己的女兒，後來洪鈞臨終前所留給她的五萬兩銀子，也被小叔子洪鑾無理霸占。無奈之下，傅彩雲只好含淚回到蘇州。爲了生活，孤苦伶仃的傅彩雲只得重操舊業。在幾經輾轉之後，傅彩雲來到了上海，並在延豐裡租下一處門面，掛起「趙夢鸞」的名牌，開始掛牌接客。在當時，傅彩雲屬於較高級的「書寓」妓女[36]，她的名牌上寫著黑底金字，頂端紮著朱紅緞帶，並且繫著彩球。爲了增加「賣點」，傅彩雲不但在接客時從不隱瞞自己出洋經歷，而且房間裡還掛著洪鈞的照片，證明自己曾是狀元夫人、公使夫人。此舉使她成爲上海轟動一時的新聞人物，名聲大噪。

然而，傅彩雲此舉卻激怒了洪家。自詡大戶官宦人家的洪府認爲，傅彩雲重操舊業有辱家名，是給死去的狀元老爺臉上抹黑，於是便氣勢洶洶地利用社會輿論對其大加中傷。背負著巨大的心理壓力，傅彩雲感到上海灘已不宜久留，遂決意北上。1898 年夏天，傅彩雲來到天津。這位前狀元夫人的名聲很快又風聞津門、塘沽，一時生意紅火，狎客如雲。這時她還招募了一批年輕漂亮的少女，在江岔口胡同開辦了

---

36 舊時的上海妓院分為若干等級，最高一級叫「書寓」，其次叫「長三」，再次叫「麼二」，再往下是「煙花館」和「野雞」。

具有南方口味的「金花班」，當起了鴇母，並自名「賽金花」，意在標榜自己勝過「金花班」中所有的「名花」。從此，「賽金花」聲名鵲起，成爲京津一帶大名鼎鼎的「花魁」。

隨著名望的增大，不時有一些朝廷裡的達官貴人登門拜訪。不久，善於交際的賽金花便結識了時任戶部尚書的立山。十分喜歡賽金花的立山很快就把賽金花及其「金花班」帶到了北京。到北京後，賽金花又陸續結交了一些王公大臣、豪門貴冑。僅就她本人所說，她所熟知的就有載勳（莊親王）、奕劻（慶親王）、立山、蔭昌、孫家鼐、陸潤庠、許景澄、陳璧、李鴻章等不少朝廷要員。而這一時期，也是賽金花妓女生涯的鼎盛時期。

風塵女子，國難救民

1900 年 8 月，八國聯軍攻陷北京。城破後，聯軍便開始大肆在市內燒殺劫掠。一天，幾個四處搜刮的德國兵闖入了賽金花住處，企圖滋事搶劫。然而見多識廣的賽金花在大亂之前卻一臉鎮定，不但用標準的德語向他們表示嚴厲譴責，還拿出她與德國皇后的合影，言語間故意流露出她與德國某高級官員的深厚情誼。由此一來，不明眞假、滿腹狐疑的德國兵果然不敢造次，只得打道回營向上司報告。第二天，德軍即派來專車，把賽金花接進了德軍司令部。從此，賽金花便成了德軍司令（兼八國聯軍統帥）瓦德西的座上客。

來到德軍總部後，賽金花負責爲德軍採購糧餉，應該說，這個時候賽金花還不是什麼救民於水火、解民於倒懸的巾幗英雄。但八國聯軍進京後時常不分青紅皀白就任意殺害中國人的情形，卻深深刺痛了賽金花。作爲一個中國人，看到自己的同胞被無辜屠殺，不可能無動於衷。於是，賽金花便對瓦德西說：「軍隊貴有紀律，德國為歐洲文明之邦，歷來以名譽為第二生命，尤其不應該野蠻瘋狂地殺戮搶劫。」沒想到，這席話還眞起了作用。在她的勸告下，瓦德西下令制止聯軍士兵的殺人暴行，此後北京市內的公開劫掠也逐漸減少。由此一來，京城內外，從販夫走卒到公子王孫，都傳遍了賽金花救國救民的英名，大家都認為她是保護北京百姓的「九天護國娘娘」。

懾於西方列強的強大武力，清政府最終屈服，並主動派慶親王奕劻和李鴻章為全權特使，負責與各國進行和談。然而，和談卻進行得極不順利。氣勢洶洶、態度蠻橫的列強聲稱，懲辦戰爭「禍首」是進行雙方和談的基礎，甚至提出要慈禧太后、光緒皇帝公開道歉，還要一大批清朝官員給被義和團殺死的德國公使克林德償命的苛刻要求。對此，當時的議和大臣李鴻章曾反復與聯軍接洽，希望瓦德西能有所讓步。然而，聯軍方面卻強硬得很，對於李鴻章的所有建議均斷然拒絕。此時已使盡渾身解數、黔驢技窮的李鴻章，眼見談判毫無進展，急得臥病在床。這時有人把賽金花的事報告給了李鴻章。李鴻章大喜過望，遂盛邀賽金花出面協調。

賽金花深知，要想說服列強，必先說服瓦德西。於是，賽金花便利用她與瓦德西的私人關係，對這位聯軍統帥說：要把慈禧太后列為戰爭元兇，對中國來說是不可能的。她提議為克林德立一座牌坊，用這種方式委婉地向德國政府道歉。之後，賽金花又通過瓦德西找到了克林德夫人，並施展其交際手腕，成功說服其接受了為克林德立碑道歉的賠償條件。至此，在瓦德西的授意下，聯軍談判代表才不再追究慈禧太后和光緒皇帝的責任，總算保全了大清帝國的顏面。此後，慈禧太后又趕緊推出了軍機大臣剛毅、趙舒翹和山西巡撫毓賢等一批官員作為替罪羊，按「庚子禍首」懲辦。至此，態度軟化的西方列強才應允與清政府進行和談。

紅顏薄命，晚景淒涼

在成功地促成中外和談後，賽金花在京城內迅速走紅。一時間，記者採訪、學校演講、文人爲她寫詩立傳，讓這位「花國狀元」應接不暇，風光無限。然而，命運女神又似乎在有意跟她開玩笑，在剛把賽金花拋上雲端不久，又很快將她扔進泥潭。《辛丑合約》簽訂後，賽金花非但沒有得到朝廷的任何賞賜，反倒因爲「金花班」一個姑娘的吞金自殺，給自己惹來了一場人命官司。由於涉嫌虐待幼女，賽金花被判處虐待妓女罪，入獄一年。出獄後，賽金花被趕出京城，遣送回籍。不過，不甘寂寞的賽金花並沒有回到蘇州，而是又去了上海，希望在這座摩登都市重新煥發自己事業的第二春。此時的賽金花雖年齡漸老，已是明日黃花，但畢竟昔日聲名還在，生意依然不錯。

1918 年賽金花與時任江西省參議員兼民政廳廳長魏斯靈的結婚照

這時，她先後結識了兩位男士，經歷了兩段婚姻。先是滬寧鐵路的總稽查曹瑞忠，看上了賽金花，並把她娶回家。名分雖然是妾，但曹稽查與賽金花單獨住在外宅，生活還算方便，賽金花也十分滿足這樣的生活。可惜好景不長，辛亥革命後不久，曹瑞忠即突然患病去世。

1918 年，賽金花又遇上了時任江西省參議員兼民政廳廳長的魏斯靈。一見鍾情之後，兩人不久宣布正式結婚，移居北京。很不幸，這段婚姻僅維持了短短三年。1921 年，魏斯靈因病去世。魏斯靈死後，賽金花居住在居仁里十六號，門口釘上寓牌：江西魏寓，對外自稱「魏趙靈飛」。偏偏這個時候，噩耗再次襲來，賽金花愛女德官也於此時在蘇州去世。短短數年內，賽金花的感情世界頻遭重創。在經歷了一系列人世悲歡離合後，精疲力竭、萬念俱灰的賽金花，終日禮佛念經，焚香懺悔，身邊只有善良的女僕顧媽伴著她過著默默無聞的隱居生活。

由於缺乏穩定的收入來源，賽金花的生活也亮起了紅燈。十多年後賽金花的積蓄終於耗盡，平時裡經常是吃了上頓沒下頓，窮到連一個月八角錢的房捐[37]都付不起。迫於生計，賽金花只好請一名同情她的員警寫了一份請求免費的呈文。在這份呈文裡列舉了八國聯軍占領北京時自己所做的善事，希望能獲得政府的特准免捐。這份呈文被一家嗅覺靈敏的報紙《實報》報導出來，並且還起了個顯眼的題目：《八角大洋難倒庚子勳臣賽二爺》。文章一登，立即引起了社會關注。於是乎，在自己生命的最後三年裡，賽金花又一次成爲新聞媒體的焦點人物，有關賽金花的報導也天天見諸報端，一些社會名流、文化名人也紛紛前來探訪。在這段時間裡，她經常收到一些饋贈，生活狀況曾一度有所改善。據說，在這一時期張學良、徐悲鴻、齊白石、李苦禪等知名人士都曾接濟過她。其中，北京大學教授劉半農曾親自採訪賽金花十多次，還準備爲賽金花寫本傳記，用出版稿酬資助她的晚年生活。不料此事剛剛開頭，劉半農就病逝了。之後，由商鴻逵纂就的《賽金花本事》，由北平星雲堂書店出版，暢銷一時。之後，書畫家李苦禪、侯子步、王

37 房捐是晚清施行的一種苛捐雜稅，始於光緒 28 年，由朝廷戶部通令各省藩司查明城鄉市鎮的鋪戶行店，按房屋租價，每月徵收一成，房主、租戶各負擔一半。民國後，一段時期內曾沿用。

青方等人也先後在中山公園義賣作品，準備拿籌集來的義款資助賽金花。然而，就在1936年冬義賣正在進行時，賽金花卻已油盡燈枯，在淒涼與落寞中與世長辭了。

由於賽金花沒有子嗣，她的後事由北京文化名人發起捐款，著名畫家張大千爲她作肖像畫，齊白石爲她題寫墓碑。墓用大理石砌成，碑爲花崗岩，高近兩米。葬於北京陶然亭公園。

當時北京的《世界日報》、《世界晚報》、《晨報》，南京的《中央日報》，上海的《大晚報》，天津的《大公報》都對賽金花的葬禮作了詳細的長篇報導。一份報紙還刊登了這樣一副挽聯：

救生靈於塗炭，救國家如沉淪，不得已色相犧牲，

其功可歌，其德可頌；

乏負廓之田園，乏立錐之廬舍，到如此窮愁病死，

無兒來哭，無女來啼。

回首賽金花的人生旅程，不禁令人唏噓。賽金花年幼時不幸淪落風塵，之後三次嫁夫，三次孀居，中年喪女，晚年淒涼。由於她是妓女，死後竟連墳墓也沒保留下來，如此坎坷多舛的命運讓人不禁心生同情。然而，賽金花雖然一生不幸，但那句「國家是人人的國家，救國是人人的本分」卻永遠留在了世人心中。賽金花那拳拳愛國之心，比起當時的賣國賊、漢奸猶勝千萬倍。「自古風塵出俠女」就是她一生的眞實寫照。從這個角度講，賽金花無愧於近代奇女子的稱號。

紀事焦點

圓明園共遭幾次劫難？

北京的西郊，有一座「圓明園遺址公園」。世人一般都認為第二次鴉片戰爭中的英法聯軍是造成圓明園慘遭毀滅的罪魁禍首，但事實上，這一說法並不準確。圓明園慘遭火焚後，正是附近流民的趁火打劫和肆意破壞才真正澈底斷送了這個世界建築藝術瑰寶。應該說，圓明園的毀滅是所有中國人永遠無法忘卻的民族恥辱和難以撫平的歷史傷痛。那麼，圓明園到底前後共經歷了幾次劫難呢？

第二次鴉片戰爭中遭火劫

圓明園始建於康熙四十八年（1709），1723年雍正皇帝即位後開始擴建。經過雍正、乾隆、嘉慶、道光、咸豐五朝一百五十多年的營建，圓明園最終建成爲一座占地面積達五千二百多畝，包括圓明、長春、綺春（後改萬春）三園在內的大型皇家園林[38]。園內建有樓臺殿閣、亭榭軒館一百四十餘處，藏有極爲豐富的歷代圖書字畫、奇珍異寶等文物精品。可是，這座舉世聞名、宏偉壯麗的皇家苑囿卻在1860年被英法侵略者毀之一炬，如今只剩下了長春園西洋樓的部分石雕殘跡。那麼，英法侵略者爲什麼要焚毀這座「萬園之園」呢？這一切還得從第二次鴉片戰爭說起。

---

38 從雍正帝開始，後來的清朝皇帝幾乎每年都有三分之二的時間在圓明園長住。所以，圓明園實際與紫禁城一樣，都是清朝皇帝發號施令的政治中心。

1856年10月，英國以「亞羅號事件」為藉口，發動了第二次鴉片戰爭。隨後，法國也以「馬神父事件」為由，與英國結成同盟，派兵共同侵略中國。1857年12月，廣州淪陷，英法聯軍沿海北上。1858年6月，兩國強迫清政府簽訂了《天津條約》。《天津條約》簽訂後，清政府本以為戰爭就此即可結束。然而，欲壑難填的英法政府卻認為「條約中有關商務的條款不能令人滿意」，遂蓄意再次挑起戰爭。1859年6月，英法以進京換約被拒為由，發動了對大沽口的進攻。對此，清軍守軍進行了英勇抵抗。由於清軍戰術得當，官兵奮勇，擊毀英軍戰船五艘，擊傷六艘，打死打傷英法軍四百六十多人，英國海軍司令賀布受重傷，英法聯軍的第一次進攻慘遭失敗。這也是鴉片戰爭以來清軍的唯一一次勝利。

不久，大沽慘敗的消息傳到倫敦，英國政府決定對中國實施報復。1860年8月，英法聯軍再次猛攻大沽口，大沽砲臺失陷。清政府無奈之下，派桂良、恒祺為欽差大臣趕赴天津議和。但聯軍得寸進尺，提出天津通商、索賠軍費、帶兵進京換約以及派巴夏禮先期進京查看房屋等無理要求。對此，年輕的咸豐皇帝予以駁斥回絕。

英法聯軍隨即決定大舉北上，清廷震動。為避免出現有失大清帝國顏面的城下之盟，咸豐帝又派怡親王載垣、兵部尚書穆蔭再到通州議和，聯軍以巴夏禮為首席談判代表，雙方展開談判。經過激烈的討價還價之後，清政府委婉地表示，除英法公使覲見皇帝時必須行跪拜禮外，其他苛刻條件均可接受。但沒想到，得寸進尺的巴夏禮不但要求覲見中國皇帝遞交國書和換約時要按西方禮節「立而不跪」，還蠻橫地要求清政府將部署在通州張家灣一帶的清軍全部撤離。載垣與穆蔭本以為英法兩國會見好就收，沒想到，大清國的熱乎臉貼了聯軍的冷屁股。

自覺丟了面子而極為惱怒的載垣、穆蔭認為「此事關係國體，萬難允許」。於是，談判宣告破裂。

照常理說，談判雖告破裂，但對方派遣談判使節的安全也還是應該有保障的。可是，在盛怒之下，載垣卻命令僧格林沁把以巴夏禮為首的英法議和人員全部予以扣留。很顯然，這一愚蠢舉動只會進一步激怒氣焰囂張的英法聯軍，並授之以擴大侵略戰爭的口實。果不其然，得知消息的聯軍再次展開猛攻，清軍退守八里橋。9 月 21 日，雙方在八里橋再次展開激戰，清軍傷亡慘重，清朝的看家主力部隊——蒙古騎兵幾乎全軍覆沒。此時，北京的門戶大開，英法聯軍如入無人之境，兵鋒直指紫禁城。9 月 22 日，咸豐皇帝見大勢已去，不得不以打獵為名，帶領後妃和朝中大臣們倉皇逃往熱河行宮，北京城內僅留下恭親王奕訢負責「議和」。

1860 年 10 月 6 日，英法聯軍進入了清朝皇家的圓明園。看園大臣文豐投福海自殺而死，圓明園也經歷了一場致命浩劫。但是，到底誰是這場浩劫的罪魁禍首？是誰最先開始搶劫珍寶？最後又是誰放火焚燒了圓明園呢？對此，史書記載不一。

其中有一種說法，認為是中國人，即海澱附近的窮滿人和老百姓乘戰亂先進入圓明園開始動手搶劫的。這種觀點以王闓運為代表。王闓運在《圓明園詞》中說：「夷人入京，遂至園宮，見陳設巨麗，相戒弗入，雲恐以失物索償也。乃夷人出而貴族窮者，倡率奸民，假夷為名，遂先縱火。夷人還而大掠矣。」這話文縐縐的，不好理解，其大意是：洋兵來到圓明園，看見園中富麗堂皇，互相告誡不要進入，說怕弄丟了東西以後被索賠。洋兵出園後，有些落魄的窮滿人便率部分刁民假借洋人之名，放火打劫。洋兵見狀，也就返回跟著大肆掠奪。

後來，爲了驗證這一說法的正確性，近代人陳文波曾於 1926 年專訪了當年曾在圓明園海晏堂當過差役的陸純元，據陸純元回憶說：「聽說皇上去了熱河，自八月中秋之後，園內恐慌，往往整夜自由出入，管園的大臣亦管制不住。到了 22 日（1860 年 10 月 6 日）夜，英法兵開始入園大肆劫掠。其實，當地人已先縱火並搶掠，於是，洋兵隨後開始劫掠，搶掠到哪裡，就焚燒到哪裡，慘澹到了極點。從 22 至 25 日（10 月 6 日至 10 月 9 日），一直焚燒搶掠四天。有一天我坐在一個石獅子下面，記得有一個洋人撫摸著我的頭，說的洋話也聽不懂，然後到處隨意搜取金銀珠寶而去。當時無人敢問，而搶掠者也毫無畏懼。」然而，仔細推敲這段話，不難發現這裡面有許多疑點。比如，陸純元生於 1849 年，到 1860 年僅十一歲，六十七年後的記憶能有多少確信，值得懷疑。並且，當時園中已四處起火，人心惶恐，十一歲的陸純元卻能獨自靜坐在石獅下，既不害怕，也不逃亡，而任由洋人撫摸其頭，實在匪夷所思，不可聽信。

第二種說法認爲，最先搶掠的是英法聯軍，而非中國老百姓。查閱當時的朝廷檔和當時在京人士的記載可知，10 月 6 日聯軍占據圓明園，次日便開始大規模搶劫，前後持續了三天，直到 10 月 8 日，聯軍才暫時撤出圓明園。在此之前，圓明園作爲皇家禁地，一直有重兵把守，當地土匪和村民不可能先於侵略者入內搶劫。只有當英法聯軍大肆搶掠之後，守園清兵已經逃散、圓明園一片混亂的情況下，土匪和附近的村民才有機會渾水摸魚，撈取遺散物品。而這種推測，也在恭親王奕訢於 10 月 13 日給咸豐皇帝的呈報中得到佐證：「隨後因洋兵退出，開始有匪徒乘勢聚眾搶掠，這種情形，令人切齒痛恨！無從下手。現已急調綿勳派兵一千名，駐紮在圓明園剿辦土匪，以安人心。」可見，經過英法聯軍大劫後，圓明園處於無人守衛的狀態，所以才有成批的土匪、流民進園搶掠。

當時曾協助恭親王奕訢辦理與洋人和談事務的鮑源深，在《補竹軒文集》中也記錄道：「24日（即10月8日）聞夷人已退，乘車回園寓一顧，則寓中窗幅已去，什物皆空，書籍字帖拋散滿地……至大宮門，則閒人出入無禁，附近村民攜取珍玩文綺，紛紛出入不定，路旁書籍字畫破碎拋棄者甚多……」作爲朝廷大臣，他記述的內容，應是較爲可信的。

此外，時人李慈銘的《越縵堂日記》也從另一個側面佐證了圓明園先遭洋人劫掠，後被平民洗劫的推斷。李慈銘在10月7日的日記中記載：「聞夷人僅焚園外官民房。」8日的日記中寫道：「城外劫盜四起，隻身敝衣，悉被掠奪。又聞有持園中斷爛物進城者，銅龍半爪，金獸一鐶，俱相傳視玩弄。」10月11日記載說：「圓明園爲夷人劫掠後，奸民乘之，攘奪餘物，至挽車以運之。上方珍秘，散無不遺。」聯繫前面奕訢10月13日奏請派人到圓明園剿匪的奏摺和鮑源深的記述，我們不難判斷，從10月8日到10月13日的這幾天內，遭英法軍隊搶掠後的圓明園已一片混亂，無人守衛，正是在這種情況下，周圍的土匪、村民才乘虛而入，開始大肆搶掠園內剩餘物件的。

當然，證明這種推斷最有力的證據，還要數參與搶劫的當事人——英法聯軍士兵的日後回憶。據法軍目擊者高第爾的回憶，法軍10月6日追趕清軍，晚上7點進入圓明園，「是日，孟多邦將軍，應英軍格蘭特將軍之約，進兵圓明園。繞英軍之後而進，成一弧形。七時抵園，軍曹長比揶先入，與守軍交接，聲聞於外，孟多邦將軍乃入踞園中第一院」。可見，法軍在進入園門時，還遭到了守衛的阻攔，這說明一般的土匪和村民要想先行入園搶劫絕無可能。法軍在入園後，雖時有小掠，但不敢明目張膽，軍士們僅僅拿走一些小物品作爲紀念品。

英軍是在第二天上午 11 點才到達到圓明園的。此時聯軍還沒開始大肆搶掠。但據英國軍醫瑞尼記載：「第二天的情形就大不相同了。他們不再能抵抗物品的誘惑，軍官和士兵們，都成群搭夥，衝上前去搶劫，毫無紀律。」搶劫之初，英軍沒有參與。不過，這種情況僅僅維持了短短幾個小時。英國軍隊在看見法國人肆無忌憚地擄掠後，便終於耐不住性子了。於是，蠢蠢欲動的英國人與法國人在圓明園開了一個分贓會議，瓜分了園中的寶物，然後聯軍司令部又發布了一條士兵可以自由劫掠的命令。於是，從 10 月 7 日下午便開始了一場駭人聽聞的大浩劫。至 10 月 9 日法國軍隊撤離圓明園時，園內的寶物已被洗劫一空，這處秀麗的皇家園林已是滿目瘡痍。

有人說，就在英法軍隊大肆搶劫的時候，已有一些中國人混跡其中盜取財物。一名英軍的隨軍牧師就曾見證，幾十個中國人從行宮的幾間外屋內背走了許多物品。但這些英國人宣傳這種觀點的幕後動機是什麼，這很值得商榷。因爲這樣的描述很容易誤導世人，讓人以爲是中國人最先搶掠了圓明園。很顯然，從對圓明園的破壞性上講，英法聯軍是率先搶掠的江洋大盜，而相比較之下，後來進去的海澱地方土匪和老百姓則只不過是些渾水摸魚的小蟊賊罷了。這還不是最可恨的，最可恨的是，英法聯軍在撤退之前，竟然用一把大火將劫後的圓明園付之一炬，以掩蓋自己劫掠的罪行。

不過，反過來我們也得承認，由洋人點燃的這把火也並未將圓明園完全夷爲平地，園內許多建築在大火焚燒後依然保持著原有的建築結構。園內的珍貴花木、假山園林、山形水系、園牆等仍在，園區內還留有不少建築遺跡。據一位德國人在 1870 年所拍攝的十二幅照片顯示，此時西洋樓景區「雖慘遭破壞，依然楚楚動人」，西洋樓有的建築還算完整。更何況，後來在同治、光緒年間，經慈禧太后的授意，清政府又先後兩次對圓明園進行過小規模重建，修復了園內的雙鶴齋、課農軒等景區。因此，當1895年康有為在遊覽圓明園時，還能看到園內「雖蔓草斷礫，荒涼滿目，而福山壽海，尚有無數亭殿，有白頭宮監守之，竟日僅能遊其一角。有白石樓一座三層，玲瓏門戶，刻畫花卉，並是歐式」。

「庚子國變」中遭劫木

然而，讓人痛心疾首的是，1900年發生的「庚子國變」再一次使尚待恢復元氣的圓明園遭到重創。此時，由於清政府對圓明園的失控，駐守圓明園的軍隊潰敗，守園太監逃逸，這座皇家園林又遭到了第二次持續性的大洗劫，園內殘存的皇家宮殿建築再次遭到劫難。事後，英國駐京使館還專門舉行了搶劫物品拍賣會[39]。而當時，德國、英國和義大利軍隊就駐紮在北京西北，此後又反復劫掠包括圓明園在內的所有宮苑。冬天來臨時，侵略者竟從圓明園裡取出木門和窗框來焚燒取暖。

八國聯軍占領北京前後，整個北京城內外一片混亂，盜賊四起、民不聊生。城內一些趁火打劫的人們已不再滿足於偷竊洋人劫餘的財富，其中一些人遂趁著圓明園沒人管理，多次進入園內，進一步毀壞圓明園。例如，僅1900年9月，就有一百多人手持斧頭和鐵鍬，闖入長春園內環形的「海嶽開襟」，破壞了通往島上的橋樑。當年冬季，又有人趁著園裡湖水結冰，破壞性地洗劫了圓明園。他們拉倒建築物，用

39 跟1860年的那次浩劫一樣，侵略者為分贓而成立了一個委員會。但這次的搶掠者較上一次範圍更廣，不僅有軍人，連外交官與傳教士也參與其中。

西洋樓燒毀後遺跡

馬車運走可以使用的木材，甚至砍掉園內巨大的松樹和柏樹賣錢。由於聚集了大量從園內偷來等著變賣的木材，當時清河鎮上木材堆積如山，交易繁忙。而這樣一來，不出數月，圓明園滿園的古樹雜木便蕩然無存。據後來宣統年間的清宮檔案估算，當時每天裝運出園的石材木料就有二、三十車之多，甚至有人在園中開辦炭廠，將來不及運走的木料和樹木燒成木炭出售。

民國戰亂中遭劫石

然而，即便如此，歷經劫波的圓明園當時仍保有部分山石湖泉的景致。大水法、遠瀛觀、西洋樓等石質建築也仍留存。不過，令人痛心的是，辛亥革命後，圓明園又遭到了第三次厄運，而這次下黑手的正是當時橫行中國的大小軍閥[40]。這些軍閥把圓明園作爲取之不盡的建築材料場，每天都有幾十輛由軍人押運的汽車出入於園內，拉運園內的太湖石、磚瓦等。園內凡是能夠作爲建築材料的東西，從地磚、牆磚、屋瓦、石條到地下的木樁、銅管道等，全被搜羅乾淨，居然斷斷續續拉了二十多年！對此，後人將其稱之爲是圓明園在歷經火劫、木劫之後的「石劫」。經過這次劫難，原本殘留的大水法、遠瀛觀、西洋樓等幾處景觀也全成斷壁殘垣。大凡園中可利用之物，皆蕩然無存。例如，原本坐落在圓明園西北角上的安佑宮，是清代皇家的祖廟，氣魄宏大。在歷經數劫之後，安佑宮和周圍牌坊、林木盡失，只剩下兩對雕琢精美的華表。但即便這僅存的華表，也有一對於 1925 年初被燕京大學私拆，樹立在西門內教學樓前。另一對華表，則成了民國新建的仿古式圖書館門前的裝飾。

此後，到了抗日戰爭時期，淪陷後的北平糧食緊張，當地農民又陸續入園平山塡湖，耕田種稻。直到上個世紀 50 年代末，圓明園附近地區已變爲農田一片，只有大水法、海晏堂一帶還能看到幾個孤零零的石柱。

回首這段令人心酸的歷史，清王朝在遭遇戰爭時，舉止失措，已令人扼腕。而頻遭外敵劫掠而艱難求存的一代名園竟在國人自己的手中被澈底斷送，則更讓人遺憾。因此，這不能不引起我們思考：爲何像秦末項羽火燒阿房、唐末黃巢血洗長安、明末闖王劫掠北京這類歷史悲劇，竟反復在歷史上重演？平日裡看似忠誠的奴才和平時老實巴交的普通百姓，爲何要在別人殺掠之餘「趁火打劫」，在自己的傷口上再加

40 徐世昌拆走了圓明園內鳴春園與鏡春園的木材，王懷慶拆毀了園中安佑宮大牆及西洋樓石料。1929 年，張學良為其父建陵園，所用的石料不少就出自圓明園。

一把鹽？

寫到這裡，不禁想起魯迅筆下那個中國人圍觀洋人殺中國人的鏡頭。魯迅先生認爲這是民族性格的缺陷。他哀其不幸，怒其不爭，怪其愚昧。如今經歷了百年風雨的中華民族雖早已今非昔比，但我們之所以要大家不忘歷史，就是爲讓中華民族不再讓圓明園這樣的歷史悲劇重演。

太平天國的財寶到底藏在哪裡？

上世紀 80 年代，國內曾放映過一部名叫《天國金庫之謎》的影片，這勾起了人們對於百年前太平天國藏寶之謎的好奇。無獨有偶，2010 年央視也披露廣東韶關有個「曾氏銀庫」，傳說中曾國荃掠奪來的太平天國財寶，可能就有一部分藏在這裡。這條新聞一出，便在國內各媒體上迅速傳播，讓早就眾說紛紜的天國藏寶之謎更成了一樁撲朔迷離的疑案。那麼太平天國失敗後，到底有沒有留下大量金銀財寶？如果真有，這些財寶又藏在哪兒，有幾處呢？

天京窖金之謎

說起太平天國的藏寶之謎，還得先說說它到底有無藏寶貝，且有多少寶貝。

1853 年太平天國定都天京（今南京）。爲了更好地搜刮民間財物，很快天國就頒布了「聖庫」制度[41]。爲了能使這個制度很好地執行下去，太平天國制定了很嚴格的紀律。凡是私藏銀子超過五兩的，就會治罪，甚至會被處以死刑。

那麼「聖庫」到底藏了多少財寶呢？關於它的數額，曾混入天京城

41 「聖庫」這一制度最早在太平軍中實行，後來太平天國定都天京後，開始向它控制下的所有地區推行，軍民一體通用。這一制度要求軍民一律不得私藏財物，所有個人的或繳獲的財物都要上繳「天朝聖庫」，「聖庫」就相當於現在的國庫。

的清軍奸細張繼庚在給清軍江南大營統帥向榮的信中說，太平軍占領南京時，運了大量的白銀藏在「聖庫」裡，一共是一千八百餘萬兩，但幾個月後，就只剩八百多萬兩了。「聖庫」就在水西門的燈籠巷。張繼庚還報告了一些太平天國將領的個人財產：「僞東府（東王楊秀清府）有一萬餘兩，僞天府（天王洪秀全府）有七千餘兩，僞北府（北王韋昌輝府）有一千餘兩，其餘大小僞衙藏銀尙屬不少，衣服更不計其數矣。」

而在相關的一些歷史文獻裡，也提到過張繼庚所說的「聖庫」。只不過，在太平天國後期，這個「聖庫」制度就已經名存實亡了。因爲聖庫內的錢財這個時候已經被各級王侯將相們瓜分一空，特別是洪氏家族更聚集了大量的財富。要說這天王洪秀全在定都天京後，整天不思進取，貪圖享受。他在天京苦心經營十載，動用上萬軍民在原來兩江總督衙署的基礎上擴建了豪華的天王府，建成後的天王府「城周圍十餘裡，城高數丈，內外兩重，外曰太陽城，內曰金龍城」，「雕琢精巧，金碧輝煌」，「五彩繽紛，侈麗無比」。有了天王的榜樣，其他各王也在天京城內大修王府，相互攀比，盡情享樂。除修建皇宮外，洪秀全還掠取了大量的金銀財寶和文物寶玩，供自己享用。傳說，在天京城被攻破前，洪秀全曾命人將大量的財寶埋藏在天王府地下的秘密洞穴中。天王府遺址就在現在的南京長江路二九二號「總統府」內，民間傳言藏寶地點就在他的「金龍殿」下方。

1864 年，被湘軍圍困多年的天京終告失陷，太平天國滅亡。曾國荃帶領湘軍在天京城內如狼似虎般逐街逐巷地殺掠洗劫，其搜查的重點目標就是天王府和遍布城內的幾百處王府及其他官員宅第。可湘軍雖然用各種方法撈盡了南京地面的所有浮財，但卻始終沒有發現太平天國的所謂「聖庫」和傳說中天王府藏寶。為此，發了狂的湘軍在城內到處拆房、挖穴、掘塘，不惜掘地三尺，搜尋太平天國的「金庫」窖藏，曾國荃還下令放火燒了洪秀全的天王府宮殿。

為了查出太平天國藏寶確切位置，曾國荃曾嚴審熟知天國內情的忠王李秀成：「城中窖內金銀能指出數處否？」但李秀成卻淡淡地回答「國庫無存銀米」、「家內無存金銀」。後來曾國荃又親自提審了原太平天國負責掌管內務的夢王董金泉，希望從他嘴裡能知道一些藏寶的消息，但堅貞不屈的夢王在嚴刑逼供下雖幾乎變成血人，也沒有透露出半點有關財寶下落的消息。無奈，曾國藩最後只得奏報朝廷說，除發現二方「偽玉璽」和一方「金印」外，洪秀全天王府的窖金，一無所獲。中外紛傳的所謂太平天國藏寶之說不過是傳聞而已。

然而，事情又似乎沒這麼簡單。據民間傳說，這個狡黠的曾國荃很可能在奏報時就已經得到了洪秀全窖藏中的大量財寶，只是秘而不宣、想據為己有罷了。例如，當時的《上海新報》就曾報導：曾國藩的夫人由南京回湖南老家時，就動用了二百多號船隻運送行李。這不能不讓人懷疑，這批行李中是否藏有曾氏弟兄從天京掠來的那些金銀財寶。

而民國以後，有一本叫做《真相》的雜誌，曾煞有介事地向人們描繪了一個有關太平天國寶藏的故事：有個廣州人曾在太平天國當兵，天京淪陷前，某位王爺命令他和其他四十六名士兵在其家中私建藏寶洞，埋藏了黃金白銀三百萬兩。工程竣工後，這位王爺表示要在府中設宴犒賞他們。這個廣州人當時由於正發瘧疾，寒熱交加，未能參加，其他人都高高興興地赴宴去了，誰知該心狠手辣的王爺卻借酒宴之機把他們統統殺掉了。這個廣州人驚悉所有赴宴的人都被滅口後，立即抱病逃回廣東。後來，此人在臨終前曾交給他兒子一張草圖，並叮囑其「一定要把藏寶發掘出來以安撫我的遺志」。於是，兒子在料理完父親的喪事後，便來到南京，不惜重金聘請洋人勘察。他曾對洋工程師說：「在中正街（今白下路東段）左右，往下挖四十三公尺多，有兩塊青石，再挖十公尺，有舊水西門一扇，把門拿掉，就是當年的藏金庫。」但這個人後來到底找到了那三百萬兩黃金白銀沒有，《眞相》雜誌卻沒了下文。

正當讀者們以爲這個雜誌刊登的故事僅僅是坊間傳聞、根本不足爲信的時候，1912 年冬天，南京的地方政府卻也不知從哪得來的消息，還眞搞了一次藏寶挖掘。只不過，挖了一個多月，挖到地下四十多公尺都還沒看到藏寶。失望之餘，只好空手而歸。2005 年，南京市政府爲了打通龍蟠中路，也曾在通濟門一帶施工。築路工人在施工中發現泥土下有一層古青石板，懷疑下邊有古墓或古代窖藏。但經幾位文博專家仔細考察後，證實該青石板下面並無窖藏，後來一直挖到地下二十餘公尺，也沒有新的發現。而且該地區接近秦淮河道，地下水滲溢嚴重，所以最後深掘工程不了了之。所以，直到今天，有關南京城內的藏寶所在仍是一個未解之謎。

湖州藏寶之謎

無獨有偶，除太平天國的都城天京外，與南京相隔數百公里之遙的浙江湖州也一直流傳著一個有關太平天國寶藏的傳說[42]。1862 年 5 月，太平天國慕王譚紹光和堵王黃文金攻克湖州城後，黃文金留守湖州。

---

42 湖州市位於太湖南岸，地處江浙皖三省交界，水陸交通便利，歷史悠久，自古就有「清遠地」、「水晶宮」的美稱。

堵王府就建在市區南街太平巷與小西街交叉處。1864 年 7 月，就在天京城將被攻破之前，幼天王洪天貴福在一千多名精兵的護衛下突出重圍來到湖州，暫住在堵王府。據當地老一輩人口頭相傳，這堵王府的地下就埋藏著幼天王從南京帶來的巨額財寶，有九大缸，十三個罈子。湖州當地百姓也對這種說法一直深信不疑。據當地一位老人稱，他在1954 年盛夏的一個清晨，在路過黃文金舊宅所處的小巷時，曾親眼目睹兩個小孩手中正把玩著一枚比成人手掌還大的銅錢。而這枚特大的銅錢正是太平天國「聖庫」中的鎮庫錢。這種碩大精美的鎮庫錢非常罕見，目前發現傳世的也不超過三枚。據那兩個小孩說，這枚銅錢是在太平巷青石板的縫隙中撿到的。這似乎爲太平天國湖州藏寶之說提供了有力證據。

太平天國鎮庫錢

而實際上，這個堵王府藏有寶藏的說法，其實早在民國之初就曾廣爲流傳。據說，1924 年就有兩個從上海來的中年男子曾租下原堵王府中一處老宅院，悄悄挖開後院花壇下的秘密地窖，然後不辭而別。所以有人推測，即使黃文金的舊宅子裡眞藏有金銀的話，估計也早就被這兩個人挖走了。不過，這種說法卻遭到另一些人的反對。一位曾在湖州市博物館工作的老先生就曾透露，湖州市內藏寶的地點很可能不在堵王府內。據他說，從他當時所掌握的一封神秘信件看，當年太平軍所埋藏的寶物不在堵王府，而在湖州城東的孔廟前的空地下。可信中所提及的孔廟已經在上世紀 50 年代被改建成湖州南園小學。2001 年，南園小學大規模擴建，原孔廟的老建築也全部拆除，而且地基挖得很深，從來沒有發現藏寶的蛛絲馬跡。對此，這位老先生仍堅持說：當年的孔廟舊址周圍還有許多老房子，地下從未挖開過，其中的秘密總會有水落石出的一天。

天府寶藏秘聞

有趣的是，除天京和湖州兩地之外，幾千公里外的四川也流傳有一個藏寶之謎。傳說翼王石達開率領的太平軍覆滅於大渡河前夕，曾把軍中大量金銀財寶埋藏於安順場附近的某隱秘處。石達開當時還繪製有一張藏寶圖。圖上寫有「面水靠山，寶藏其間」八字。

關於石達開的這個藏寶之謎，1980 年 5 月，年近九十的王雲舍先生曾在《太平天國革命歷史補充資料》一文中，對外界進行披露。這位王雲舍，民國時任國民黨四川省政府主席劉湘的幕僚，曾親自參加過劉湘組織的挖掘翼王藏寶的活動。據王先生講，劉湘當時深信石達開確曾藏寶，並且他認爲石達開當年的埋寶地點，一定就在兵敗大渡河時的紫打地（後改名安順場）一帶。恰好 1936 年夏，劉湘從四川越巂縣安順場（今屬石棉縣）賴某處獲得了有關石達開窖藏的情報。於是，便當機立斷，決定在當年秋天正式開始挖掘。但爲了對外界保密，劉湘下令組織了一個「甯屬森林礦產調查隊」，配備武裝，進入安順場。這次「調查」由一個中校營長負責，參加挖掘的工兵有一千餘人。根據情報，窖藏共有三處。第一個開挖的窖藏地點在安順場的上場盡頭、松林河畔高升客店的後院。這是一個從山壁鑿開的洞穴，用石條砌門封固。發掘人員初入洞內時，只覺發黴氣味很重，令人頭暈目眩。在洞穴裡，除發現了一些屍骨殘骸及零星的金玉飾物外，另有金抹額、袖箭筒、護手、木刻等物件，但大都殘缺不全，因此收穫不大。而在挖掘第二個洞穴的時候，卻找到了一些零星的金、銀、玉、銅、水晶、瑪瑙等器物，此後均裝箱後運往成都交由劉湘的夫人保管。可正當「調查隊」準備挖掘第三處洞穴時，不知怎的，這掘寶的消息竟傳到了蔣介石的耳朵裡，蔣介石遂立即命令要求停止挖掘，由國民黨行政院及故宮古物保管委員會先後電令四川省政府:「禁止地方機關借任何名義擅自開採森林礦產及毀鑿古跡文物。」無奈，迫於政治上的壓力，意猶未盡的劉湘只好作罷。不久，悻悻而歸的劉湘又奉命率部出川抗日，於是這挖寶一事便耽擱下來了。不過，這幾個被推斷有藏寶的地點，後來經研究人員專門現場考查卻認爲，由於洞穴的修築工程浩大，不太可能是太平軍被困時倉促之中所能建成的。

可不管怎麼樣，自上世紀 80 年代以來，在當地卻不斷傳出有農民發現財寶的消息。據說，1980 年當地一個農民在當年劉湘挖掘窖藏附近的松林小河裡，就曾偶拾一個九兩重的銀錠；2000 年又有人在安順場的一戶農民家中發現了一把太平軍的軍刀，照片還曾登在當地的《雅安日報》上。消息傳出後，還眞有人前往安順場專門尋寶，但這種民間探寶大多因財力、能力有限而無果。因此，在安順場這個地方到底有沒有翼王窖藏？第三處窖藏在哪裡？直到現在，也還是一個未解之謎。

總理衙門四十年

提起外交，大家絕不陌生，這是一國對外交往的總稱。1861年的成立，是中國近代意義上第一個負責和外國平等交往、專門從事外務工作的專職機構，其功能大致相當於我們今天的外交部。但說起來這個外交部門的工作任務卻並非只是辦外交那麼簡單，實際上它還是近代洋務運動的總司令部。那麼，晚清政府為何要成立總理衙門？總理衙門又如何從一個外交機關變成西方列強眼中的「洋務內閣」呢？

近代前的大清外交派頭

一個國家機構的設立，必有其設立的現實政治需要和必然的歷史原因，晚清成立「總理各國事務衙門」也是如此。它是爲專辦洋務和外交事務而特設的中央機構。其設立頗有些來頭，絕不是清政府一頭熱的舉動。

自古以來，幅員遼闊、物產豐富、文化發達的中原王朝，就一直把自己看做是天下的中心，自認爲是天朝上國。因此，在看待身邊幾個小兄弟國家時，總帶有輕視和不屑的眼光。所以，在鴉片戰爭以前，清朝與外國進行交往時總以「理藩」和「朝貢」的形式進行，沒有國家間進行外交的概念。朝廷裡也沒有專門辦理外交事務的中央機構，而是由禮部和理藩院[43]各分管一部分具有外交性質的事務。在對外貿易方面，

43 理藩院負責管理附屬國和少數民族事務，同時主管西北內陸和對俄的外交事務；禮部則負責朝鮮、

清廷實行限制政策，乾隆時更乾脆規定，從乾隆 21 年（1756）後，只開放廣州一個口岸，並規定外商只能與公行商人聯繫，不准與官府直接往來。因此，從這些情況看，清政府對與外部世界的交流和溝通是極不重視的。但事實上，到乾隆年間，全世界與清朝建立經常聯繫的國家已有四十多個。其中成爲清朝屬國者，有朝鮮、琉球（今琉球群島）、暹羅（今泰國）、越南、緬甸、蘇祿（今菲律賓蘇祿群島）、南掌（今寮國）、浩罕（在今哈薩克境內）、廓爾喀（今尼泊爾中部）和錫金等。各國使節來朝不斷，如琉球等國三年一朝貢，蘇祿等國五年一朝貢，緬甸、南掌等國十年一朝貢等。

如此一來，一旦外國來朝，作爲老大哥的清政府勢必要好好款待這些來自五湖四海的小兄弟的。這裡就涉及清政府如何對待外賓的問題，也就是國家禮儀問題。而要說起這大清的外交禮節，那在當時可眞有大國派頭，威風極了。爲了體現中央之國的大國尊嚴和上下尊卑秩序，每當大清使臣來訪，屬國國王必須率全體大臣跪拜迎接。宣讀詔令時，國王也要率群臣跪拜。而屬國使臣來覲見大清皇帝時，更必須三跪九拜。即便是與清朝保持一般關係的國家，他們的使臣覲見清帝也要行跪拜禮[44]。舉個例子，現在的俄國，在上世紀是世界的超級大國，到處趾高氣揚、威風凜凜。可三百多年前，他們的祖先羅刹國在大清面前也不過是一個外藩小國。按清康熙 28 年（1689）中俄簽訂的《尼布楚條約》規定，羅刹國應每三年派遣貿易事務官來京一次，在謁見清帝時必須行三跪九叩之禮。與羅刹一樣，英國使團來京覲見清帝時，也被視作是屬國的朝貢使。唯一的一次例外是英國使節馬戛爾尼，他在覲見

越南等東南部和西方各國的接待和交往。

44 對於其他的東西方國家，大清也一概把他們視作是藩邦國，把他們的使臣說成是「貢使」，由理藩院管理，禮部負責接待。

乾隆皇帝時並沒有三跪九叩，而只按見英王禮「單腿下跪」。據史料記載，正是這個不合舊理的舉止令乾隆帝非常不悅。而後來英國使臣阿美士德再訪中國時，欲覲見嘉慶帝，正由於拒行三跪九拜禮，而使得嘉慶帝勃然大怒，將其攆出中國。由此可見，當時大清對待外國使臣的那種居高臨下、傲然俯視的領導派頭，即便是現在唯一的超級大國美國也恐怕望塵莫及。

不過，一轉眼，這個看似龐大可怕但實則外強中乾的清帝國卻在第一次鴉片戰爭中被自己向來瞧不起的「蠻夷」小國打得鼻青臉腫，被迫簽訂了《南京條約》。條約除開放了五個城市通商外，還承認外國官員可與地方官府平等往來。為此，1844 年清政府專門在廣州設置五口通商大臣，負責辦理五口通商及對外交涉事務。後來，上海代替廣州成為對外貿易的中心，五口通商大臣又移駐上海。再後來，1866 年五口通商大臣改名為南洋通商大臣，負責辦理東南沿海及長江流域各口岸的通商、外交、海防、關稅和官辦軍事工業等事務。

由於不好好吸取第一次鴉片戰爭失敗的教訓，再加上太平天國內亂的影響，導致老邁昏庸的清政府在與英法的第二次交手中再次完敗。作為代價，清政府被迫開放天津、營口、煙臺三口岸通商，並於 1861 年設置三口通商大臣。1870 年三口通商大臣改名為北洋通商大臣，其管轄的區域也擴大到直隸（今河北）、山東、奉天（今遼寧）三省。此時，南洋通商大臣和北洋通商大臣都由皇帝直接任命，都有權直接辦理管轄地的外交和通商事務。

總理衙門官員議事。左三為奕訢

總理衙門的機構和作用

按照第二次鴉片戰爭後簽訂的《天津條約》和《北京條約》規定，各國可以在北京設立使館，常駐使節。但前後的幾次勝利使這些「蠻夷」們不再願意以原來的卑微身分同理藩院打交道，他們認爲地方總督無權處理涉外事務，因此多次要求清政府建立專門的外交機構。與此同時，恭親王奕訢也在辦理「和局」過程中，深感到有設立專職外交機構的必要。於是，經奕訢奏請，咸豐皇帝批准，「總理各國事務衙門」便正式於 1861 年 3 月成立，簡稱「總理衙門」，別稱「總署」，開始接管以往由禮部和理藩院所執掌的對外事務。

各位看官可別小看了這個剛成立的新衙門，這在當時可是清政府負責對外通商和交涉事務的主要中央機構。它的級別可相當於軍機處，是淩駕於吏、戶、禮、兵、刑、工六部以上而專辦外交事務的機構。在當時但凡涉及外交及與外國有關的諸如派出駐外國使節、派遣留學生、對外通商、海防、軍務、關稅，甚至築路、開礦、製造槍械軍火等，事無巨細，均歸它管轄。因此，這個新衙門儼然是清政府實行洋務事業的總管，是大清最重要的決策機構，因此又被西方稱之爲中國的「洋務內閣」。

總理衙門的官員設爲大臣和章京（章京是滿語，相當於秘書）兩級。其中，大臣又分總理各國事務親王、郡王、貝勒和總理大臣；章京分四種，總辦章京、幫辦章京、章京和額外章京。總理衙門建立之初由恭親王奕訢、大學士桂良、戶部左侍郎文祥充任總理大臣。而奕訢則前後任職長達二十八年之久。其主要機構設置有：英國股（主辦英國、奧地利交涉事務，兼辦通商及稅務等）、法國股（主辦法國、荷蘭、西班牙、巴西交涉事務，兼辦華工事務等）、俄國股（主辦俄國、日本交涉事務，兼辦陸路通商、外交禮儀、官員的考試任免、經費開支等）、美國股（主辦美國、德國、秘魯、義大利、瑞典、挪威、比利時、丹麥、葡萄牙等國交涉事務）、海防股（主辦長江水師、南北洋海軍、沿海砲臺、船廠以及購置輪船、槍械、製造機器和置辦電線、鐵路、礦務等事務。甲午戰爭後改名日本股）、司務廳（負責檔收發、抄錄、編輯、校勘及雜務等）、清檔房（主管繕寫檔及保管檔案等）、電報處（主管翻譯電報等）以及銀庫等單位。除此以外，總理衙門還有兩個附屬機構：即掌握幾乎整個大清帝國財稅收入的海關總稅務司和培養外交人才的京師同文館。

其中，總稅務司長期由洋人控制，最初由英國人李泰國擔任，1863年李泰國回國後，又由英國人赫德繼任，時間長達四十年。

作爲近代中國的第一所外國語學校，京師同文館成立於 1862 年。奕訢認爲：「欲瞭解各國情形，必先熟悉其言語文字，方能不受人欺蒙。」於是，同文館挑選了部分八旗子弟學習英、法、俄等國文字，培養外語人才，爲引進西方近代科學技術打下了基礎。與此同時，除培養翻譯人員外，同文館還兼辦天文、算學、格致（物理學、化學等自然科學）、西醫等課，並聘請洋人擔任教習，招收滿族和漢族具有舉人資格的人才入學。1867 年至 1900 年，同文館陸續開設德語、法律、地理和航海等學科，並於 1869 年聘用美國長老會傳教士丁韙良爲總教習，先後聘用英、法、俄、美、德、日等國的數十人任教。1898 年，京師大學堂開辦，科學類各科併入「大學堂」，同文館只保留語言文學類。1900 年，八國聯軍入侵北京，同文館被迫停辦。

要說起來，這大清成立總理衙門的本意其實很簡單，主要就是爲了應對西方列強的要求和維護自身統治的需要。其宗旨在總理衙門設立之初，就是爲了「辦理對外事務，一專責成」。可到了後來，隨著時事變化，總理衙門的職掌範圍越來越廣，甚至發展到只要涉及「洋」字的一切事務都由它負責。所以，總理衙門最後總攬了整個洋務事宜，成爲一個不折不扣的「洋務內閣」。因此，它不僅是對外交涉的中央機構，也是西方文明引入中國的主要孔道。例如，在軍事裝備方面，在中外的前後幾次較量中，奕訢看到西方先進的軍艦、槍炮，認爲中國兵器「遠遜洋人」，因此主張購置、仿造西方武器裝備軍隊。1864 年爲節省經費起見，又採納了李鴻章仿製西式武器的建議。所以，在總理衙門的支持下，中國的第一個近代官辦工業：江南製造總局於 1865 年正式成立了，自此拉開了中國軍事工業近代化的序幕。後來，奕訢又認爲「自強之術，必先練兵」，於是在全國範圍內又掀起了一股大規模練兵的風潮。在這種情況下，這些新練的新軍不但由總理衙門直接負責，還採用了西方武器、聘請洋教練、按西式操典進行訓練。因此，這種新式練兵也被視爲是清軍近代化的開端。

爲了培養洋務活動所需要的科技人才，繼京師同文館後，總理衙門又開辦了福州船政學堂、天津水師學堂、天津學堂等中國最早的一批專業學校和軍事學校。在教育方面，總理衙門的另一創舉是派遣留學生出國學習。從 1872 年到 1875 年，總理衙門先後派一百二十名幼童赴美留學。這些學生歸國後，爲中國近代化的加速發展發揮了積極的作用，促進了科學技術和西方政治學說在中國的傳播，對於改變傳統觀念起了重要作用，爲當時愚昧保守的國內思想界吹進了一股清新的空氣。後來，爲了讓世界瞭解中國，也使中國瞭解世界，經總理衙門奏准朝廷，大清還從 1875 年開始向歐美派遣公使，並在美國三藩市、日本橫濱和神戶等地設領事館。總理衙門還要求出使各國的大臣必須逐日詳記相關交涉事宜及各國風土人情，隨時諮報。

不過，從另一個角度看，總理衙門對晚清近代化所起到的積極促進作用也不應過分放大。畢竟奕訢、文祥等清廷高官對於變革的認識還相當有限，不可能擔當起變革祖宗家法的歷史重任。他們固守「中體西用」的原則，其實就是學習洋人的新技術，維護清朝的舊制度，因此不可能採用西方國家的政治制度對中國進行一次徹底的國家改造。另一方面，這個主管外務活動的政府機構，從它成立之日起，就與割地、賠款密不可分，所以這個機構在娘胎裡又多少帶一點半殖民地的性質。1895 年，中國在甲午海戰中的慘敗，宣告總理衙門長期宣導並主持的洋務運動的破產，總理衙門的地位也隨之一落千丈。到 1901 年《辛丑合約》簽訂時，中國軍政、經濟已盡在西方列強控制之中。此時，西方列強已認爲總理衙門不適應他們的需要，因此在 1901 年簽訂的《辛丑合約》第十二款中便強行規定：將總理各國事務衙門改爲外務部，專門辦理外交事務，以便更有效地處理與列強有關的外交問題。至此，總理衙門走完了它短暫的四十年。「弱國無外交」這句話在這裡得到了最明顯的體現。事實證明，積貧積弱的晚清政府是不可能有眞正的自主外交的。

一場流言引發的天津教案

鴉片戰爭以後，西方宗教勢力在華發展迅速。但傳教士在傳播基督教的過程中，往往無視中國的傳統文化和當地法律，引起了中國民眾對西方宗教的普遍反感，乃至仇教情緒。於是，晚清發生了許多教案。其中，規模最大、影響最深的當屬1870年的「天津教案」。「天津教案」不但震驚了世界，也成為中國近代史上的一件大事。但有關這起教案的起因，民間一直眾說紛紜，真相到底如何呢？

說起來，這教案還是鴉片戰爭後國門洞開、早期中西交流的產物。在鴉片戰爭前，中國奉行閉關鎖國政策，政府禁止外國人在中國置產傳教，也禁止中國人傳播或信奉基督教。鴉片戰爭後，清政府被迫解除了執行一百多年的禁教政策，允許西方教會進入中國內地傳教。西方殖民主義的征服遂開始由政治、經濟領域的掠奪，逐漸向精神控制延伸。

按照1844年中法簽訂的《黃埔條約》規定，法國人可以在通商口岸建造禮拜堂，這爲西方宗教的在華傳播打開了大門。後來的《天津條約》和《北京條約》，進一步放開了有關傳教士在內地傳教，歸還教堂、附屬學校及各種地產，允許傳教士在各省租買土地等一系列規定，賦予外國傳教士諸多特權。自此，西方傳教士開始大量進入中國[45]。但國內民眾對洋教的抵制卻沒有任何改變，反倒是敵視洋教的情緒隨著

45 截至1870年6月「天津教案」發生前，傳教士已經深入中國內地，基督教會也已遍地開花。

國家衰亡和民族主義的高漲而愈發強烈了。

辦慈善，不意引發社會不安

作爲較早的通商口岸，天津自鴉片戰爭後就一直是法國天主教重點傳教的地區。當時作爲法軍駐地的望海樓就是一處著名的傳教所。由於當時傳教士經常隨同侵略軍一起出入天津城，所以天津百姓從一開始就對他們抱有敵意，對他們非常排斥。不過，這些篤信上帝的基督徒們倒也頗爲良善。1862 年，法國修女在天津建立了仁慈堂，後來又建立天主教仁慈堂孤兒院，占地七點八畝，房舍一百九十一間。當時天津霍亂蔓延，每天都有幾百人死亡。心地善良、扶危濟困的修女們便主動伸出援手，治病救人，西藥治療效果很好，很多人得以痊癒，所以門前常常擠滿了人，有些遠處的患者也紛紛前來，時間長了這些傳教士們便逐漸贏得了人們的信任。修女們也在當地百姓和社會各界的支持下，將各項慈善事業相繼推開，陸續成立了法國醫院（今婦產科醫院）和多個粥棚。白帽子「姑奶奶」的稱號也在百姓們中傳頌開來。

1866 年，法國傳教士謝福音來到天津任主理司鐸，傳教工作進一步發展。當時在天津的天主教會事業主要依靠仁慈堂和育嬰堂。其中仁慈堂的一項主要工作就是收養當地的孤兒和棄嬰。由於當時很少有中國人自動將孤兒或棄嬰送來，所以仁慈堂的負責人爲了收留孤兒或棄嬰而不得不給送來孩子的人一些零錢以示「獎勵」。然而，正是這種獎勵，卻給了一些心術不正的人以可乘之機，成爲日後發生天津教案的源頭。

爲了騙取仁慈堂的獎勵，一些人販子開始在有家庭的孩子身上打起主意，於是天津城內便先後發生了一些莫名的兒童失蹤案件。而此時，在教堂裡也收留有一些重病的孤兒和棄嬰。按照天主教的教義，傳教士和修女們要對病死前的嬰孩施以洗禮，以「拯救靈魂」，死去的嬰孩也要按天主教的葬禮埋葬在天主堂的墳地裡。當棺材不夠用時，傳教士們就把兩三具屍骸合併裝在一個棺材內。而這種舉動在中國人眼裡，又顯得格外神秘、恐怖，很容易使人聯想起江湖庸醫的「采生折割」術[46]。

轉眼到了1870年春夏之交，此時天津城內發生的兒童失蹤案件已越來越多，爲人父母的市民們無不提心吊膽。到6月初，天氣炎熱，疫病流行，教堂中收養的小孩時有死亡。爲了避免外界疑心，傳教士們常常僱人在夜間埋葬死嬰。僱來的人在黑暗中幹活，往往草草了事，埋葬較淺，不免有小孩屍體被晚上出來覓食的野狗掏出來啃吃，「胸腹皆爛，腑腸外露」。老百姓見了，以爲這正是洋人挖眼剖心的證據。這種巧合再經過一些仇外鄉紳的演繹、鼓噪，就變成了洋教士用迷藥摘取小兒腦髓、眼睛及五臟的流言。在這種情況下，天津城內一時謠言四起，民心激蕩。

審人販，意外釀成中外血案

就在此時，天津府衙捕獲了兩名拐騙幼童的人販子張栓、郭拐。審訊中，二人對用藥迷拐幼童的罪行供認不諱。照常理，這件事到這兒就可以畫上句號，應該眞相大白了。但6月10日，天津知府張光藻在處決二人的布告中卻說：「風聞該犯多人，受人囑託，散布四方，迷拐幼孩取腦挖眼刈心，以作配藥之用。」很顯然，這些「風聞」、「受人囑託」、「以作配藥之用」的模糊之詞，正好與傳教士迷拐幼童、挖眼剖

46 所謂「采生折割」指的是舊時捕殺活人，摘取人體內各種器官以入藥斂財的一種罪惡行為。

心的謠言相吻合，煌煌的官方布告遂使謠傳變成了「眞實」，一時間天津民眾的反教情緒更加激烈。市民們給張光藻呈獻「萬民傘」、「萬家生佛」牌位，以感激他「為民做主」。

6 月 18 日，有市民報稱捉到了一個名叫武蘭珍的「拐子」。經審訊，武蘭珍供稱：他是在天主堂華人司事王三手下聽差，王三答應他每拐一人給洋銀五元。與此同時，又有一名叫「安三」的拐子在轉送孩子時當場被捉，據說此人還是個「教民」。當地百姓知道這兩件事後，群情激動，立即成群結隊地聚集在法國教堂附近，要求仁慈堂釋放幼童。同時，天津的鄉紳們也在孔廟集會議事，相約某日攻打教堂的消息遂一時間不脛而走。

很快，這個消息就傳到了官府那裡。為了調解驟然緊張的中外矛盾，6 月 19 日，三口通商大臣崇厚派遣天津道周家勳、天津知縣劉傑前往會晤法國駐天津領事豐大業，要求他同意讓民眾代表帶武蘭珍到教堂內當面對質，澄清事實。對此，教堂內的修女們同意可以由五位民眾代表入內檢查。但正當代表們試圖進入仁慈堂時，卻被趕來的法國駐天津領事豐大業阻止，並滿嘴污穢地將代表攆出堂外。20 日，崇厚再次會晤豐大業和法國天主堂神父謝福音，與謝神父約定次日上午再到教堂對質。6 月 21 日清晨，天津知縣劉傑帶人犯武蘭珍來到天主堂，

1897 年，望海樓天主堂在空置了二十多年之後被重建起來，1900 年在庚子之亂中第二次被燒毀。現存的望海樓教堂，是 1904 年第三次重修的。1976 年 7 月唐山大地震時又嚴重損壞，1983 年修復

發現該教堂內並無王三其人，也沒有武蘭珍所供述的席棚柵欄等物，「對教堂中的人，武蘭珍一個也不認識，無從指證」。而謝福音神父此時則正與崇厚協商育嬰堂善後處理辦法。這時教堂外已有數千群眾，教堂人員也與圍觀人群發生了口角，並最後相互拋打磚石。

此時，得到消息的法國領事豐大業，非但不對事情眞相進行詳細瞭解，反倒一口咬定是中國人挑起的，並蠻橫地要求崇厚派兵鎮壓。後來，在沒有得到滿意答覆的情況下，又偕同秘書西蒙帶著法租界的「救火隊」，急奔崇厚衙署。當時，豐大業身上掛了兩把銃子（手槍），一進門就對崇厚破口大罵，又拔出銃子放了一響，崇厚嚇得躲進房間。氣急敗壞的豐大業在見不到崇厚本人後，便一直在客廳裡摔茶碗、拍桌子，罵個不休，崇厚無奈，只得出來，勸他有話好講。這時衙門外已經聚集了很多憤慨的老百姓，聽到槍聲，遂愈發怒不可遏。正當此時，天津知縣劉傑趕來維持秩序，豐大業在與劉傑的理論中，竟開槍打死了知縣的僕人，西蒙也隨即向圍攏過來的群眾開槍射擊。見此情景，積忿已久的群眾已實在忍無可忍，遂一擁而上，痛毆豐大業和西蒙，將二人亂拳打死，救火隊隊員四散奔逃。既然已經打死了法國領事，老百姓索性一不做二不休，轉到離通商衙門東邊不遠的天主堂，殺死兩名神父，並放火燒了天主堂，接著又轉到天主堂東邊的領事館，殺死了法國領事館秘書多瑪散及其妻子。之後，又趕到仁慈堂殺死十名修女，「救出」中國人一百五十餘名和八十餘名幼童，最後將仁慈堂付之一炬。在這場騷亂中，遇難的還有法國商人夏勒邁松夫婦、三名俄國人（被誤認爲法國人）以及三十多名中國教民。同時，另有四座英國教堂和二座美國教堂在混亂中被毀。

如此一來，天津的洋人們頓時緊張起來。他們在英國領事李蔚海的領導下，成立了一個「自衛隊」。6 月 24 日，法國公使聯合德、美、俄、比、西、英等七國公使照會總理衙門，提出強烈抗議並要求嚴懲「兇犯」。與此同時，以恭親王奕訢爲首的總理衙門也於 6 月 23 日接到了崇厚的報告，並立即奏派直隸總督曾國藩前往天津處理。爲安撫「洋大人」的情緒，27 日，奕訢又照會法國公使羅淑亞，並頒布通令：一、通令各省督撫認眞保護教士和僑民，禁止百姓借機滋事；二、派遣崇厚出使法國表示歉意，並命令在歐洲訪問的志剛、孫家谷暫駐俄國，等待總理衙門的進一步安排，並向俄國說明教案情況；三、對遇難的法國官民深爲抱歉，並保證追查殺人嫌犯，依法抵命；四、將辦理不善的地方官員革職，交部議處；五、凡被毀的教堂、領事館等一律修繕；六、查明遇難者姓名，以便進行善後事宜。

斷教案，大清荒唐賠禮款

當時，直隸總督曾國藩正在生病，向朝廷請假一個月靜養。但無奈聖意難違，可憐的曾國藩只得抱病趕赴天津。在途中，曾國藩「反復籌思，殊無良策」。他知道，「天津教案」是一個燙手的山芋，處理不好就會演變爲一場國際戰爭。爲了平息外國人的憤怒，曾國藩一到天津便撤換了天津道、天津知府、天津知縣等官員。後來又經過反復調查，曾國藩進一步確認育嬰堂並無傷害孩童之事。他認爲仁慈堂的修女「挖眼剖心確非事實，迷拐人口難保其無」。因爲如果說挖眼剖心是事實，「則堂內一定會有很多無目之人，而搗毀教堂之時爲什麼沒有發現一個」？但又爲什麼說「迷拐人口難保其無」呢？這是因爲捕獲的幾個「拐子」的口供都不約而同地提及教堂，有可疑之處。但是，爲了避免刺激洋人，尤其是爲了避免刺激法國人，曾國藩在奏章中儘量折中調和，「誠恐有礙和局」。

此時，英、美、法、比、俄、普、西等七國駐華外交代表已聯名對中國抗議。各國也紛紛派軍艦到天津、煙臺海面示威，並在天津、上海、香港等地報紙上鼓吹用武力「懲戒中國官民」。此時負責辦理此案的法國公使羅淑亞公開發表聲明，要求清政府將天津知府、天津知縣和提督陳國瑞斬首抵命。面對列強的無理要求，曾國藩只答應賠償教堂損失，懲辦殺人兇手，但拒絕將提督、知府、知縣三個人拿來抵命。爲此，羅淑亞曾一度試圖使用武力，但恰逢就在當年的 2 月 19 日，普法戰爭爆發，法國當局不便挑釁中國，故法國海軍沒有同意。因此，羅淑亞也就一下子軟了下去。

而腐敗無能的清政府，卻屈從於洋人的壓力，急命曾國藩一面與洋人交涉，一面緝拿所謂兇手。最後該案件以二十人處以死刑，二十五人被充軍了事[47]。至於天津知府張光藻與知縣劉傑則被押交刑部，最後被判充軍。這還不夠，爲進一步取悅洋人，10 月 18 日，恭親王又以總理各國通商事務大臣的名義致信羅淑亞，開出賠償清單，賠償各國教堂損失十三萬兩、死者撫恤費二十五點五萬兩白銀。另賠三萬兩給三個被錯殺的俄國人，賠二千五百兩給英國教會、四千七百八十五兩給美國教會用來重建被毀的教堂。並派崇厚爲特使赴法國道歉。面對如此厚禮，羅淑亞自然樂得接受。此時，法國已被普魯士打敗，法皇拿破崙三世也做了德皇威廉二世的俘虜。崇厚到了法國，在找不到法國元首或一位能代表元首的部長的情況下，遂決定放棄道歉任務，經美國回國。但當他到美國以後，卻接到清廷諭旨，要求他再去法國賠禮。於

---

47 事後曾國藩曾對人説，他明知張、劉二人無罪，但為了敷衍法國人只得犧牲他們。

是，在次年 11 月 23 日，再度赴法的崇厚向法國第三共和國首任總統梯也爾面遞了同治皇帝的道歉書。而梯也爾在得到這筆意外「贈禮」後，不禁喜出望外，卻裝作寬容，謂：「法國所要的，並非（中國人的）頭顱，而是秩序的維持與條約的信守……在巴黎設一個公使館，於中國很有好處。」

如此一來，一樁原本應該各打五十大板的天津教案，最後竟以中國賠款道歉的荒唐結局收場。這個結果一出，自然引起了朝野人士和民眾輿論的普遍不滿。後來，曾國藩因辦理天津教案不力，被調任爲兩江總督，轉由李鴻章接替辦案。在交接中，曾國藩曾問李鴻章：「你與洋人交涉，準備怎麼辦？」李回答：「我想與洋人交涉，不管什麼只同他打痞子腔。」果不其然，李鴻章接手後，偷偷地將原來的二十名死刑改爲十六名死刑、四名緩刑，其餘不變。1870 年 10 月 19 日，天津數萬民眾爲判處死刑的死者送行，並爲之建立公墓，立碑建祠。至此，轟動一時的天津教案才終於告一段落。

重新審視這場教案，就釀成悲劇的原因而言，最主要的還是不同文化的隔閡所致。天津教案中所表現出來的文化衝突並不是孤立的，從本質上講，它是當時尖銳的民族矛盾在中國鄉土文化層面上引起的激蕩，是基督教文化突破了中國民間文化的容納極限而促成的社會反彈。與此同時，當時的西方國家在經濟、科技、軍事等方面均處於強勢地位，因此他們在輸出文化時，也更多地表現爲對外擴張和盛氣淩人、居高臨下的姿態。不少洋人都有意無意地挾有一種戰爭勝利者的民族優越感，漠視甚至藐視中國社會的傳統和文化。因爲，在他們看來，中國文化是野蠻的文化，無需尊重。他們的專橫跋扈引起民眾的普遍反感，這也是造成一系列教案的重要原因。

此外，對一開始辦案的曾國藩個人而言，此次他的天津之行幾乎可以用悲劇來形容。這是因爲，同普通民眾一樣，曾國藩也有愛國之情、講究民族自尊，有維護國家尊嚴和民族利益的願望。但在國力懸殊的宗教衝突面前，曾國藩爲了「使國家和民族免遭戰火」而軟弱地向法方屈服。而這次對天津教案的屈辱處理，也使得這個一直有較好官聲民望的「中興名臣」一夜間變成了幾乎人人喊打的過街老鼠，成爲舉國欲殺的漢奸、賣國賊。不但朝廷裡的湘籍人士視之爲同鄉大恥，就連曾協助曾國藩辦案的丁日昌也受到激烈攻擊，被罵爲「丁鬼奴」。一時之間，朝廷內的大臣紛紛上奏，要求皇帝下旨討伐洋教、懲處媚外官員。對曾國藩而言，名毀津門實在是其一生之中的最大遺憾。最終，這位曾力挽狂瀾的「中興名臣」僅僅過了一年後，便在國人的唾罵中黯然離世。

慈禧拍板收復新疆

在晚清的歷次邊疆危機中，左宗棠收復新疆算是其中最大的亮點，為中國保住了一百六十萬平方公里的國土，被稱之為晚清對外戰爭的唯一勝仗。左宗棠也被後人尊奉為近代的民族英雄。但大家都沒有注意到，那個一貫被視為賣國求榮的慈禧太后，在收復新疆的過程中，卻發揮了決定性的作用。

新疆，古代稱之爲西域，土地面積占全國的六分之一。很早以來，西域就同內地有著密切聯繫。西漢初年，西域共有三十六國。西元前101年（漢武帝太初4年）西漢政府在西域設置使者校尉。西元前60年（漢宣帝神爵2年），西漢又在烏壘（今新疆輪台縣境內）設置西域都護府。從此，西域各國與漢朝的臣屬關係完全確定，此後的中國歷屆中央政府都在西域設官建制，有效地行使對西域的管轄權。1757年，清朝政府將西域改名爲新疆。因此，新疆自古以來就是中國領土。

外敵乘人之危，意圖渾水摸魚

1851年，太平天國起義爆發，在它的影響下，各族人民紛紛響應。1864年6月，正值清政府忙於鎮壓太平軍餘部和撚軍之際，新疆的回族和維吾爾族人民爲了反抗清朝統治者的階級壓迫和民族政策舉行了武裝起義。1869年，一些封建主和伊斯蘭教的頭目便利用這個機會，先後建立了五個割據政權，鼓吹什麼「聖戰」、「排滿」、「反漢」、

「衛教」，煽動民族仇恨，大搞仇殺。而這些割據政權之間也相互爭鬥，搶占地盤，魚肉百姓。新疆的混亂，正好給西亞浩罕汗國的阿古柏入侵製造了可乘之機。

浩罕汗國是鄰近新疆西部的一個中亞汗國。18 世紀上半葉由烏孜別克族的明格部在中亞費爾幹納盆地建立。1865 年初，浩罕汗國派軍官阿古柏率兵侵入新疆。由於新疆當時內部分裂，使得大片新疆土地很快便落入了阿古柏的手中。1867 年底阿古柏宣布成立「哲德沙爾汗國」，意爲「七城之國」，以新疆統治者自居。隨後，阿古柏又用兩年多時間，殘酷鎮壓新疆人民的反抗，進一步攻占吐魯番，接著又翻越天山奪取了烏魯木齊，由此天山南北廣大地區都落入了阿古柏的魔掌。1871 年 7 月，覬覦已久的沙俄突然出動重兵，占領新疆西部重鎮伊犁，並不斷拉攏阿古柏，企圖進一步擴大占領區[48]。與此同時，英國也加緊了侵略南疆的步伐，在其指示下，土耳其也利用伊斯蘭教的關係，對阿古柏政權予以支持，企圖通過阿古柏，把新疆變爲自己的殖民地。如此一來，清政府在新疆的統治機構幾乎喪失殆盡，新疆面臨著被分裂出去的危險，西北形勢危急！

一波未平，一波又起。正在這個節骨眼上，中國的東南海防也出現了險情。剛剛進行「明治維新」的日本發動了侵略台灣的戰爭，東南沿海爲之震動，「海防」問題空前嚴重。這件事對清政府刺激極大，很多人在當時都表態要與日本一戰。但是，此時的大清財政卻已捉襟見肘，頻頻亮起紅燈，實在沒有辦法同時兼顧東南和西北兩線作戰。於是，在財政空虛，「塞防」、「海防」同時告急的情況下，一場關於先「海

48 新疆地處中亞東部，與中亞和印度接壤，英、俄兩國都將新疆視為戰略要地，都想通過阿古柏政權把新疆從中國分裂出去。

防」還是先「塞防」的內部爭論便爆發了。

固守塞防海防，大臣激辯朝堂

當時主張「海防」的，以時任直隸總督兼北洋大臣的李鴻章爲代表。李鴻章認爲，新疆是不毛之地，茫茫沙漠，赤地千里，土地瘠薄，人煙稀少，死幾千幾萬人、花幾千萬兩銀子去收復新疆，實在得不償失。並且他還斷言，新疆北鄰俄國、西鄰印度，即便能夠收復，也必然守不住。以中國實力而言，實在無法兼顧西域。更何況新疆的丟失，對於清朝並無大礙，只有肢體之傷。而海疆則不然，是「心腹之患」。因此，李鴻章竭力主張集中財力，鞏固「海防」。

左宗棠

但李鴻章的上述主張，卻遭到了陝甘總督左宗棠的強烈反對。這位「塞防」的主要代表人物表示「普天之下，莫非王土」，中國的國土應該寸土不讓。針對李鴻章認爲新疆是化外之地的偏見，左宗棠指出：新疆是個好地方，「塞外之外有沃野，天山南北盡江南」。天山南北兩路糧產豐富，瓜果累累，牛羊遍野，牧馬成群，煤、鐵、金、銀、玉石藏量極爲豐富。所謂千里荒漠，實爲聚寶之盆，因而積極主張保衛西北邊防。不但如此，左宗棠還義正詞嚴地批評了李鴻章將「海防」與「塞防」割裂開來的觀點，分析了放棄新疆的危害。他指出，新疆是國家西北的屏障，戰略地位十分重要，一旦棄守，則無異於自毀萬里長城，敵人勢必得寸進尺。如果新疆不鞏固，不但陝甘、山西各地防不勝防，就是京師也將永無寧日。對此，左宗棠明確提出了「塞防」與「海防」並重的主張。而這個意見也贏得了湖南巡撫王文韶等人的極力支持，認爲「俄國侵吞西北，日甚一日，我師遲一步，則俄人進一步，我師遲一日，則俄人進一日。事機之急，莫此爲甚」！因此他也主張，「目前之計，尚宜以全力注重西北」。

此時，大臣們的激烈辯論已導致朝廷內部分裂成觀點對立的兩派。無論是東南沿海還是西北邊陲，都是中國至關重要的門戶[49]。到底先堵哪個漏洞，這個問題直接考驗著慈禧太后這位當時中國實際領導人的政治智慧。在朝廷內部爭論遲遲不休的情況下，慈禧必須在權衡利害後做一個艱難的抉擇。最終，這個一向被後人視爲是「賣國求榮」的慈禧下定決心採納左宗棠的意見，做出了收復新疆的決策。

守成甚於開疆，慈禧有功邊疆

那麼，慈禧爲什麼決定首先收復新疆呢？道理很簡單，因爲新疆是中國版圖中的很大一部分，失去這麼大一塊領土，必然背負千古罵名。更何況，左宗棠長期在西北用兵，他對於西北的形勢非常瞭解。慈禧的政治直覺告訴她：相信左宗棠，收復新疆是正確的。於是，1875 年 3 月 28 日，慈禧正式任命左宗棠爲欽差大臣督辦新疆軍務，把收復新疆的重任完全交付於他，讓他心無旁騖地施展其作戰韜略。而這個年輕時曾自詡「諸葛亮」的左宗棠也果然沒有辜負國家對他的重托，他在這場意義重大的戰爭中表現出了極爲高超的指揮才能：1876 年 8 月 18 日，清軍收復烏魯木齊，11 月份將天山北路全部收復，緊接著左宗棠又分兵三路乘勝追擊，在 1878 年 1 月 2 日收復了除俄占伊犁之外的所有新疆地區。後來，又經過中俄之間艱苦的領土談判，清政府終於迫

49　這個時候的大清王朝早已是金玉其外、敗絮其中了，就像一間破屋子一樣四處漏風，有限的國力使得清王朝只能集中力量堵住一個漏洞。

使沙俄歸還伊犁，從而實現了新疆的完整回歸。

左宗棠本人也因此被後人稱頌為「唐太宗以後對國家領土貢獻最大的人物」[50]，並與韓信、李靖、嶽飛等一併被視為是中國歷史上的四位名將。左宗棠不愧為中國近代的一位中興名臣、一代名將。

不過，當我們毫不吝嗇地給予左宗棠高度評價的時候，也不應該忘卻收復新疆的眞正決策者：慈禧。新疆之列入祖國版圖，自漢代以降，曆有變遷，到了清朝乾隆時期達到穩定和諧。而近代以來，外敵四起，守成之勞，甚於開疆。正是由於慈禧在新疆問題上的關鍵決策，拍板定奪，才使左宗棠能夠在收復新疆的戰鬥中展露才華，策馬揚鞭，驅敵立功，使新疆沒有像中亞汗國一樣被沙俄侵吞。因此，從慈禧處理新疆問題上的決策，可以看到其過人的政治眼光。另外，慈禧在新疆收復後，又迅速決定，裁撤原有軍府制度，將新疆正式改設為行省，軍政中心也由伊犁移駐到烏魯木齊。這些重要的舉措都大大加強了清朝政府對新疆的直接統治，鞏固了中國的西北邊防，促進了新疆的建設。因此，作為一國的最高領導人，慈禧在關鍵時刻所表現出來的反侵略、反分裂的堅毅和果斷，理應獲得世人的肯定。

50 《阿古柏傳》的作者包羅傑曾對此評論說：「中國收復新疆，毫無疑義，是一件近五十年中在亞洲發生過的最值得注意的事件，同時這是一個多世紀以前乾隆出兵這個地區以來，一支由中國人領導的中國軍隊所曾取得的最光輝的成就。」

潛伏中國：甲午戰前的日本對華間諜戰

《潛伏》、《暗戰》、《風聲》、《黎明之前》，都是中國當下熱播的影視作品。其中，驚險火爆的打鬥、跌宕起伏的劇情都是這類諜戰劇的必要元素。可歷史上真實的諜戰真的就是這樣的嗎？

在世界各國中，一說到嚴謹精細，有兩個國家不得不提：一個是西方的德國，另一個則是我們的近鄰日本。日本人做事之精細，常常到了令人震驚的地步。在戰爭準備方面，日本也是如此，將精細的特性發揮到了極致。

細緻入微的政府情搜

日本歷來重視戰爭情報工作，深諳「間諜是戰爭靈魂」的道理。在每次對外動武前，日本都會建立龐大的間諜情報網爲其制定作戰計畫服務。而一些日本人也把收集情報看作是對國家的一份責任和無限忠誠的表現，是一種至高無上的榮耀。

爲了侵略中國，從 19 世紀中後期開始，日本就開始注意搜集中國東北、華北的地形、氣候、物產、軍備和風俗習慣的資料。1871 年 3 月，天皇參議江藤新平提出《對外政策意見書》後，日本政府正式派出大量情報人員潛入中國，搜集相關的政治、軍事、經濟等各項情報。1872 年 8 月，日本政府又派陸軍少佐池上四郎、陸軍大尉武士正幹和外務省翻譯彭城中平三人，赴中國東北進行間諜活動。爲了掩人耳目，池上等化裝成商人經上海抵達營口，到奉天（今瀋陽）、海城、蓋平等地進行多方面偵察，並把實地調查報告和繪製的地圖悄悄寄回日本，後來在這些資料的基礎上，又編寫了《滿洲視察覆命書》。在該書中他們強烈建議日本政府儘快占領朝鮮，進而加快對中國東北的侵略擴張。同年6月，海軍少佐樺山資紀和海軍文官兒玉利國秘密潛入中國南部搜集情報。同時原陸軍少佐福島九成退出現役，並轉任日本駐廈門領事同時兼管福州、淡水和台南領務，負責對中國南方及台灣的情報收集工作。1877年4月，日本政府再派軍事間諜島弘毅，赴中國東北開始為期七個月的多項「調查」，後來根據「調查」，撰寫了兩卷本的《滿洲紀行》。

1878年，日本陸軍進行重大改革，陸軍參謀局從陸軍省中分出，另成立日本參謀本部[51]，直屬日本天皇。第二年，參謀本部便迫不及待地先後向中國和朝鮮派遣十餘名軍官，重點調查兩國的兵要地志，進行軍事偵察，後來編成《鄰國軍備略》六冊呈交天皇。到了1879年至1880年，日本參謀本部又派遣志水直大尉等多名軍官潛入中國。其中桂太郎中佐和小三又次少佐根據其考察情況，回國後提出了一份較為具體的《對清戰爭方策》，由參謀本部部長山縣有朋呈報天皇，呼籲政府加緊擴軍備戰。僅過了一年，日本駐華公使武官尾山鼎介，也以旅遊名義對中國東北、華北地區進行長途考察。他從北京出發，經河北至榆關，又越過長城進入東北，在到達錦州後繼續北上，經營口從海路前往山東煙臺，再北上經河北回到北京，全程歷時三個多月，對沿途城鎮的戶口、橋樑、山川、河流、交通、資源、武備等都做了非常詳細的記錄。1884年，日本間諜佐佐友房也偕宗方小太郎前往中國通過「遊歷」

51 參謀本部對外的主要任務就是對中國、朝鮮和西伯利亞沿岸的地理、政治進行詳細勘察和研究。

中國東北、華北等地，搜集了大量中國情報。

日本對華作戰的情報首腦：
川上操六

經過前期大量工作的準備，日本對當時中國的情況已瞭若指掌。但爲了挑選一個作戰的登陸地點，日本對華情報首腦，時任日本參謀本部次長、陸軍中將的川上操六不惜悉數派遣手下大將前往中國刺探情報。1887年派陸軍中佐山木清堅和陸軍大尉藤井茂太前往東北，偵察日軍未來可能在渤海灣登陸的最佳地點。與此同時，海軍大尉關文炳也於次年以書商的身分常駐直隸總督衙門附近的一家書店，多次潛入威海砲臺觀察，繪製戰略地圖。後來，川上操六又指示駐華武官龍川具和海軍少佐井上秀夫，扮作中國商人或苦力，前往渤海灣探測航道。參謀本部陸軍少佐神尾光臣也趕赴塘沽進行秘密活動，並派遣擅長中文的日本學生東敬名，先後赴北京、天津、營口、瀋陽及甯古塔等地刺探情報。後來，爲取得中國情況的第一手資料並驗證情報，川上操六甚至親自出馬。1893年4月以旅遊爲名，由陸軍中尉荒尾精陪同先到朝鮮「參觀」了漢城、釜山、仁川，然後北上遼寧入山海關，轉往北京、天津、南京等地，沿途核實了日本情報人員所呈情報的精確性。當他們一行抵達天津後，時任清朝北洋大臣的李鴻章不僅親自迎接，還邀請這位不速之客參觀了天津機器局（兵工廠）的武器製造和天津武備學堂的步兵、炮兵操練。以後，川上操六還在日本間諜、陸軍少佐神尾光臣的陪同下，偷偷察看了天津周圍地形，並認爲天津「西面展望自由，利於進攻」[52]。

52 據日本人記載，川上操六經過這次實地調查，不僅看出了清政府的腐朽衰敗，而且還對其陸軍的強弱形勢，甚至對各地地理結構、風土人情風俗都進行了詳盡觀察，從而確信中國不足畏，增強了日與此同時，被譽爲「日本情報戰之父」的陸軍少佐福島安正也於1892年2月，先後幾度潛入中國腹地，特別是東北地區進行軍事偵察工作，爲日本對清開戰提供了極爲詳盡的情報資料。由於其出色的工作能力，福島安正在第二年回國後，明治天皇曾親自授予他旭日勳章和巨額獎金。作爲日本情報戰的先驅，他還大量培養從事間諜工作的年輕人。後來日本著名的女間諜川島芳子的養父川島浪速（此人也是一個臭名昭著的日本間諜）就是他的學生。

1894年7月，中日戰爭一觸即發。爲了在開戰前摸清大清北洋水師的最新動態，宗方小太郎奉命赴威海衛偵察北洋艦隊動向。威海衛是北洋艦隊基地，禁止與外界通信，不能對外聯絡，被日本諜報機關稱之爲「死地」。威海衛與外界聯絡的交通線路也被清政府嚴密封鎖。宗方小太郎來到威海後，數次冒充中國人穿越「死線」進入「死地」，終於探明「鎮遠號」等十四艘中國軍艦開赴朝鮮的具體日期。在獲悉這一重要情報後，日本海軍喜出望外，立刻集中聯合艦隊，於9月17日在黃海攔截並重創了北洋艦隊，取得了制海權。與此同時，在戰爭爆發前，日本間諜佐藤也破譯中國的軍事密碼，使清軍完全處於被動挨打的境地。甚至甲午戰爭後的李鴻章赴日議和，他與國內總理衙門的一切往來密電，也均被日本破譯掌握。日方完全洞悉了清政府的決策機密，牢牢掌握了談判的主動權。由於佐藤破譯中國密碼的成功，日本在戰後隆重授與他勳章並賜與重金，以表彰其「功績」。

本對清作戰的信心。

無孔不入的民間匪諜

在甲午戰爭前，除政府間諜來華刺探情報外，一部分日本民間右翼組織也利用商人、學者、教師、僑民、醫生、妓女等身分為掩護，深入中國腹地，結交達官顯貴，收買漢奸走狗，把觸角伸向中國的政治、軍事、經濟以及思想文化等各個領域，為日本當局制定侵華計畫和戰略戰術提供情報資料[53]。

作為最早從事秘密間諜活動的民間組織，「玄洋社」1881 年在九州福岡成立。創始人頭山滿，社長平岡浩太郎，以忠於天皇、熱愛日本為宗旨，鼓吹「破支那，勝俄國，吞併朝鮮」。因而同日本政府和軍方有著極為密切的聯繫，並曾參與策劃侵略中國、朝鮮，分裂中國東北和蒙古的各項活動，並派大批浪人和間諜到中國刺探情報，大搞顛覆活動。1884 年，在上海建起的東洋學館就曾直接培養了大量日本間諜。

1886 年 7 月 6 日，日本參謀本部派陸軍中尉荒尾精，以平民身分來到武漢，在漢口租了一套民房，開辦了「樂善堂」漢口分店。這是一家地道的間諜機構，表面上經營眼藥水、書籍、雜貨，暗中卻負責招募日本浪人，進行有組織、有計劃的情報活動，並在上海、長沙、重慶和北京等地設立「樂善堂」支部。各支部負責搜集當地政、商、學、士紳、社會團體人物的詳情及軍事經濟情報。從 19 世紀 80 年代後期開始，樂善堂在各支部開展一項名叫「四百餘州探險」的上山下鄉運動。間諜們紛紛進入兩湖、四川、西北、西南各省，甚至包括新疆、西藏等中國邊陲。各地的地形氣候、風土人情、產業交通、關卡兵營、軍事要

53 這些民間右翼組織大多由政客財閥資助並指揮，主要由日本浪人組成，打著「興亞」的旗號進行軍事情報的收集。如玄洋社、黑龍會、東亞同文書院、樂善堂等。

塞等，均在他們的偵察範圍內。這些年輕的日本間諜扮成貨郎，四處販賣貨物。貨賣光後，就假扮郎中、風水先生甚至乞丐四處周遊。遇到關卡盤查，漢語說不標準，就謊稱是福建人或廣東人蒙混過關。他們的行動成爲甲午戰爭中諜報工作的一場「實兵預演」。而這些年輕間諜也由於扎實的調查研究，有不少後來成爲資深的中國專家。1889 年 4 月，荒尾精將三年來獲得的資料，分門別類進行整理，進而提煉成數萬字的《覆命書》，提交給日本陸軍參謀本部。在這份諜報總結中，荒尾精明確提出，中國已經全面衰敗，日本必須先發制人，才能利用中國對抗西方。爲此，他還提出了以商戰養諜戰、以商戰擴軍備的主張。後來，在該報告基礎上，根津一又將所有情報做了更詳盡的整理編纂，最後竟編成一套名爲《清國通商總覽》的巨著。全書二編三冊，兩千多頁，涉及中國政治、金融、商貿、產業、教育、交通運輸、地理、氣候、風俗習慣等各方面，儼然一部中國大百科全書。該書出版後受到日本各界熱捧，成爲一部日本侵華指南。更有甚者，「樂善堂」中的荒尾精、島津一、石川伍一等還大肆收買清廷大小官員，其賄賂收買工作可以用多層次、立體性來形容。其中石川伍一就收買了李鴻章的外甥、當時在軍械局任職的劉芬，並從他那裡得到了大量北洋水師和駐朝鮮清軍的部署情報，對甲午戰局產生了重大影響。清政府防諜、反諜意識薄弱，才讓大量日本間諜

駐華日本間諜機構「樂善堂」

有機可乘，甚至爲日本的間諜人員大開方便之門。

1890 年，荒尾精又奉日本參謀本部命令，在上海英租界大馬路成立了一個「日清（中國）貿易研究所」，由荒尾精自己任所長，負責搜集情報，培養在華日諜[54]。後來在 1901 年，該所改組爲「東亞同文書院」。該書院雖名爲學校，但實際是一所有濃厚官方背景的海外間諜學校。從這所學校裡先後派出的十四批間諜，大多以「旅行」爲掩護，到中國各地實地測繪製作軍用地圖。測繪路線包括新疆、內蒙古、西藏等地，這些地圖往往精確到地表的每一棵樹、每一間房，將道路、礦場、水源等相關資訊全部涵蓋，標注尤其細緻入微，其精度甚至超過了 20 世紀 30 年代的中國軍用地圖。而這批地圖則在 1937 年日軍侵華戰爭中起到了重要的作用。

由於甲午戰前日本間諜在中國大肆進行刺探和搜集情報，日本軍部不但對中國的軍事情形瞭若指掌，甚至對河流山川等地理形勢也如數家珍，非常熟悉。例如，日本繪製的包括朝鮮、中國東北、山東半島等地的軍用地形詳圖中，對每一個村莊，每一條道路，每一座小丘甚至於水井，都標示得清清楚楚，甚至「比中國人自己更清楚地知道每一省可以抽調多少人出來作戰」。因此，在「知己知彼」的情況下，掌握了對手大量詳細情報的日本，也就掌握了中日戰場的主動權。而清政府所傾盡全力打造的北洋艦隊和國防要塞也就在日本無孔不入、細緻入微的情報偵測中變得形同虛設、如同兒戲。如此一來，兩國最後在戰場上的較量結果也就不足爲奇了。

54 這個所謂的「日清（中國）貿易研究所」第一屆就招收了日本學生一百五十人，其中有臭名昭著的山崎羔三郎、藤崎秀、鐘崎三郎和豬田正吉等人。

「蘇報案」是怎麼一回事？

什麼是「蘇報案」？「蘇報案」到底是怎麼一回事？為什麼把它稱之為晚清政局的第一要案？要回答這一系列問題，還得從《蘇報》這份報紙本身談起。

「以鼓吹革命為己任」的《蘇報》

1896 年 6 月，《蘇報》誕生於上海公共租界的漢口路二十號。創辦人胡璋是個畫家，因「營業不利，難以爲繼」，1898 年胡璋把《蘇報》賣給了閒居滬上、傾向改良的陳范[55]。陳范是一個支持維新變法的進步人士，因「憤官場之腐敗，思以清議救天下」買下《蘇報》，希望通過辦報來喚起國民的救國圖強熱情。因此，在這位新老闆的安排下，《蘇報》很快就改頭換面，變成了一張旨在「救天下」的政治評論報。

《蘇報》在剛開辦時，報館僅有一大間房，條件簡陋，前半間臨街，有兩扇玻璃大門，每扇門上書「蘇報館」三個紅漆大字；後半間是排字房，一邊是排字架，另一邊是一部手搖的平板印刷機。然而，就是這麼一家小小的報館，後來竟贏得了中國自有報紙以來最顯赫的聲譽。

陳范在經營報館的過程中，經歷了「由變法而保皇，由保皇而革

55 陳范，字夢坡，湖南衡山人，清末舉子，曾任江西省鉛山縣知縣，因涉洋教案被清政府革職，後來移居上海。

章炳麟

命」的歷程。1902 年，南洋公學發生愛國學潮，對陳范有很大觸動。隨後，他便在《蘇報》上專闢了《學界風潮》一欄，專門宣傳學生運動，還將「革命」、「排滿」等口號刊於報端，使《蘇報》身價倍增。1902 年，蔡元培、章太炎等在上海創立了中國教育會、愛國學社。陳范遂特邀愛國學社的師生為《蘇報》撰稿，其中蔡元培、章炳麟、章士釗、汪文溥、吳稚暉、張繼等人都是該報「每日論說」（即社論）的主要撰稿人。而《蘇報》館也對愛國學社鼎力支持，每月支付筆墨費一百元，以彌補學社經費。1903 年 5 月，章炳麟推薦其學生章士釗出任《蘇報》主編，另由章炳麟、蔡元培、吳稚暉等負責稿件。履新後的章士釗很快對《蘇報》版面進行改革，把刊登重要文章和消息的地方印成大字，突出了「學界風潮」欄目，並增設「輿論商榷」一欄。因此，改革後的《蘇報》形式更加新穎，言論更為激烈。這時，曾有些好心的朋友提醒陳范，這樣下去，很容易引起清廷的注意。但陳范卻明確表示，即使報館有被查封的危險，也「無所於悔」。從此，這份「以鼓吹革命為己任」的《蘇報》，便如同一道出現在黑暗中的閃電，開始在大上海綻放異彩，發行量迅速飆升，僅發行點就增加到幾十處，連《申報》等大報也相較黯然失色。在當時，《蘇報》論說一出，《中國日報》、《鷺江報》等報刊紛紛轉載，大有「鼓動風潮」之勢。

其中，僅 1903 年 5 月 27 日到 6 月 29 日，在短短的三十三天中，《蘇報》就連續發表了許多措辭尖銳的革命論文。如《哀哉無國之民》、《論中國當道者皆革命黨》、《嗚呼保皇黨》、《倡學生軍》、《革命軍自序》、《讀革命軍》等十多篇文章。這些文章文風犀利，發

鄒容及其遺著《革命軍》

人深省，其中又以鄒容和章炳麟的文章最引人注目。《蘇報》不但對鄒容的《革命軍》一書大加讚賞，還發表了他的《革命軍自序》，熱情讚揚該書是「今日國民教育之第一教科書」。由於《蘇報》的宣傳，《革命軍》在不到一個月的時間裡就行銷數萬冊，不斷翻印，價高時每本值銀二十餘兩，成爲清末最受群眾歡迎的通俗革命讀物。而章炳麟的那篇《駁康有爲論革命書》一經發表，也迅速引起了國內的強烈反響。在這篇文章中，章炳麟對康有爲在海外提出「只可立憲，不可革命」的謬論進行了嚴厲批駁。在文中，他甚至直呼光緒其名，諷刺他「載湉小丑，未辨菽麥」。這篇檄文發表後，「舉國上下無不震動」，「上海市上，人人爭購」[56]。

如此一來，清政府自然把鼓吹革命的鄒容、章炳麟視爲大逆不道的眼中釘、肉中刺，對其恨之入骨，必欲除之而後快。此時，上至朝廷、外務部，下至地方督撫、道台，眾口一詞，都認爲章炳麟和鄒容犯了「直書廟諱，勸動天下造反」的大罪。

56 對於《革命軍》這部書的影響力，魯迅曾說：「倘說影響，則別的千言萬語，大概都抵不過淺近直截的『革命軍馬前卒』鄒容所作的《革命軍》。」鄒容小小年紀，真是「二十文章驚海內」。

於是，1903年6月底，清廷的兩江總督魏光燾、上海道台袁樹勳秘密聯絡各國駐上海領事，密謀對陳范、章炳麟和鄒容等人實施抓捕。6月29日，租界巡捕警探趕到報館抓人，陳范僥倖逃脫。隨後他立即托人到愛國學社向章炳麟報警，但得知消息的章炳麟卻微微一笑，進而回答：「諸教員方整理學社未竟，不能去，坐待捕耳。」果然，當第二天巡捕持拘票來到愛國學社時，此時正在學社帳房裡的章炳麟，一見巡捕警探來到門口，便面不改色、主動挺身上前，指著自己的鼻子高聲道：「別人都不在，要拿章炳麟，就是我！」說罷，慷慨被捕。有意思的是，章炳麟在被捕後，竟特意給鄒容寫了一封親筆信，要他主動來投案。而鄒容在接到章炳麟的這封信後，竟眞的到巡捕房主動投案。投案時，巡捕見來的是個年輕小子，不禁發問：「你還是個小孩子呢，跑來幹什麼？」沒想到，該年輕人竟大義凜然地回答：「我就是清朝要緝拿的寫《革命軍》的鄒容！」於是，這個「自投羅網」的年輕小夥也從容被捕。隨後，《蘇報》和愛國學社被查封，蘇報館的財產也被沒收，陳范流亡日本。於是，轟動一時、名震百年的「蘇報案」就這樣發生了。

「風吹枷鎖滿城香」

按當時的大清律，章炳麟和鄒容犯下的是「十惡不赦」的謀逆大罪，清政府恨不得立刻把章炳麟和鄒容斬首棄市「名正典刑」[57]。爲此清朝各級衙門絞盡腦汁，試圖將章鄒從上海公共租界秘密引渡回南京。但該計畫因英國巡捕房防範嚴密而最終未能得逞。西方列強明白無誤地表示，案件將交由租界審理。那麼，西方列強爲什麼要執意將此

57 為了將章炳麟、鄒容二人儘快引渡到清政府的控制區，上海道台袁樹勳曾一度下令，讓五百名士兵換上便衣，潛伏在租界裡，擇機劫走章、鄒。

案在租界審理呢？這裡面主要有以下兩方面的原因：

首先，「蘇報案」發生後，社會輿論紛紛發表評論，對清政府壓制言論自由的行徑進行譴責，租界當局的壓力較大，並且思想上比較支持自由。例如，7月1日，《中外日報》就在其社論裡抗議當局「與言者爲難」。7月2日，上海英國人辦的《字林西報》也反對清政府查禁《蘇報》。香港《中國日報》也連續發表文章，指責政府「未斷案而先封館」，要求「設法阻止中國守舊官員在租界妄行其權」。而此時，就連直接拘捕章、鄒二人的租界當局也認爲，在租界發表文章、舉行集會、批評政府是個人的言論自由，屬於公民的正當合法權利，即使有證據證明章太炎他們是「犯罪」，也屬於「國事犯」，按國際慣例應該保護。因此，從西方捍衛人權的角度看，各國自然不能支持清政府的引渡要求。

其次，從西方列強在華利益的角度衡量，租界當局也不可能做出引渡章、鄒的決定。道理很簡單，因爲這樣做不僅會直接損害各國在華的治外法權，而且，一旦同意，誰又能保證清政府在後來不會把這件事作爲說辭，提出廢除各國在華治外法權的要求呢？

因此，租界拒絕清政府的請求是「合情合理」的。其中，又以英國駐滬領事的反對態度最爲堅決。於是，《蘇報》案便只能在租界，按照西方法律程式的方式來予以了結。但如此一來，卻令清廷顏面盡失。堂堂大清政府，竟在自己的土地上，淪爲外國法庭的審判物件，豈不荒唐可笑？

1903年7月15日，上海租界的會審公廨就《蘇報》案正式開庭會審[58]。案件的原告方是清政府，被告方是章炳麟、鄒容。開庭後，章炳麟和鄒容的辯護律師博易首先發問：「此案原告究竟是何人，是北京政府？江蘇巡撫？還是上海道台？請明白宣示。」原告一聽，自知丟臉，只得張口結舌地回答是「奉旨」辦理。聞聽此言，博易不禁冷笑道：「堂堂中國政府竟把自己的子民告到一個低級的外國法院上，是不是也要接受這裡的外國人裁判管制呀？」此語一出，對方無言以對。此時，作爲被告的章炳麟也接著嘲笑清政府道：「噫嘻！這個政府雖自稱爲中國政府，以中國政府控告罪人，卻在自己的土地上接受外國法庭的審判，眞是千古笑柄，貽笑大方呀！」而這時，一直端坐著的會審公廨官員，眼看著原告被質問得狼狽，也不得不趕緊爲清廷代表圓場，發問道：「章炳麟，『載湉小丑』四字，觸犯了清帝『聖諱』，你知罪嗎？」對此，章炳麟正義淩然地回答：「我只知載湉是滿人，不知何謂『聖諱』，故而直書。至於『小丑』兩字，『醜』本作類字，可以用『小孩』解釋，所以『小丑』就是小東西的意思，並沒有故意譭謗的意思。」

經過這一回合的較量，章炳麟不但用西方法律成功地爲自己進行了辯護，還使得清政府的皇權專政在租界的「文明」法律前威風掃地。在庭審完畢後，章炳麟、鄒容等「乘馬車歸捕房」，路旁觀者如雲。在路上，章炳麟還高誦在牢房中所寫下的詩句「風吹枷鎖滿城香，街市爭看員外郎」，其大無畏的精神和獨特的個人魅力征服了在場的每一個圍觀群眾，也獲得了社會對他們的熱烈支持和讚譽。

---

58 「會審公廨」是 1868 年租界當局與清政府協商，成立的一個專門審判租界案件的司法機構。這個機構雖然名義上由清政府派員主持，但按照雙方擬定的章程，列強擁有觀審權。說是觀審，實際上審判完全由洋人掌控。主持會審的清朝官員成了擺設和木偶，清政府也因此在租界喪失司法和審判的主動權。

經過前後幾次法庭上的唇槍舌劍，清政府自覺顏面掃地，便仍沒有放棄與各國公使交涉、企圖引渡章、鄒二人的外交努力。然而，這時著名記者沈藎被殺一案，卻成為導致其外交努力最終失敗的直接原因[59]。受沈藎案的影響，上海租界斷然拒絕向清政府引渡章、鄒。當年 8 月 5 日，英國首相在向其駐華公使的電報中，直接發出了「現在蘇報館之人，不能交與華官審判」的訓令。很快，租界當局也認為：「租界的事，當於租界決定，為保障租界內居民之生命自由起見，決不可不維持我們的治外法權。」於是，在經過幾次翻來覆去的討價還價後，到 9 月 10 日，清廷最終放棄了引渡章炳麟、鄒容的努力。

1903 年 12 月 3 日，「蘇報案」再次開庭，為了避免出現上次「輿論觀瞻、民眾哄笑」的尷尬場面，會審公廨特意設立了「額外公堂」，不再允許社會圍觀。而這個「額外公堂」由租界與上海縣令共同審理。在審理中，原告律師指控章炳麟、鄒容「登報著書，擾亂人心」。但被告律師則針鋒相對地表示，控告沒有真憑實據，要求法庭釋放章、鄒。12 月 4 日，繼續開庭。庭審在進行了整整一天之後，口才極佳的章炳麟依舊在法庭上口若懸河、侃侃而談。12 月 5 日，被告律師再次為章、鄒二人做了無罪辯護：「章、鄒二人，系年輕學生，出於愛國之忱，並無謀叛之意。」在多次失敗之後，代表清廷參加會審的上海縣令汪瑤庭終於惱羞成怒，露出了其猙獰的嘴臉，在 12 月 7 日，未經聯合裁定，即擅自判決章炳麟、鄒容終身監禁。不過，該判決卻由於租界公使團持有異議，而最終未能生效。1904 年 2 月，租界公使團表示，如果再不結案，就要將在押的犯人釋放。因此，到 5 月 21 日，會審公廨

---

59 1903 年天津英文《新聞報》記者沈藎提前向公眾披露了「中俄密約」的消息，使得中外輿論一片譁然。慈禧太后聞訊後惱羞成怒，命刑部不經審判，立即將沈藎處死。當年 7 月 31 日，沈藎被杖斃。據當時目擊者說，沈藎被打得血肉橫飛，白骨盡露，直至氣絕。消息一出，舉世震驚。

「額外公堂」不得不做出最終判決，最終判章炳麟監禁三年、鄒容監禁二年，罰做苦工，「期滿驅逐出境，不准逗留租界」。同案的錢允生、陳吉甫等被「開釋」。至此，歷時近一年的「蘇報案」終於畫上了句號。

此時一直身陷囹圄的兩位被告，章炳麟與鄒容二人從未停止抗爭。蘇報案發生後的第二年，正值慈禧七十壽辰，全國上下自然要「舉國同慶」，有人還貼出壽聯曰「一人有慶，萬壽無疆」。而獄中的章炳麟卻根據這副壽聯，撰寫了一副諷刺長聯：「今日到南苑，明日到北海，何日再到古長安？歎黎民膏血全枯，只爲一人歌慶有；五十割琉球，六十割台灣，而今又割東三省！痛赤縣邦圻益蹙，每逢萬壽祝疆無。」這樣一來，個性倔強的章炳麟自然在租界監獄裡飽受勞役之苦，經常遭受拳打腳踢。遇到這種情況，他就絕食以示抗議。至於鄒容，則情況更糟。鄒容年輕氣盛，血氣方剛，常常大罵獄卒，也因此常常遭到殘酷虐待。久而久之，身體虛弱的鄒容在 1905 年 2 月病倒，並先後多次出現昏厥。1905 年 4 月 3 日，經上海工部局醫院緊急搶救無效，最終病死在獄中，年僅二十歲。此時距鄒容刑滿釋放日僅差七十多天。章炳麟聞訊後淚如泉湧，哀痛得不能出聲。「蘇報案」發生後九年，辛亥革命成功。爲了紀念這位年輕的革命家，1912 年南京臨時政府追贈鄒容爲「陸軍大將軍」，崇祀宗烈祠，並在上海重修鄒容墓。直至今日，仍受到國人的祭拜。

鄒容死後，全國輿論沸騰，紛紛傳言租界當局與清政府勾結，合夥毒死了鄒容，要求改善獄中犯人的生活條件。於是，章炳麟在獄中的條件得到了一定改善。他後來回憶說：「威丹（鄒容字威丹）犧牲後，白人對我有所改善……我的生命，是威丹之死換來的。」

1906 年 6 月 29 日，在熬過了三年刑期後，章炳麟終於出獄。出獄當天，蔡元培等人在工部局門口列隊歡迎，隨後章炳麟就登上了海輪東渡日本。7 月 15 日，孫中山在東京召開歡迎大會，並邀請他主持《民報》工作，章炳麟遂由此開始了一段新的革命旅程[60]。

案情鼓舞革命，推動改革

「蘇報案」成就了章炳麟、鄒容的英名，在百年前的沉沉暗夜裡，他們如同啓明星，出現在 20 世紀的地平線上，給當時還處在混沌當中的中國社會指明了鬥爭的方向。經過《蘇報》對革命的大力宣傳，以及章炳麟、鄒容圍繞「蘇報案」所進行的鬥爭，極大地促進了廣大人民的覺醒。1903 年黃興返國後，便大量翻印鄒容所著的《革命軍》，「散布到軍商各界，擴大反清宣傳」。而正由於《革命軍》和《駁康有爲政見書》的廣泛流傳，其振聾發聵的革命精神也逐漸使許多知識份子紛紛從改良主義的影響下解脫出來。從此，改良派的陣地日益縮小，革命派的陣地日益擴大。後來，在鄒容和章炳麟革命精神的鼓舞下，1904 年蔡元培、陶成章、徐錫麟組成光復會，同年黃興等兩湖革命志士成立了華興會。一時之間，全國成立了許多革命團體。到了 1905 年，孫中山又把興中會和華興會、光復會聯合起來，共同組建中國同盟會，把「驅逐韃虜，恢復中華，建立民國，平均地權」寫入誓詞，定爲革命黨人必須遵循的綱領。從此，武力推翻清朝遂成爲時代的主流。同時，另一方面，我們也應看到，蘇報案的發生對於清政府自身的影響也是不可低估的。通過對報案的審理，革命思想逐漸爲中外媒體所報導，租界

60 後來，魯迅曾用「七被追捕，三入牢獄，而革命之志終不曲撓者，並世亦無第二人」來總結章炳麟矢志不渝、堅持鬥爭的一生。

的各家報刊遂成爲革命輿論的大本營。清王朝的權力在租界竟然毫無用武之地，使至高無上的皇權觀念頻遭沉重打擊。這時痛定思痛的清政府也終於認識到，如果再不進行變革，將處於越來越被動的地位。於是，在 1905 年清政府最終下詔，決定參照西方法制，改革官制和國家法律制度。由此直接推動了晚清的司法改革，並有力地促使中國法制開始朝著近代化的方向大步邁進。

千年科舉的終結

在西方人眼裡，自隋唐就開始實行了一千三百多年，旨在選拔官員的科舉制，應該算是中國的「第五大發明」了。相比較當時瘟疫肆虐、神權統治下黑暗的中世紀歐洲，由國家公開出題招錄公務人員，這可是當時世界上最公正、最科學的一種官員選拔方式，也是世界歷史上實行時間最長的一種公務員考選制度，可謂是現代各國公務員考試的鼻祖。但 1905 年，隨著清政府一聲令下，這項制度正式壽終正寢。那麼，清政府為什麼要廢科舉？廢科舉之後，又給中國社會帶來哪些重要的影響呢？

戊戌變法，痛除八股

清政府之所以廢除科舉，實在是時勢所迫。幹嘉以後，大清國的國勢開始走下坡路。1840 年鴉片戰爭後，中國面臨著「三千年未有之大變局」。以前那種讀聖賢書、學堯舜之道的儒家教育，已不足以應對接踵而至的內憂外患。清政府雖實行了三十年的洋務運動，但甲午一戰，偌大的中國竟被一蕞爾小國：日本所敗，實是奇恥大辱。當時許多有識之士已深深感到，教育的落後是導致國家衰敗的重要原因。1895 年，嚴復在《救亡決論》中就曾把八股文[61]視作是亡國的首要原因。

61 八股文是明清科舉考試的一種特殊文體，其段落有嚴格的規定。每篇由破題、承題、起講、入手、起股、中股、後股和束股等部分組成，故稱八股。八股文過於強調格式，導致內容空洞、形式死板，每個段落都被嚴格地限制在固定的格式裡，這對當時知識份子的思想鉗制極大，制約了社會自由思想的發展。

1895 年公車上書後，康有為和梁啓超被公認為當時全國的維新領袖。名噪一時的康、梁也把八股文視為造成中國衰落、列強侵略、人才貧乏、經濟落後的主要原因。他們痛斥八股為中國「數百年之積弊」，使泱泱大國中成千上萬的人「學非所用，用非所學」。其中，梁啓超對於八股文的危害，更明確指出：八股程式規定禁用秦漢以後的書，導致大多數應試者除了「四書」「五經」外，不知漢高祖唐太宗是何人，更不知世界各國的當前形勢。而這幫人，一旦考取功名，竟可以官至高位，貴為公卿，資深年長者可以做到宰相。如此一來，國民皆以參加科考的讀書人為表率，讀書人既如此，則全體國民皆成愚民。長此以往，欲不亡國，「豈可得乎」？「故深知中國實情者，莫不謂八股為致弱之根源」。此言一出，立刻引發社會共鳴。而正進行戊戌變法的清政府也很快聽取民意，於 1898 年 6 月廢止八股，改用策論。但轉眼戊戌變法失敗，八股恢復。然而三年後，八股又再度廢除。

清末新政，廢除科舉

1900 年八國聯軍進攻北京，慈禧太后西逃。在江河日下的形勢面前，慈禧太后覺得不進行改革實在沒有前途，痛定思痛，決心推行新政。於是在 1901 年，清政府一口氣頒布了一系列改革措施。內容主要包括：改革官制、籌餉練兵、振興商務、育才興學等，其中最引人注目的一項便是在考試中廢除用八股文。嚴復將此稱為「數千年中莫大之舉動」。其他一些社會人士也高度評價了廢八股的重要性，將其視為可以與古人設郡縣、廢井田、開阡陌相提並論的重大歷史事件。緊接著，到了 1905 年，經袁世凱奏請，慈禧又以光緒的名義發布上諭明告：「自丙午科為始，所有鄉會試一律停止。各省歲科考試，亦即停止。」自此延續千年的科舉制度才正式宣告廢除。

科舉既倒，新制度的出臺便刻不容緩。1905 年 11 月，清政府仿照日本教育模式，設立學部，負責「興學育才」[62]。第二年，又裁撤各省學政，設提學使，統管地方教育。從此京師及各省、州、縣紛紛把以往用於科舉的官學、書院和義學等教育機構，改建爲各種新式學堂。與此同時，新學堂在教學內容上也發生根本變化。儒家經典課程不再被重視，反倒是西語占據重要的位置，課程設置上以自然科學、社會科學爲主。以後隨著社會的不斷進步，社會大眾也逐漸願意接受更加務實和先進的西方知識體系，一個具有現代意識的新式知識份子群體也逐漸形成。就此而言，廢科舉實在功不可沒，影響至大至遠。

千年科舉，影響深遠

中國有句老話講得很好，叫「請神容易送神難」。同樣的道理，要想把科舉制廢除，一道旨意就可以辦到，但要想把粘附在社會肌體上的科舉制的影響也一同掃進歷史的垃圾堆，就沒有那麼簡單了。要說這科舉制，畢竟是一項在中國施行了一千多年的重要制度。伴隨著科舉制的廢除，延續中國數千年的儒家社會的超穩定結構也隨之打破。廢科舉的「休克」式療法所帶來的社會弊端逐漸顯現，隨後產生的社會問題也越來越多。那麼，到底該不該廢科舉呢？科舉被廢除後，又會帶來哪些負面影響？要回答這一系列的問題，還得從科舉制本身談起。

從中國傳統文化來看，儒家一直堅持等級制度，社會等級涇渭分明。皇帝之下，是輔佐皇帝的各級官員，他們都屬於統治者階層。在

62 從 1905 年到辛亥革命發生前的幾年間，新式學堂的數量每年都以超過一萬所的速度增長。

他們之下的，就是通常意義上的「民」了，「民」又可分爲「士」、「農」、「工」、「商」四個高低不同的層次。而科舉制正是實現社會低階層向高階層垂直跳躍的一個「通道」。簡單來說，科舉制度就是通過一個系列固定考試形式和內容的國家「標準化考試」，被選拔出來的考生可以名正言順地獲得國家「公務員」的「任職資格」。也就是說，底層的優秀分子可以通過科舉考試，晉身更高的階層，實現「鯉魚躍龍門」的夢想。這對於普通百姓而言，無疑是有吸引力的，這也是讀書人懸樑苦讀的強大動力。科舉制度使老百姓相信：只要書讀得好，想要成爲人上人，在社會上出人頭地便不再是遙不可及的。因此，從這個角度來看，科舉制主要起著調節社會矛盾，選拔精英進入社會上層，爲皇帝和國家服務的作用。這樣一來，通過科舉制，社會上的大量新鮮血液可以源源不斷地輸送進國家統治機構的肌體當中，經過吐故納新，保證了封建制度的生機和活力，從而達到鞏固政權的目的。而事實上也正是如此。晚清之所以會出現「同光中興」，在很大程度上就是依靠曾國藩、左宗棠、李鴻章、張之洞等這麼一批通過科舉，「正途」出身的知識份子官員努力維持的結果。科舉制既保證了官僚隊伍的較高文化水準，也起到了澄清吏治和穩定社會的作用。

另一方面，科舉制還是把儒家文化和政治制度聯繫起來的「中樞」。中國是一個官本位制的社會，個人的職位和權力決定了他在社會上的地位和報酬，在政府當官比其他任何職業更能獲得社會的認可與尊重。從財富收入來看，爲官也是一項待遇優厚的工作。所以，在中國傳統社會，許多地主都希望自己能爬入士紳階層，而成功的士紳又渴望早點進入官僚階層。畢竟當官的名聲、特權、待遇太具有誘惑力了，以至於每一個有志向的男人，都認爲「學而優則仕」是光耀門庭、取得成功的不二法門[63]。

而這項始於東方的政治制度，與當時西方實行的官員世襲制和分封制相比，也無疑是一種更公平合理、更具平民精神的官員選拔制度。無怪乎，明萬曆年間，不遠萬里從義大利來華的傳教士利瑪竇，一見科舉制，便驚嘆柏拉圖「哲人治國」下的「烏托邦」已在東方實現。而西方各國如英國、法國、德國、義大利、美國、澳大利亞等直至19世紀才開始相繼實行類似的公務員考試制度。但在中國，這項制度卻遭受了空前猛烈的批判，最終竟難逃被澈底廢除的命運。

可是，廢科舉雖然容易，取代科舉的新制度的養成與完善，卻需要相當長的時間。所以，在這樣一個青黃不接的制度眞空時期，以一劑猛藥要立即廢科舉對於清末的社會結構、統治秩序的衝擊實在太大了。

首先，廢科舉，標誌著一個舊時代的結束和一個新時代的開始。由於廢科舉，傳統社會「學而優則仕」的通道被澈底切斷，導致大批的舊式讀書人失去了步入官場的機會。據粗略統計，當時各省的舉人、貢士人數合計不下數萬人，秀才不下數十萬人。他們的「金飯碗」被突然敲掉，頭上耀眼的光環也很快黯然失色。爲了維持或追逐新的社會地位，讀書人必須迅速改換門庭、另謀出路。他們中的一部分人轉而投身商界，成爲紳商、買辦。一部分人進入報館，從事翻譯，撰寫小說等等，變成自由職業者。而那些老舉人、老秀才，則除了教書外別無他能，少數人可以轉爲新式學堂的教員，剩下的就只有自生自滅了。由此，中國傳統的社會結構和占主導地位的儒學價值體系發生了嚴重動搖，並越

63 從晚清各階層的收入狀況看，總督的年薪大約為十八萬兩（這還只是其年俸和朝廷發給的養廉銀，不包括其他灰色收入）；知縣三萬兩；而一個有地一百畝的地主，在風調雨順的情況下，一年收入僅為一百兩。

來越沒落。而此時，中國的知識份子階層也出現巨大分化。一部分新知識份子已不再把「學而優則仕」作爲讀書的唯一目的，而更多的則是把它當做一種謀生手段。也有一些人則希望用西學來救國救民，由此投身到改良和革命的潮流中，成爲近代民主運動的中堅力量。辛亥革命後，民主共和觀念在中國影響的日益擴大，五四時期民主和科學思潮對中國封建傳統的蕩滌，甚至馬克思主義在近代中國的傳播和發展，都是他們探索努力的結果。因此，從這個意義來說，廢除科舉制度的1905年又被視爲「新舊中國的分水嶺」，是堪比辛亥革命的社會轉捩點。晚清新政中的「廢科舉、興新學」，使舊文化人在價值理念上背棄了儒家規範，從制度上釜底抽薪般地切斷了儒學承繼的香火。於是，在失去了科舉制度的保障、失去了封建皇權的扶持和失去了宗族血液補充後的儒學舊傳統，就只能在新文化運動的狂飆疾掃下，潰不成軍，澈底傾覆了。

曾經供江南士子科考用的江南貢院

其次，施行一千多年的科舉制，在很短的時間內便被「休克式」的廢除，也引發了中國儒家社會全面失敗的多米諾效應。科舉廢除後，溝通傳統教育與傳統政治的橋樑斷裂了，官僚體系中的書生群體出現空洞，靠武力發跡的軍人集團則乘機搶占了從中央到地方的各級政府要職。政治忠誠和道德基礎由此變得不堪一擊，原有的社會運行機制不復存在，而一個新的良性的社會結構卻又一時無從建立，最後導致近代社會的轉型處在一個激底瓦解，卻又無法重建的尷尬境地。於是，清末民初的中國便由此走到了一個政治和經濟都極度敗壞的「最黑暗時期」。那個看似進步的「廢科舉、興學堂」非但沒有起到爲清政府保駕護航的作用，反倒加速了它的滅亡。最終，武昌起義一聲槍響，偌大一個清王朝在廢科舉的六年後轟然倒地，兩千多年的封建帝制也隨之覆亡。但取而代之的民國政府也很快陷入軍閥割據的混亂之中。大約在廢科舉十年後，新文化運動發生，儒家道統遭到全面批判、權威掃地，傳統儒學在中國的統治地位最終被澈底埋葬。

回望百年，再議科舉

1910 年，在目睹了眾多社會亂象後，那個當年曾激烈要求廢除科舉的梁啓超不禁痛悔：「科舉制度，其實非不良的制度。世界各國中最早開始執行此制度的是中國，此制度是我先輩千年前的一大發明。自行使這一制度起中國的貴族階級和寒門階級就永遠被消滅了，自行使此制度起，中國民眾不用引導勸勉而自競於學，此制度對造就中國有很大關係。別國今天才撿拾起我們已經唾棄掉的這種制度還在自我誇耀。中國是爲懲治末流之弊，因噎以廢食，其不明智是太過甚了。」在對科舉存廢利弊進行了深刻的反思後，這位曾經不惜「以今日之我戰昨日之我」的飲冰室主人，不禁大聲疾呼：「恢復科舉吧！」

民國建立後，一代偉人孫中山在看到各路軍閥擁兵自重、強權決定官員選任的混亂狀況後，也在痛定思痛後先後多次在各種場合中，稱讚中國古代科舉考試的公平性，強調考試對政府選任官員中的重要性。他在《五權憲法》中說：歐美各國的考試制度，差不多都是學習英國的。追根溯源，英國的考試制度還是從中國學去的。所以，中國古代的考試制度，是世界各國中選拔眞才的最好的制度。他不僅稱讚科舉制度本身，甚至就連科舉考試的內容也加以肯定。這一觀點也直接影響了他的治國理念，後來民國考試院的建立，實際上就是孫中山對科舉制的復活。

所以，從總體上而言，這科舉制其實是一項比較好的選官、選才制度。科舉之所以被人詬病，錯並不在科舉制度本身，而在於太古板、太陳腐的八股文，以及「兩耳不聞窗外事，一心唯讀聖賢書」的舊式教育。只是清政府在廢除八股時，把科舉制度也廢掉了，如同「倒洗澡水」的時候把「孩子」也一併倒掉了。應該說，科舉制是中國的一份既沉重又寶貴的文化遺產。同中國一樣，韓國也曾在歷史上模仿中國，施行科舉制長達九百年，可以說科舉制對於韓國社會的影響一點也不亞於對中國社會的影響。可就在 1994 年，韓國爲紀念科舉考試罷止一百周年，在成均館大學舉行了一次規模盛大的類比「科舉考試」，在該次文科殿試，在全國應試的「生員」中，分甲乙兩科考取狀元，放榜後還舉行了「恩榮宴」和狀元遊行儀式。韓國這麼做，並不是爲了恢復科舉，而是爲了讓後人不忘祖先的那份寶貴文化遺產，不忘對考試和考試文化的繼承。與鄰國對傳統的重視相比，作爲科舉制的發源地，中國在這一問題上的認識明顯不足，在對待歷史文化遺產的態度上還存在許多偏見和誤會。在批判封建糟粕的同時，也應認真保留文化傳統裡的珍貴遺產。在這個問題上，每一個中華兒女都應認真思考。

清末三帝為什麼絕嗣？

鴉片戰爭以後，清王朝不僅內外交困，國運日衰，而且從同治皇帝開始，清宮內再也不聞嬰兒哭聲，這預示著大清王朝已經走到了窮途末路。是天絕皇嗣，還是另有原因？

自清太祖努爾哈赤開始，後金國運日隆，人丁興旺。

大清開國皇帝皇太極，享年五十一歲。他有十五位後妃，生了十一個兒子，四個早夭，七位成人，而且大多身體壯碩，驍勇善戰。十四個女兒中，只有一位十五歲死去，十三位成年。子女早夭比例約百分之二十。

第三位順治皇帝福臨，二十四歲即患天花而死，可謂短命。但他有十八位後妃，生皇子八人，四個早夭。六個公主中，就夭折五人，只有一位公主成年。子女早夭比例約百分之四十三。

第四位康熙皇帝玄燁，享年六十八歲。生前擁有後、妃、嬪五十五位，共生了三十五個皇子、二十個公主。其中長大成人，封有爵位的皇子十二人，長到十六歲以上的公主八人，子女早夭比例約爲百分之五十一。

第五位雍正皇帝胤禛，享年五十六歲。自稱「清心寡欲，自幼性情不好聲色。即位以後，宮人甚少」。但據《清史稿》記載，他也有後妃七人，共生了十個皇子、四個公主。

第六位乾隆皇帝弘曆，享年八十七歲。生前冊立的後、妃、嬪共三十一位，生有十七個皇子、十個公主。

第七位嘉慶皇帝顒琰，享年五十九歲。共有後、妃、嬪十四位，但只生了五個皇子、九個公主。長子和七個女兒未成年早殤，成年後出嫁的皇三女和皇四女也很短命，分別在三十一歲和二十八歲時死去。子女早夭比例達百分之五十七。

第八位道光皇帝旻甯，享年六十七歲。有後妃二十位，生皇子九人、公主十個，其二、三子和五個女兒早夭。子女早夭比例約百分之三十七。其中最長壽的一位公主也僅活到三十四歲，其他四位二十出頭就都相繼夭折。

第九位咸豐皇帝，奕詝，享年三十一歲。有後妃十九人，卻只生了兩個皇子、一個公主。長子出生後未及取名就死了，公主僅活到二十歲。倖存一子，就是慈禧所生的同治皇帝。

值得注意的是，若論生活條件、醫學條件，嘉慶、道光、咸豐時代要比皇太極時代好很多。皇太極常帶著自己的福晉和成年兒女們浴血征戰，帶頭衝鋒，有時連性命都難保障。而嘉慶、道光、咸豐時皇宮後妃與皇子們的生活與醫療條件爲國家之最。更何況，這時一些西洋的藥品和治療方法也已傳入中國。但與幾位前輩皇帝相比，他們所生子女數量不僅少，而且早夭比例高。好在皇族子孫仍繁衍不絕，國家之承繼尚無大憂。

然而，此後的大清後宮，卻再也不聞嬰兒哭聲。同治帝載淳、光緒帝載湉、宣統帝溥儀，接連三位皇帝均未曾生子育女。愛新覺羅皇家正統一脈的生育能力，如同他們的立國之本：武功騎射那樣被澈底地廢了。皇家的不幸，何至於此，成爲歷史上的一個謎團。

清穆宗同治帝載淳

清朝的第十位皇帝同治載淳，於同治11年（1872）9月舉行大婚，死於同治13年（1875年）12月，十九歲病亡。清史稱：死於天花。同治正當青年時期，處於血氣方剛、精力旺盛之時，他與皇后阿魯特氏感情甚好，又有妃嬪及眾多宮女陪伴。然而，婚後兩年零三個月時間，居然沒有生下一男半女。也有野史說同治皇帝死時，皇后已懷有龍種，但同治帝死後不久，皇后阿魯特氏也抑鬱而死。此說史無實證，殊不可信。

第十一位皇帝光緒載湉，在位三十一年，享年三十八歲。光緒14年（1888）10月大婚，有一位皇后，妃嬪數名，身邊還有成群的妙齡宮女。他與隆裕皇后感情不睦，但與珍妃兩情相悅。光緒帝雖然基本上算是個傀儡皇帝，但兩性生活還是大體自由的，尤其與他寵愛的珍妃，情投意合，堪稱甜美，可惜也沒有生出愛情的結晶。光緒帝被幽禁瀛台以後，皇后葉赫那拉氏也仍然陪伴著他。光緒帝住涵元殿，皇后住對面的扆香殿。只是葉赫那拉氏入主後宮以來，光緒帝對她幾乎沒有興趣，「承幸簿」上很少留下光緒帝與皇后的性生活記錄。但很少不是沒有，只可惜哪怕是皇帝偶然的逢場

光緒皇帝

作戲，也沒有給皇后留下機會。葉赫那拉皇后爲此心酸不已，抑鬱一生。而光緒帝在二十多年的青壯年期間，竟也沒有留下一點骨血，更是讓人覺得不可思議。

末代皇帝溥儀，曾三次「登基稱帝」，婉容皇后才藝雙全，美貌驕人，又先後立有妃子四人。1959 年被特赦以後，還娶了一位妻子李淑賢。溥儀活了六十一歲，到頭來竟然也是絕後。至此，清末連續三位皇帝絕後無嗣。何至於此？

爲了解開這個謎團，曾有人以《清實錄》及「起居注」等史料記載爲主，參考前清野史、雜錄，用現代醫學觀點，對此進行研究分析，提出了以下幾點理由：

近親結婚，基因不好

按滿族早年的原始婚俗，丈夫死後，是允許妻子轉嫁丈夫的弟弟，甚至可以轉嫁兒子或侄輩的。例如，清太祖努爾哈赤在死前就曾說：我百年之後，諸幼子和大福晉交大阿哥（長子）代善收養。對此，就有人認爲，努爾哈赤在這裡所說的「收養」，其實就是歸兒子代善所有的意思。

到後來，爲了統一女眞各部落，努爾哈

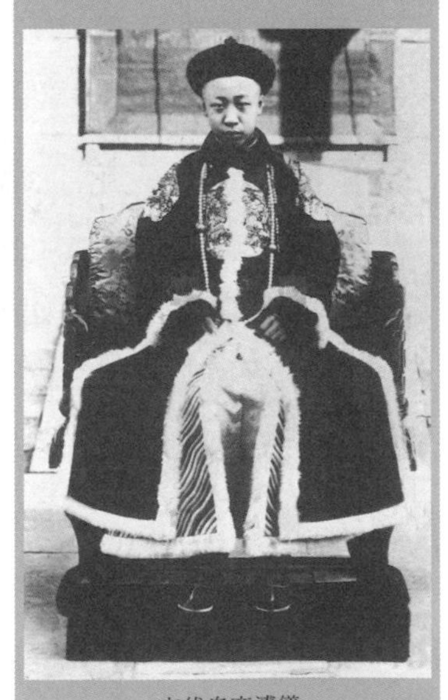

末代皇帝溥儀

赤開始大力推動與強大的蒙古部落聯姻。作爲表率，努爾哈赤的四個兒子都先後娶了蒙古女子爲妻。到了皇太極時期，爲了對付明朝，更進一步密切滿蒙聯姻的程度。皇太極改國號爲「大清」後，由他冊封的五位後妃都來自蒙古博爾濟吉特氏一族，其中三位後妃的輩分不同，竟然姑侄兩輩同爲皇太極之妃，頗有亂倫之嫌。

爲了籠絡強大的蒙古部落，清朝皇帝、王公貝勒不但娶蒙古女子爲妻，有時也把自己的女兒嫁給蒙古王公貴族。早在大清初創的時候，皇太極就先後把自己的幾個女兒嫁給蒙古各部落的王子王孫。其中，三女兒固倫端靖長公主、四女兒固倫雍穆長公主，都嫁給孝端、孝莊兩位皇后的娘家子孫。而其他幾個女兒在皇太極死後出嫁，也多數嫁給了蒙古王孫公子。在清政權入關後，皇族與蒙古各部落的政治聯姻，仍爲歷代清帝一直奉行的基本國策。長此以往，近親血統難免混淆。例如，皇太極之子順治皇帝，就娶了皇太極孝莊文皇后的兩個侄女，也就是嫡親舅舅家的女兒。後來，孝莊文皇后的一個侄孫女，又嫁給順治帝爲妃，被封爲孝惠章皇后。由此不難推算，順治帝不僅娶了自己的兩個親表妹，還娶了表侄女爲皇后。

清朝入關後，受中原倫理觀念影響，對皇室的近親婚配逐漸予以限制，但近親結婚的現象卻依然存在。特別是姑舅爲親，仍時有所見。例如：順治帝娶佟國維的姐姐佟佳氏爲後，佟佳氏所生的康熙帝玄燁，又娶了佟國維的兩個女兒（姑舅親）爲後妃，即孝懿仁皇后和惇怡皇貴妃。到了晚清，光緒帝也選了慈禧的親侄女葉赫那拉氏爲皇后，但由於光緒生母與慈禧及皇后的生父系一母同胞，光緒帝和葉赫那拉氏是表姐弟的關係，而他們的結婚也就自然是一樁親上加親的近親婚姻了。

這麼多的近親結婚，從遺傳學角度看，顯然是不可取的。因爲這有可能會帶來非常嚴重的遺傳疾病。從前述清代皇室生育能力逐代減弱和存活率不高的統計看，就似乎已有證明。清順治至道光帝雖然都多子，但都呈下降趨勢，而且成活率不高，倖存的皇子也有很多早逝的，這剛好說明是在遺傳學上出了問題。

過早縱欲，影響生育

如果對同治、光緒、宣統這三位未曾生育的皇帝進行總結，就不難發現，他們都是幼年登基。他們長期在太后、宮女、太監的世界裡生活，感受不到父親或男子漢氣息的薰陶，這對其幼年時的生理發育或心理發育也可能有所影響。而在他們進入青春期前，也有宦官專門向小皇帝或小皇子展示宮裡的大量春宮圖及許多生動別致的男女交合像，並向其講授含義。有時，皇帝或太后還會派出御前侍女前去開導懵懂中的小皇子並教授其房幃之法。這些侍女往往大小皇子幾歲，懂些男女之事。因此，這些被開導而不知禁忌的小皇帝們便往往在宮女的挑逗下產生衝動，很容易就和身邊的女子發生了性關係。因此，在這種情況下，有不少皇帝往往在大婚之前就有了性生活的經歷。過早地，甚至於頻繁地過上性生活，對於小皇帝的身體發育極爲不利，以至於成年後的生育能力下降。這一點在光緒帝身上體現得特別明顯。

作爲一位四歲登基的幼童天子，光緒帝很早便接受了性教育，導致身體很差，患有遺精、頭痛、癆症、脊骨痛等多種疾病。尤其是遺精病，是他喪失生育能力的重要原因。光緒 33 年（1907），他曾記述道：「遺精之病將二十年，前數年每月必發十數次，近數年每月不過二三次，且有無夢不舉即自遺泄之時，冬天較甚。近數年遺泄較少者，並非漸愈，乃系腎經虧損太甚，無力發洩之故。」由此來看，他從青年時就患了遺精病，每月多達十幾次。剛剛三十歲出頭，便到了無精可泄的地步。試想，患有如此要命的疾病，又如何能傳播龍種，接續皇嗣呢？而再看同治和宣統也同樣是幼童皇帝，與光緒的成長環境相似，而且成年後從未生育，是不是出於同樣的原因呢？

當然，也不能說過早縱欲就會完全抑制生育。有時候，生育能力低下在很大程度上也與情緒受到壓抑和身心疲憊有關。

精神壓抑，身心疲憊

據史書記載，清末三帝同治、光緒、宣統都有嚴重的心理疾病。他們有著相似的傀儡經歷，在皇太后垂簾監國的情況下，政治上都極不得志。只不過，三歲登基、十九歲便去世的同治，其親政時間只有兩年，在政治上所承受的打擊比後面的光緒、宣統稍好一些。在這方面，光緒和宣統的例子較為典型。

前文提到，光緒從幼年起身體狀況就一直不好，而心情的長期壓抑則是造成他體虛多病的一個主要原因。而要說起讓光緒帝抑鬱的地方，那可多了，歸結起來可分為事業和家庭兩方面。在事業上，光緒帝是一個有很強政治抱負的人，可偏偏這個雄心勃勃的年輕人竟是一個沒有實權的傀儡皇帝，真正掌握國家實權的慈禧太后並不支持他的改革主張。最後光緒與慈禧鬥法的結果，以小皇帝被囚禁在瀛台而告終，這是他精神壓抑的原因之一。在個人生活方面，光緒帝受到的刺激更大。身為堂堂的大清皇帝，要說這大權旁落、無權治理國家也就算了，可竟然連自己的私生活竟都要受老佛爺的控制，事事都得聽慈禧的安排，連挑選老婆的權力都沒有，您說這皇帝當的心裡能不憋屈嗎？

事情的經過是這樣的：光緒的皇后隆裕是慈禧親弟弟桂祥的女兒，

比光緒大三歲，論相貌、才學、性情，光緒都不中意，但由於她是慈禧的親侄女，光緒皇帝只能立其爲皇后。據說，兩人的感情從大婚當晚就出現了裂痕。後來，光緒與年少活潑的珍妃很親近，引得隆裕醋性大發，頻頻向姑媽慈禧告狀，這就影響了慈禧與光緒的關係。而當慈禧發現自己苦口婆心勸告之後，光緒仍不聽話，自然心中也頗爲不悅，於是就開始對光緒的私生活、性選擇橫加干涉，在精神上、物質上對光緒進行控制，恩威並施。據《四朝佚聞》記載，當時光緒皇帝經常被慈禧太后訓斥，常常是見到太后就渾身篩糠，膽戰心驚。即便後來已經親政，但遇事卻仍不敢擅自做主。即使是後來的戊戌變法時期，光緒也都是事事向慈禧太后彙報請示。到1900年庚子事變時，慈禧竟當著光緒的面命人將珍妃推入井中，活活淹死。光緒貴爲天子，卻連自己的愛妃也保不住，眞是奇恥大辱。這些事讓光緒皇帝的身心受到極大摧殘，整日如履薄冰，戰戰兢兢。

對於記憶裡被囚禁的光緒，曾在紫禁城站崗保駕的蘇勳丞在《我所見到的慈禧和光緒》中回憶說：「光緒……那時約三十多歲，中等身材，瘦長臉，面色蒼白，體質羸弱。我們從未見他笑過。說實在的，他過的是囚犯生活，怎麼能樂起來呀！慈禧每日三宴，每宴一百零八樣菜，光緒卻沒有這個排場。慈禧每餐揀自己不喜歡吃的三四樣菜命人給光緒送去，以示慈愛。有時，三四樣菜要分三四次『賞』，每送一次，光緒都得起立叩頭謝恩，連一頓安生飯也吃不成。隆裕是慈禧的親侄女，她可以就著慈禧的桌子吃。我們那時都私下猜疑，光緒瘦弱，多半是差了點飯食。」一個身體本來就羸弱的人，在這樣長期壓抑的狀態下生活，何來幸福，哪有激情，不育不孕也就在情理之中了。

與光緒相同，末代皇帝溥儀也有類似的問題[64]。溥儀幼年登基，童年時受人擺布。稍長又被鹿鐘麟趕出故宮，曾先後被前清大臣、白俄流浪者、日本人所騙，思想上長期壓抑，情緒上極其抑鬱。1931 年妃子文秀的離婚，讓他丟盡了「皇帝」的臉面。到了僞滿洲國，這位傀儡皇帝的日子更不好過，溥儀日夜都在日本特務的監視之中，一舉一動都得小心翼翼，唯恐被日本人偷聽暗算。而皇后婉容的不忠，更讓他異常惱怒，以致情緒失控。後來日本人爲了控制僞滿洲國皇族，還屢次勸溥儀和溥傑找個日本妃子，以達到在枕邊床笫間控制溥儀，甚至改變愛新覺羅血統，長期澈底地控制滿洲的目的。好在溥儀還算清醒，最後堅持找了兩位中國姑娘爲其「續妃」。

關於溥儀的婚姻與性生活，據溥儀的「妃子」李玉琴後來回憶：溥儀曾對她說：「我想，老天是會賜給我一個龍子的，我等著。」溥儀的乳母王焦氏也對李玉琴說過：「皇上身上那玩意兒沒病，沒缺陷，功能正常，好使，陪他去洗澡的人偷看過。小時我哄他也知道。」但李玉琴卻始終認爲，溥儀有恐女症，再加上日本人的監視，以至於溥儀在思想上長期處於緊張惶恐狀態，形成了病態。據她自己講，她與溥儀在新京的宮裡生活了兩年半左右，卻從未有眞正的夫妻生活，唯一的一次竟還是在後來的撫順監獄裡。1957 年元旦前夕，李玉琴最後一次去撫順戰犯管理所看望溥儀。臨行前的那晚，她被留在了溥儀的房間裡。李玉琴回憶說：「溥儀在那個環境裡，好像頭一次和女人過那種生活。是他給我脫的衣服，待事情完了，他還喃喃地說，沒想到這麼好。還說，這一次不一定懷上孩子。」「這兩件事，都證明他沒病。要不然，爲什麼在撫順那次就有正常感覺了呢？」說到這裡，李玉琴便哽咽無語了。其

64 溥儀在《我的前半生》中回憶，日常行為處處受人管制約束，有時連飯都吃不飽，沒有半點童年的歡樂。

實，溥儀這時雖在獄中，但不是在日本人的監視下，無安全之憂，心裡自然踏實多了。

通過以上三方面的分析，我們不難找到晚清三位皇帝身後無嗣的原因：受政治婚姻影響，近親結婚不利於皇族子孫後來的繁衍；從三位皇帝的私生活來看，過早、隨意的少年性經歷，早早地耗損了身體，使之發育受損，原始的性衝動麻痹；成年後又時刻被人監視甚至管制的滋味更是尷尬而乏味，何來激情，再加上國事憂煩，身心俱損，心情鬱悶，家庭失和，無一日快活，無一分激情。長此以往，絕嗣無後，也就在情理之中了。

「苦命皇帝」光緒的死因真相

年輕的皇帝猝死，年邁的太后隨即病逝。光緒和統治中國長達半個世紀的慈禧在兩天之內相繼死亡，是天意，還是謀殺？社會上傳言四起，百年來眾說紛紜，成為近代史上一大謎案。2008年，歷史學家、物理學家和刑偵專家聯手破解，百年疑案終於塵埃落定，真相大白。

清光緒34年10月21日酉時「酉正二刻五分」（即1908年11月14日下午6點35分），清朝的第十一位皇帝：光緒駕崩於北京中南海瀛台涵元殿，時年三十八歲。僅過二十三個小時，10月22日未時（1908年11月15日下午5點），實際統治中國四十八年之久的慈禧太后也死於宮中，時年七十四歲。

光緒和慈禧一個正當壯年，一個古稀老人，兩人僅隔一天先後死亡，是偶然的時間巧合，還是不可告人的政治謀殺？清國朝野，疑雲頓起，國內外質疑聲不斷，流言紛紛。清末禦史胡思敬在《國聞備乘》中回憶當時情形：「德宗（光緒的廟號）先孝欽（指慈禧太后）一日駕崩，天下事難有如此的巧合。外間紛傳李蓮英與孝欽太后有密謀，我詢問皇宮內廷人員，皆畏罪不敢說眞話。」一時之間，外界對光緒的死因有諸多猜測，大致有以下兩種說法：

死於謀殺說

作爲近代史上的一樁謎案，光緒之死存疑百年，眾說紛紜。末代皇帝溥儀在《我的前半生》一書中記述：

> 當時有一種傳說，是西太后自知病將不起，她不甘心死在光緒前面，所以下了毒手。……我還聽見一個叫李長安的老太監說起光緒之死的疑案。照他說，光緒在死的前一天還是好好的，只是因爲用了一劑藥就壞了。後來才知道這劑藥是袁世凱使人送來的。袁世凱在戊戌變法時，辜負了光緒帝的信任，他在關鍵時刻出賣了光緒，袁世凱擔心一旦慈禧太后死去，光緒決不會饒他，所以就借進藥的機會，暗中下毒，將光緒毒死。

除袁世凱，也有人懷疑大太監李蓮英與光緒的暴斃有關。李蓮英平日裡仗著慈禧的寵信，經常愚弄光緒，他怕慈禧死後光緒皇帝重新掌權，對自己不利，於是在慈禧將死之前，先把光緒害死。曾經在清宮陪侍慈禧太后多年的德齡在《瀛台泣血記》中寫道：

> 萬惡的李蓮英眼看太后的壽命已經不久，自己的靠山快要發生問題了，便暗自著急起來，他想與其待光緒掌了權來和自己算帳，還不如讓自己先下手爲好。經過幾度的籌思，他的毒計便決定了。……雖然我竭力袒護老佛爺，可是對於她經常虐待光緒，以及她謀害光緒性命的事，我卻無法替她找出絲毫藉口。

從德齡口中，我們不難推斷，她認爲光緒之死，就是在慈禧同意下李蓮英下毒所致。

其實，對於慈禧死前一定會搶先謀殺光緒一事，清宮內許多大臣、太監都是有所猜疑的，但在當時誰也不敢說出口。光緒的起居注官惲毓鼎在光緒死前十一天記載：光緒 34 年 10 月初 10 是慈禧生日，光緒照例前往慈禧太后宮中探病、請安，惲毓鼎等人隨從。皇帝手扶著太監的肩頭，從中南海步行到德昌門，路上還做著舒展筋骨的活動，準備向慈禧行叩拜禮，可見光緒身體基本正常。到達慈禧宮門時，老佛爺卻一反常態地傳諭說：皇帝有病臥床，不必率百官行禮了。光緒聽了很吃驚，認爲這是不祥之兆。當時慈禧患病泄瀉已有數日，有人報告慈禧說，皇帝聽說太后染病，面有喜色。氣急敗壞的慈禧便惡狠狠地丟下一句狠話：「我不能死在你前頭！」民國 2 年，惲毓鼎在《澄齋日記二》裡更明確指出：「清之亡，雖爲隆裕（光緒帝的皇后）。而害先帝，立幼主，授載灃以重器，其禍實歸於孝欽（慈禧）也。」在這裡，惲毓鼎直接點出了「害先帝」的正是慈禧太后。

要說這暗害皇帝是要冒很大風險的，誰敢如此膽大去完成慈禧交辦的這項「特殊任務」呢？有人說是李蓮英[65]，也有人說是袁世凱，但其實最有可能的下毒者是慈禧太后宮中的二總管崔玉貴。崔玉貴在庚子年清宮出逃時，曾親手把珍妃推入井中。如果慈禧死於光緒之前，崔玉貴自知必無活路。若有慈禧的授意再加上自己保命的本能，崔玉貴充當下毒者的角色就很有可能了。

對於光緒被人密謀毒死的情況，身爲清朝宗室、曾祖父溥良爲晚清禮部尚書的啓功先生，在《啓功口述歷史》一書中就講：

> 慈禧太后患病痢，我曾祖父曾在太后宮外侍疾。就在宣布西太后臨死前，曾祖父看見一個太監端著一個蓋碗從樂壽

---

65 據史料記載，李蓮英為給自己留條後路，後來對光緒還是比較關照的。特別是自庚子之變後有意識地改善了與光緒的關係。

> 堂出來，出於職責，就問這個太監端的是什麼？太監答道：「是老佛爺賞給萬歲爺的塌喇。」塌喇在滿語中是優酪乳的意思。當時光緒被軟禁在中南海的瀛台，之前也沒有聽說過他有什麼急症大病，隆裕皇后也始終在慈禧這邊忙活。但送後不久就由隆裕皇后的太監小德張（張蘭德）向太醫院正式宣布光緒皇帝駕崩了。

到了民國以後，有關慈禧謀害光緒的說法也得到了越來越多的佐證。據《國聞備乘》記載，前清尚書陸潤庠曾爲光緒皇帝請脈，對人說：「皇上本無病，即使有病，亦不過是肝氣鬱結，心情稍順當可自愈，不必用藥。」《方家園雜詠紀事》中也有記述：「我聽翰林譚組庵，內廷教師田際雲說，光緒死前二天還在湖邊散步，情緒輕鬆，其他人所說，也都是如此。」曾做過清宮御醫的西醫屈貴庭，在《逸經》中的《診治光緒帝秘記》說：在光緒臨死的前三天，他最後一次進宮爲皇上看病，發現皇上本已逐漸好轉的病情突然惡化，大叫肚子疼，而且「面黑，舌焦黃」。「當日，皇帝忽然患肚痛，在床上亂滾，向我大叫：『肚子痛得了不得』，這時中醫都已離去，左右只有侍者一二人。這時太后亦患重病，宮廷內無主，亂如散沙。皇帝所居宮中更爲孤寂，無人管事。」「……而最可疑的是連叫肚子痛，這是（光緒）以前的疾病所沒有過的症狀」，三天後光緒便死了。於是這位御醫認爲，雖不能斷定是誰害死了光緒，但肯定是被人暗中害死的。察存耆在《光緒之死》一文中，也記載了一些珍貴材料。察存耆的父親增崇當時在清廷中任內務府大臣，叔父增德、增麟、增紱也都在內務府任郎中、員外郎。據察存耆回憶，光緒去世當日下午5點來鐘，他父親接到光緒皇帝病死的消息，跟兩位元叔父說：「不對，前天天子讓內務大臣繼祿所帶的大夫請脈，沒聽說有什麼事。」「帶大夫的時候，上頭還在外屋站著呢，不過臉上較平日灰白一些，還對他說：『別的不舒服倒還沒什麼，就覺得痰盛，叫大夫想法子去去痰。』只隔了一天，怎麼可能這麼快呢？」一位叔父說：「這簡直可怕啦！」而另一位叔父說：「這裡頭不會有什麼事兒吧？」增崇歎了一口氣，搖搖頭說：「這話咱們可說不清啦。」察存耆說光緒死後，穿戴入殮，也一反常規，都由宮內太監一手包辦，從未讓內務府插手，甚至「光緒身故後，究竟入殮之際是什麼樣，也無人能知其詳，就連在內務府供職的我的父親、叔父們都諱莫如深，避而不談」。

以上說法雖然各有不同，但都猜測光緒是被慈禧、李蓮英、崔玉貴或袁世凱毒害致死的。只是缺乏直接的證據，不能定案。

病死說

在現存的清宮檔案中，有不少關於光緒在位時的內容。其中，既有當年御醫爲光緒診病用藥的原始病歷「脈案」，也有光緒本人口述或親書病史病狀的「病原」，尤其是光緒臨死前半年的「脈案」保存得相當完整。在歷史學家、檔案專家和醫學專家的通力合作下，通過對光緒「脈案」和藥方的研究，光緒的身體狀況也逐漸爲人所瞭解，並進而得出了另一種截然相反的結論，認爲光緒一生身體虛弱，久治不癒，尤其是 1908 年後病情加重，從病重到臨終既無中毒或傷害性的徵象，也沒有突然性暴亡的跡象，他的去世應屬於正常死亡，並非他人謀殺。

關於光緒的健康狀況，這位苦命天子從幼年起就一直體弱多病，十五、六歲時還弱不禁風，大婚之前稍感風寒即頭疼，二十七、八歲又耳鳴腦暈，而且逐漸加重，再加上長期遺精和戊戌變法後被廢黜，心情憂悶，無處發洩，所以經常得病。從光緒三十七歲時的病歷看，遺精已經將近二十年，前幾年每月遺精十幾次，近幾年則每月二、三次，經常是無夢不舉就自行遺泄，而且冬天時更爲嚴重。腰腿肩背經常感覺酸沉，稍遇風寒，就耳鳴頭疼。從現代醫學角度來看，光緒應該是患有嚴重的神經官能症、關節炎和骨結核等疾病。

不僅如此，光緒雖貴爲天子，卻長期營養不良。戊戌政變後，長期被軟禁的光緒，在日常生活中連新鮮菜肴也很難吃到。禦膳時虛列菜肴雖多，但大多是舊菜舊飯，有的已經腐臭，不能入口，以至於經常食不果腹，營養不良。光緒每次讓禦膳房添換一種菜肴，都必須奏報慈禧太后同意，但「太后以節儉爲德責問，於是光緒不敢再言」。而且，光緒皇帝的寢宮瀛台涵元殿也年久失修，四處透風，隆冬天氣也不設爐火，寒冷之極。再加上精神上的連續打擊，特別是珍妃被投井殺害、慈禧頻繁的無端訓斥，以及戊戌變法後的「立儲」風波，更使得光緒精神高度緊張，情緒異常低落，日日如坐針氈，夜夜難以入眠，在淒淒慘慘、戰戰兢兢中苦度了十年。據光緒 34 年（1908）5 月初 10 日脈案記載：「調理多時，全無寸效。」九月脈案中也說：「病狀複雜，臟腑功能已經失調。」到了 10 月 17 日，三名御醫會診後認爲：光緒的病情

1908 年光緒皇帝葬禮場面

已經出現肺炎及心肺衰竭的臨床症狀，此時已是極度虛弱，病情危重。而到 10 月 20 日的夜裡，光緒已經進入彌留狀態，出現肢體發冷、白眼上翻、牙關緊閉、神志不清的危險症狀。10 月 21 日，光緒的脈搏已似有似無，眼睛直視，張口倒氣。而到傍晚時，光緒帝便駕鶴西遊了。因此，有人根據清宮醫案記載認為：光緒帝從開始病重到臨終，病狀逐漸加劇，既沒有中毒的跡象，也沒有暴死的症狀，屬於正常死亡。

從光緒死的那天開始，就一直有人懷疑其是非正常死亡，這該如何解釋？而且宮廷檔案歷來都有隱惡揚善、「為尊者諱」的傳統，難道「脈案」就不能「造假」迷惑視聽嗎？

百年疑案，塵埃落定

可憐這苦命的光緒，不但自己生前不能完全做主，即使身後也一直多災多難，令人歎息。在中國歷史上，新皇帝一般從即位後就開始為自己建造陵寢，這是歷朝歷代不變的定制。可光緒的崇陵從 1887 年選定，一直到光緒去世的二十多年中，慈禧卻從來沒有提過給光緒建陵的事，朝中大臣更不敢啓齒。直到 1909 年，光緒去世後一年，才由光緒的親弟弟攝政王載灃開始興建。可轉眼清朝滅亡，崇陵只得暫停。後來還是在袁世凱吩咐下，崇陵的修建工程才得以重啓。因此，從 1909 年算起，歷經五年，一直到 1914 年光緒崇陵才告竣工。崇陵的修建可謂一波三折。可誰又能想到，這好不容易才入土為安的光緒，在入葬後又偏偏被一幫子盜墓賊打上主意。1938 年，盜墓賊盜掘了崇陵。他們挖洞進入地宮，用斧頭把光緒的棺槨正面鑿開一個直徑約三尺的大洞，然後將其遺體拖出棺材放在一邊，盜走了棺內的隨葬品。同時，還把隆裕皇后的棺槨毀壞，打開棺蓋，盜走了棺內寶物。好在此次盜墓並沒有嚴重破壞光緒的屍骨，事發之後，盜墓口立刻被填埋封閉。

1980 年 6 月，清西陵文物管理處對崇陵地宮進行了保護性清理。在清理中發現，光緒的左手上還有一對翠環。光緒陵的盜墓者是外行，對皇家的喪葬制度並不瞭解，他們不知道金井裡還有大量鎮墓之寶[66]。因此崇陵雖然被盜，但金井裡的二十多件珍寶卻絲毫未損。其中的子母鐵球，據說搖動時還能聽到清脆悅耳的聲音。另一塊銀懷錶上的文字數碼也依然清晰可見。光緒皇帝的屍骨，也在清理地宮的過程中被發現。屍骨長一百六十四公分，雖然屍身已經沒有肌肉，但骨骼各關節還都連接完好，沒有刀剁斧砍的痕跡。後來據專家回憶說，清理過程中也曾對光緒的頭髮和屍骨進行化驗，但當時條件有限，檢測化驗是在縣城醫院及防疫站進行的，沒有發現中毒的跡象。待崇陵地宮清理完畢後，又將光緒的屍骨裝進了一個塑膠袋，經過包裝，放入一個特製的楠木箱內，重新安葬回原棺槨內，並將棺槨封閉。而其中的七塊碎小遺骨和若干頭髮、衣物，經過有關部門與相關檔案文獻的對比後，證明確實是光緒遺物，分別包裝，存放在西陵文物管理處的文物庫房內。

前些年，爲了澈底揭開光緒之死的眞正原因，由清西陵文物管理

崇陵營建時的情景

處、中國原子能科學院反應堆工程研究設計所、北京市公安局法醫檢驗鑒定中心和中央電視臺清史紀錄片攝製組四單位共同成立了「清光緒帝死因」專題研究課題組，對光緒的眞實死因進行研究。研究人員嚴格按照法醫工作規範，充分利用中子活化實驗、X射線螢光分析、原子螢光亮度分析、液相色譜、原子吸收聯用分析法等現代科技檢測方法，並採用當時最先進的技術儀器，對西陵保存的光緒遺骨、頭髮、衣物及墓內外環境進行了長達五年反復核對總和縝密的分析研究。

爲了準確反映光緒帝死時體內微量元素的情況，研究人員把光緒的頭髮經清洗晾乾後，剪切成一公分長的若干截段分別測試。結果發現，光緒帝的頭髮截段中含有高濃度的元素砷（As），其含砷量爲二千四百零四毫克／克，比正常人頭髮的含砷量一至十毫克／克高兩千多倍。爲了驗證這一資料的可靠性，研究人員又分別提取了隆裕皇后、清代某官員及當代人的頭髮樣本分別進行同時代、同環境、同性別的發砷測試。結果證實，光緒帝頭髮截段中最高砷含量不僅遠高於當代人樣本，也是隆裕皇后的二百六十一倍和清代某官員的一百三十二倍。爲驗證光緒頭髮中的異常砷含量是否是因長期服用雄黃等中藥而造成的慢性砷化物中毒，研究人員又把它與現代慢性砷化物中毒的人的發砷進行了對比實驗。結果顯示，光緒帝的頭髮上最高含砷量是慢性中毒患者最高含量的六十六倍，特別是砷分布曲線與慢性砷化物中毒者的砷分布曲線完全不同。由此證實，光緒頭髮中的砷含量異常偏高，不是由自身服藥所引起的。

爲了排除環境污染造成砷含量高的可能性，研究人員後來又從光緒棺槨內外環境取樣檢測了砷元素含量。結果表明：光緒頭髮中的最高砷含量是其棺槨內帷幔碎屑等物品最高砷含量的八十三倍和棺槨外塵土最高砷含量的九十七倍。由此可見，環境樣品中的砷含量也遠低於光緒帝頭髮的砷含量，這樣便排除了環境污染的可能性。各種研究資料表明，光緒頭髮上的大量砷元素來源，集中指向了屍體本身。

於是，研究者按照規範的法醫檢驗要求和方法，提取了光緒遺骨和衣物樣品進行測試。檢測資料結果表明：從同一件內衣看，每件衣物的胃區部位、系帶和領肩部位的含砷量都高於其他部位；從穿著層次看，裡層衣物的含砷量也遠高於外層；從屍體的特殊部位看，衣物掉落下來的殘渣（胃腸內容物）的砷含量極高。種種資料說明，大量的砷化合物曾存留於光緒屍體的胃腹內，並在屍體腐敗過程中由裡向外侵蝕衣物，於是造成胃腹部位衣物的高含砷量。那麼這種高含砷量的東西到底是什麼呢？實驗表明：光緒攝入的砷化物是劇毒的三氧化二砷，也就是通常人們所說的「砒霜」。常人口服砒霜六十至二百毫克就會中毒死亡，而光緒屍體僅沾染在部分衣物和頭髮上的砒霜總量就高達二百零一點五毫克，所以光緒攝入體內的砒霜總量明顯大於致死量。

根據結果，2008 年 11 月 2 日，國家清史工程編纂委員會在北京舉行了「清光緒皇帝死因報告會」。在會上，公布了一份一萬多字的《光緒死因報告》。國家清史編纂委員會主任戴逸教授對這一研究結果給予了高度評價，稱「這項工作走出了一條超常規之路，是運用現代科學技術和偵查思維解決歷史問題的成功嘗試，是自然科學研究與社會科學研究並肩合作的範例」。

至此，光緒的死亡原因終於大白於天下：即光緒是因爲急性腸胃砒霜中毒致死的。歷史的眞相應該是這樣：就在慈禧太后重病臨死之際，唯恐光緒掌權後翻舊賬，所以就在臨終前密令手下人毒死了光緒皇帝。

庚子退款的來龍去脈

《辛丑合約》規定：清政府賠償俄、德、法、英、美、日等國軍費、損失費等共計四億五千萬兩白銀。美國所得到的賠款數額是兩千四百萬美元。1908年美國率先「退還」了多收的庚子賠款，用於培養留美中國學生，之後其他國家先後效仿，由此形成了一項歷時近半個世紀的特殊留學活動：庚款留學，中國近代教育史也隨之翻開了新的一頁。

1900年，義和團運動爆發，西方列強藉口保護其使館和教會僑民，由英法美日荷德等國組成的八國聯軍攻占北京。義和團運動在八國聯軍與清政府的聯合絞殺下宣告失敗。1901年9月7日，由八國公使組成的外交使團與清政府簽署了《辛丑合約》。條約規定：清政府賠償俄、德、法、英等八國及比、荷、西、葡、瑞典和挪威六個「受害國」軍費、損失費等項共計四億五千萬兩白銀。其數額相當於中國當年的四億五千萬人口，每個人賠付一兩，再加上年息四厘，到1940年本息合計，高達九億八千二百多萬兩白銀。爲了保證中國能夠順利償付賠款，條約規定：以中國海關、常關及鹽政各項進款爲抵押，按條約所列辦法及匯率，折合各國貨幣償付，從1902年起至1940年止，分三十九年還清。由於義和團運動爆發於農曆庚子年，因此這項賠款又被稱爲「庚子賠款」。

駐美公使捕捉驚人訊息，引發退款

駐美公使梁誠

1904年12月，中國駐美公使梁誠在與美國國務卿海約翰磋商有關庚子賠款是否可用白銀結算時，梁誠提出：如果美國要求賠款全部用黃金結算，中國就得增加賦稅，老百姓則勢必難以負擔。倘若引發對洋人的仇恨，大局將因此動搖，後果不堪設想。在沉默許久之後，海約翰不得不承認：「美國所收庚子賠款實屬過多……」梁誠聞聽此言，一下子意識到美國政府在上報庚子之亂的損失時可能有虛報誇大的情況。於是，梁誠便將美國有意退款之事，函告清政府外務部，與美國政府的退款交涉，從此開始。

經過這次談話後，聰明的梁誠不再與美方繼續糾纏金銀結算問題，轉而著手調查美國索賠款額超出其實際損失的部分證據。就在這個時候，《紐約時報》也透露了美國庚子賠款中的「溢款」（超出實際損失的部分）問題。於是，梁誠便在美國朝野上下反復奔走，遊說國會議員，爭取輿論支持。不料，在這個時候，中美兩國關於粵漢鐵路的交涉陷入僵局，美國反對中國收回粵漢鐵路的路權，希歐多爾·羅斯福總統對於此事的態度也十分強硬。不久，1905年5月美國又通過了排華法案，驅趕大批華工，引發了中國大規模的抵制美貨運動。中美關係跌入低谷，庚子退款交涉也暫時陷入停頓。

慈禧太后巧施個人手段，促進退款

1904 年，美國聖路易斯召開世界博覽會，清政府首次以官方形式正式組團參加，出資一百七十萬銀元修建了具有濃郁民族風格的中國村和中國館，並派溥倫和黃開甲爲代表，出席開幕典禮。中國展館中有一件特殊的展品，是由美國女畫家凱薩琳卡爾所繪的「慈禧太后畫像」[67]。畫像寬六英尺，長十英尺（寬一點五公尺，高二點五公尺），畫像中的慈禧身穿清宮袍服，珠翠披肩，頭插珠寶飾物，雍容華貴，儀態端莊，頗有氣度。博覽會結束後，清朝特使把該畫像作爲清政府的禮物送給了羅斯福總統，總統爲此特意在白宮舉行了隆重的接受儀式，並將其交由美國國家博物館正式收藏。而這一年正是梁誠開始向美國當局提出核減庚子賠款要求的第一年。

也就在這一年，羅斯福總統的愛女愛麗絲前往中國旅遊。慈禧太后聞訊，熱情歡迎，親自接見了艾麗絲並與之親切交談。在愛麗絲的眼中，慈禧太后身高中等，身穿旗裝，顯得修長而莊嚴，處處呈現出一名傑出女性和統治者的風姿。這次訪問，賓主雙方都留下很好的印象。爲了緩和緊張的中美關係並感謝慈禧對女兒的盛情款待，1905 年 6 月，羅斯福總統指示國務院，可以恢復庚子退款交涉。很快中美關係隨之升溫。在這種情況下，1906 年梁誠便向美國當局正式提出核減賠款的要求。但得了便宜的美國人也不會輕易地就吐出已經送進嘴的肥肉，轉而提出了關於退款用途的疑問，對此梁誠靈機一動，回答：「此項賠款一旦歸回，將作爲廣設學堂、遣派遊學之用，美國政府既喜得歸款之義聲，又樂觀育才之盛舉。」梁公使的這一席話果然起了作用，美國與

---

67 在博覽會上，各國來賓爭相目睹中國神秘太后的真實容貌，從而對傳說中狡猾兇惡、守舊頑固的原有印象發生了一些改變。

論紛紛發表評論，贊成退款。

1906 年，愛麗絲準備舉行婚禮。慈禧聽說後，特意讓人準備了一箱名貴的絲綢衣物和錦緞，專程送到白宮。於是，在白宮舉行的盛大婚禮中，只見新娘愛麗絲手捧一束系著飄帶的鮮花，穿著長達十八英尺的中國制錦緞長裙，裙擺波浪似的拖曳下來，雍容華貴，嫵媚動人。女兒風光無限的婚禮，讓老羅斯福覺得格外神氣、開心。而對於中國太后給女兒送上的婚慶大禮，老總統也自然記在心上。

慈禧太后透過看似簡單的外交手段，有效地拉近了與羅斯福的關係，從而促進了美國的庚款退還，這是近代中美兩國關係史上一件值得肯定的事情。

美國友人協助，力促政府退款

與此同時，美國一批「有識之士」也開始積極遊說美國政府，改變對華戰略，以教育為突破口在中國培養其代理人，從而保證並擴大在華利益。美國伊利諾大學校長詹姆斯在寫給羅斯福《關於派遣教育考察團去中國的備忘錄》中說：「哪一個國家能夠做到教育這一代中國青年，哪一個國家就能由於這方面所付出的努力，而在精神和商業的影響上取回最大的收穫。」「為了擴展精神上的影響而花些錢，即使從物質意義上說，也能夠比用別的方法獲得更多。商業追隨精神上的支配，比追隨軍旗更為可靠。」

與此同時，一直旅居中國傳教的美國公理會傳教士明恩溥[68]也在此

68 明恩溥曾於 1872 年來華，最初在天津，1877 年到魯西北賑災傳教。1880 年在恩縣龐莊建立教會組織，並先後在當地建立小學、中學和醫院，同時兼任上海《字林西報》的通訊員。1905 年辭去教職，定居通州。1926 年返回美國。他在中國共生活五十四年，熟悉中國國情，熱愛中國，著有《中

時擬定了一項利用庚款資助中國學生赴美留學、發展在華教會學校的計畫。在將該計畫寄給羅斯福總統的信函中，明恩溥指出：

> 與過去相比，中國雖然發生了巨大的變化，但中國的轉型幾乎尚未開始，它必將在未來的幾年裡加速進行。在此過程中，首先提出的是道德因素而不是物質因素。這場非凡的革新對所有西方國家都將是意味深長的，但對美國來說，可能是最重要的。……美國應以最大的眞誠、勇氣和希望、以「美國援助東方」的名義、毫無偏見地迎接中國行將到來的巨大轉變。

對於明恩溥的建議，羅斯福總統極爲贊同，並在1906年4月給他的回信中表示：「我之所以一直懷疑是否要將賠款用於你所提的建議，僅僅是因爲我對中國人是否會把它看作是一個示弱的行動而猶豫不決。」爲了明確自己的態度，羅斯福也同時表態，贊成將庚子退款用於中國學生留學美國，他本人還將會通過行政法案與哈佛、耶魯等大學機構共同努力，爭取國會儘早通過退款議案。羅斯福的這一席話講得有鼻子有眼，但具體落實到行動上卻總是「雷聲大，雨點小」。從1906年初到1907年初，美國方面一直沒有什麼實質性的動作。

退款進展得如此緩慢，讓梁誠十分著急。1907年初，梁誠致書清廷外務部，表達了自己的焦慮：再拖幾年，一旦美國現在的政府要員被換掉，此事就將變成泡影，自己「不得不以全力相搏」。爲加快退款進度，梁誠開始多方活動，多次敦請美國內務部大臣格斐路、工商部大臣脫勞士等再一次向羅斯福「密申前議」。於是，在梁誠的積極努

國人的氣質》、《中國鄉村生活》等，算是美國國內最早的「知華派」。

力下，退款一事終於有了眉目。1907 年 4 月，羅斯福在獲知梁誠即將奉調回國的消息後，隨即約請梁誠會談減款一事，並表示會在梁誠回國之前，將此事公之於眾。從這之後，美國辦理退款的速度明顯加快。6 月 15 日，美國國務卿羅脫正式致函清政府，向中方通告美國總統將在下屆國會開會期間要求授權修改與中國簽訂的有關賠款協定，並宣布豁免和取消部分庚子賠款。消息一出，美國各大報紙紛紛對政府的決定表示支持。而梁誠在核清退款額度一千一百六十萬美元、確認退款程式不會發生變化後，於 1907 年 7 月啓程回國，結束了他的外交使命。其後的退款交涉事宜，由新任駐美公使伍廷芳負責辦理。而美國總統羅斯福也終於在 1907 年 12 月發表的國情咨文中，要求國會授權退還中國的庚子賠款。在他的積極斡旋下，該項提案在國會順利通過。1908 年，羅斯福總統正式簽署法案，美國國務卿也正式通知中國駐美公使，退款將從 1909 年 1 月 1 日起實行，並作爲資助中國教育和留美的中國學生之用。雖然說這些退款仍帶有美國政府的特定目的，但這個舉動在當時的世界還是首開先例。

世界局勢變化，各國相繼退款

1911 年辛亥革命爆發，不久清王朝就被推翻，取而代之的是新的民國政府。1914 年第一次世界大戰爆發，中國在大戰中以十萬勞工爲代價成爲協約國一員，由於一戰後中國的戰勝國身分，自然取消了對戰敗國德國和已解體的奧匈帝國的庚子債務。

1917 年俄國十月革命後，新生的蘇俄政府宣布澈底放棄帝俄在中國的一切特權，其中自然也包括了庚子賠款中尚未付給的部分。1924 年 5 月，兩國在《中俄協定》中又明文規定：庚子退款除償付中國政府業經以俄款爲抵押品的各項債務外，餘數全部用於中國教育事業。

1922 年 12 月，英國爲了抵消蘇俄取消賠款的影響，並進一步鞏固英國在華的「良好」形象，也通知中國，放棄尚未付清的庚子賠款。再後來，美國政府在 1924 年再次決定，將庚子賠款所餘款額（約一千二百五十四點五萬美金）全部用於中國教育，並成立「中華文化教育基金」，負責管理庚子賠款。受美國前後兩次退款的影響，法國、比利時在 1925 年退還庚款；義大利在 1933 年退還了庚款；荷蘭在 1926 年也把庚款全部還給中國。1923 年 3 月，日本也不得不故作姿態，在第四十六屆國會通過議案，退還部分庚子賠款用以辦理對華文化事業，但實際上中國從日本得到的退還庚款數目最少。

退還庚款留學，影響澤被後世

隨著 1908 年美國政府正式宣布退還中國庚子賠款，一個留學美國的龐大教育計畫隨即宣布啓動。按照美國人的計畫，這筆錢將從 1909 年到 1940 年，通過支付中國留學生赴美留學費用的方式，逐年退還給中國。同時，爲了規範該筆款項的使用，1908 年 10 月中美兩國政府經過協商，又擬定了一個派遣留美學生規程。其中規定：（1）在退款的前四年中，每年至少派一百名學生留美，第五年開始，每年至少派五十人，直到「退款」用完爲止；（2）留學生中的百分之八十學習農業、機械工程、礦業、物理、化學、鐵路工程、銀行，其餘百分之二十學法律、政治、財經、師範等；（3）爲了便於派遣留學生，由清政府負責籌辦一所留美預備學校。

1909 年 6 月，清政府設立「遊美學務處」，負責選拔學生出國留學。而後內務府又將清華園撥給學務處，作爲清華學堂肄業館的館址。

由於當時符合直接保送赴美留學條件的學生不多，同時又爲了保證留學教育的品質，學務處於 1911 年奏請朝廷將肄業館改爲留美預備學堂，其教育宗旨爲「造就中國領袖人才之試驗學校」。因學堂設在清華園，故稱清華學堂，後又改名爲清華學校、清華大學。

1909 年，經過前後幾輪近乎苛刻的考選後，清政府最後在各省選送和京師報考的六百三十多名考生中錄取了四十七名留學生，淘汰率竟高達百分之九十 [69]。同年 10 月在外務部主事唐國安的率領下，程義法、梅貽琦、金邦正、胡剛複等四十七名首批學生，由上海啓程正式赴美留學。從此，中國近代教育史掀開了全新的一頁。這些赴美學習的學生，在學成回國後，幾乎全部成爲日後全國各行各業的精英。

此後，繼第一批留美學生成行後，清政府又先後於 1910 年和 1911 年派遣一百三十三人出國。同時錄取一百四十三人爲備取生，進入清華學堂肄業館培訓。1911 年 4 月 29 日清華學堂正式開學，首屆畢業生有金岳霖、侯德榜、葉企孫、楊石先、湯用彤、吳宓等日後國內著名學人。而後陸續考取的幾批庚款留美學生中，也產生出了諸如胡適、趙元任、胡明複、周仁、竺可楨、薑立夫、孫學悟等中國現代科教文化的開拓者。

當然，除美國外，西方其他國家所退還的庚款也支持了相當一部分中國學生出國留學。例如，英國就在 1933 到 1939 年、1945 到 1947 年，先後共資助一百九十四人留英，並對華中、齊魯等九所英國參與創辦的教會大學進行補助；比利時從 1929 年至 1934 年每年也資助了六十四名學生留比，同時對北平的中國大學、北平第二工學院進行補

69 其中就有大家後來耳熟能詳的清華大學「終身校長」梅貽琦，當時全國六所國立高校之一的北京高等農校校長金邦正，中國現代物理學的奠基者胡剛複和中國現代化學的開山鼻祖張子高等人。

助，並用庚款創辦了上海雷姆電學院；法國則把退款主要用於恢復中法實業銀行，餘款部分用於資助上海中法工學院、巴黎中國學院、北平中法大學和上海震旦大學等高校。

不過，儘管從以上情況看，英法比各國對擴大自身在華影響上始終不遺餘力，但事實上，這些國家中的任何一個對以後中國的影響都遠遠不及美國。美國憑藉著日後這些留學生所發揮的作用，迅速成爲對華最具影響力的國家。據統計，除早期的留美幼童外，1900 年前留學美國的學生多由教會資助，僅五十九人。在 1901 年到 1908 年的八年間，留美學生緩慢增長至二百八十一人。但從 1908 年美國退還庚款和 1911 年清華學堂建立後，留美人數開始激增。僅 1909 年至 1925 年通過清華學校赴美學生就達 1031 人。到 1930 年代，美國更超過日本成爲中國留學人數最多的國家。與此同時，美國還在中國各地建立了包括燕京大學在內的十二所教會大學及蜚聲海外的協和醫院，世界著名的美國洛克菲勒基金會也於此時對從事中國農村和歷史考古研究的學者進行資助。

當然，在所有利用庚款興辦的學校中，最突出、最引人注目的還是清華大學。清華大學的前身是清華學堂，原爲留美預備學校。1949 年掌管「清華基金」的傑出教育家梅貽琦先生到台灣後，又利用這筆款項創辦了台灣新竹清華大學。百年來，清華大學培養了大批頂尖人才，對近現代中國的政治、經濟、社會發展都產生了深遠影響。而所謂「天下人才，半出清華」，正是對清華大學百年榮耀的客觀評價。

清末改革因何失敗？

從 1901 年慈禧太后發出上諭，到辛亥革命爆發，為清末新政時期。在這期間，清政府在政治、經濟、文化、教育等各方面的改革都取得了巨大成就。而恰恰在這一段時間，清王朝的統治卻迅速走向分崩離析，僅僅十年便告崩潰。清末新政留給世人的是一個不可捉摸的歷史之謎。這不禁讓人疑惑，好端端的清末改革，問題到底出在哪呢？

中國的近代史總是有許多值得我們玩味的東西。老頑固慈禧爲了撲滅「戊戌變法」，耍陰謀，費心機，殘酷地屠殺維新志士，短短三年後自己竟也搖身一變，玩起了改革的把戲。這不禁讓人感慨造化弄人，世事無常。那麼，到底是什麼原因讓慈禧在短短三年間就發生了如此巨大的轉變呢？事情還得從「戊戌變法」後的中國政局說起。

爲擺脫鴉片戰爭後中國長期積貧積弱、備受列強欺淩的局面，1898 年光緒起用康有爲、梁啓超等推行變法，意圖實現富國強兵。然而「戊戌變法」未及完全施行，就被保守派殘酷鎭壓，胎死腹中。兩年後，備受帝國主義壓迫的中國人民，終於忍無可忍、奮起反抗，發生了震驚世界的「義和團」運動。與此同時，中外之間又圍繞「廢帝」還是「保帝」發生矛盾。朝廷裡的頑固派先是企圖廢黜光緒，遭到西方列強反對，而後惱羞成怒的慈禧又利用義和團來發洩對列強的不滿，導致局勢失控，惹惱了洋大人，後果極爲嚴重。在八國聯軍發動對北京的報復性進攻後，慈禧不得不帶著光緒倉皇逃往西安，清王朝的統治搖搖欲墜。挨了悶頭一棍、被洋人痛打的慈禧此時痛定思痛，終於幡然醒悟，認識到再按原來的那種統治方式已不可能維持大清的統治，改革維新已是時代必然，不改革大清必亡無疑。

要說這慈禧還眞不是一般的女人，做事幹練、雷厲風行，在領悟到改革的重要性後，說變就變。1901 年 1 月 29 日，這時還在西安避難的慈禧，便以光緒的名義正式頒布上諭，宣布實行「新政」。4 月 21 日，又成立以慶親王奕劻爲首的「督辦政務處」，作爲籌畫推行「新政」的專門機構，並任命李鴻章、榮祿、昆岡、王文韶、鹿傳霖爲督辦政務大臣，總攬一切「新政」事宜。從 1901 年到 1905 年，清政府接連頒布一系列「新政」上諭。從此，這清末新政便在全國全面推開。其主要內容包括：

第一，編練「新軍」。清政府於 1901 年 8 月 29 日停止武舉考試，9 月 11 日又下令各地興辦軍事學堂，9 月 12 日接著命令各省裁汰舊軍，正式編練「新軍」。以後，爲了在全國推行編練「新軍」的計畫，清政府又於 1903 年 12 月 4 日設立練兵處，飭令各省設立督練公所，爲各省領導編練「新軍」的機構。1904 年 9 月，清政府接著頒布《陸軍學堂辦法》。1906 年 11 月 7 日，又改兵部爲陸軍部，負責統一指揮全國「新軍」。從其下達軍事改革命令的頻繁程度看，其力度不可謂不大，爲歷史上所罕見。

第二，財經改革，振興實業。1906 年，清政府爲了統一全國收支，頒布了《清理財政明定辦法六項》。1910 年，又編制了中國歷史上第一個全國預算，同年頒布《國幣則例》，統一全國銀幣和銅錢的重量和成色。在發展實業方面，1903 年 9 月 7 日，清政府設立商部，宣導創辦工商企業。接著，又一口氣頒布《欽定大清商法》、《商會章程》、

《公司註冊章程》、《試辦銀行章程》等大批工商業規章和獎勵實業辦法。從 1900 年至 1905 年共修建全國鐵路三千二百里。

第三，廢科舉，辦新學。教育是救國的根本，清政府對教育改革也非常重視。1901 年 9 月 4 日，清政府命令各省城書院改成大學堂，各府及直隸改設中學堂，各縣改設小學堂，並規定從次年起在科舉考試中廢除八股文和武科。1902 年又公布推廣學堂辦法，削減科舉名額。1904 年 1 月頒布《重訂學堂章程》，其中詳細規定了各級學堂章程和管理體制，並以命令形式要求在全國推行。1905 年又以「壯士斷腕」的氣魄，正式廢除了在中國施行一千三百多年的科舉制度，取而代之以西方的現代學校教育。以後，又爲統籌全國教育，設立學部，並要求各省籌集經費選派學生出洋學習，對這些留學生回國的待遇，清廷也十分慷慨，分別給予進士、舉人身分。

第四，改革官制，整頓吏治。爲在官制上盡可能與國際接軌，從 1901 年開始，清政府大刀闊斧對原有政府機構進行裁撤，先後撤銷「總理衙門」（改設外務部，「班列六部之首」）、河東河道總督、詹事府、滇鄂兩省巡撫、奉天府尹、國子監等一大批政府舊職，淘汰了一些冗吏。後來又修改中央官制，改六部爲十一部，改大理寺爲大理院，並增設商部、學部、巡警部、審計院等新部門。此外，清政府還下令「停捐納」、「裁陋規」、「定公費」。在地方成立員警機構，削減督撫財權和軍權。與此同時，慈禧還擺出了一副要進一步推進政治改革的架勢。在 1905 年批准五大臣出國考察各國立憲體制後，1906 年 9 月慈禧又下詔頒布預備仿行立憲，1908 年又連著頒布了《欽定憲法大綱》、《逐年籌備事宜清單》和「臣民權利義務」、「議院法要領」、「選舉法要領」三個附件，同時放寬對報紙和組黨的限制。1909 年和

1910年，在朝廷的督促下，各省諮議局和中央資政院組織完成。至1911年，中國第一個內閣政府在慶親王奕劻的率領下終於宣告成立。

如此看來，這清政府在改革上似乎是在玩真的，並不像是爲收攬人心而做出的敷衍之舉、面子工程，更何況新政措施出臺後，各地改革也頗見成效，有力地促進了民族資本的發展和自由民主思想的傳播。但爲何這看似成功的「新政」後來又會戛然而止，最後失敗呢？這裡面大概有以下三個原因。

缺乏鐵腕式領導[70]

其實，這改革本身也是一種「革命」。只不過，這種「革命」是不流血或少流血的。縱觀古今中外，任何一場改革都是艱難曲折的，改革的領導者需要有唯我獨尊的強烈權力欲望和明確的改革意識。

那麼，在當時誰又是中國的鐵腕人物呢？慈禧當之無愧。這個靠搞政變、玩陰謀出身，曾經爲保住權力而不惜奴顏婢膝要「量中華之物力，結與國之歡心」的政壇強人，此時也有極強的改革願望。只可惜，這個已年過七旬的老佛爺對「改革」、「變法」這些新玩意兒還不熟悉，還沒有一個完整清晰的規劃和組織，更沒有一個合適的傳人。所以，當1908年慈禧和光緒帝幾乎同時離世後，清廷的改革也就失去了進一步推進的主心骨和領導核心。而留下的隆裕太后和尙處在繈褓中的宣統小皇帝，這對孤兒寡母對政治一竅不通，攝政王載灃也是性格懦弱、才疏識淺，難當大任[71]。在這種情況下，隆裕太后與載灃所制定

70 蜚聲全球的近代法國政治家、軍事家、改革家拿破崙，德國「鐵血首相」俾斯麥，俄國沙皇彼得一世、亞歷山大二世以及日本的明治天皇，都是這樣的鐵腕式人物。

71 載灃不擅政治，在史書裡有很多記載。金梁在《光宣小記》中曾談到「攝政王常勉勵自己，謀求治

出洋考察憲政五大臣在義大利羅馬合影

的驅逐袁世凱、重用親貴、削弱地方勢力、成立皇族內閣、拒絕立憲派請願和鐵路國有等一系列國策，都是自尋短見的取亂之道。在20世紀初那個風起雲湧、機遇轉瞬即逝的大變革時代，主政者毫無政治見識，改革豈能成功？更何況，在內部矛盾重重、朝中沒有穩固核心的情況下，掌權的皇族少壯親貴不懂得調整社會關係，緩和社會矛盾，政府腐敗又像瘟疫般蔓延，加劇了社會不滿，降低了清政府的統治效能，使「新政」的成效大打折扣。可以說，在晚清的最後幾年，民心盡失，大廈將傾。因此，在革命黨人的最後致命一擊下，清王朝這座腐朽不堪的

國良策」，但「苦於不得要領，往往辭不達意」，以至於「面對覲見者，常常對坐無言，即便請求指示，也吞吞吐吐不能立斷」。載灃的親弟弟載濤也說載灃「做一個承平時代的王爵尚可，若仰仗他來主持國政，應付事變，則絕難勝任」。同為皇族的載潤，也認為載灃「生性懦弱，在政治上並無見識」。甚至連載灃自己也把一副「有書真富貴，無事小神仙」的自書對聯掛在家中，以表心跡。而載灃的兒子，即末代皇帝溥儀後來回憶他的父親也說，載灃在辛亥革命後辭去攝政王位，從宮裡一回來就對母親講：「從今天起我可以回家抱孩子了！」言外之意，攝政王一職對他來說，簡直就是一種負擔和煎熬。

大殿，便頃刻間瓦解。晚清統治集團的人才不濟是清末新政最終失敗的主要原因之一。

財政壓力變成革命動力

清末新政所需要的巨額財稅是增加晚清社會矛盾的又一個因素。據統計，甲午戰敗、庚子賠款後，中國所需賠付的白銀高達七億兩之多，而清政府此時的財政收入實際上已瀕臨崩潰。新政推出後，廢科舉、設學堂、派留學生、辦新軍、振興實業、建立員警制度，還有地方自治、司法改革、獎勵實業等各項改革，無不需要增加開支，這就進一步加劇了清政府的財政透支。由於無力負擔財政支出，政府只能加重賦稅，把沉重的經濟負擔轉嫁給人民。因此在當時，從中央到地方，鹽稅、雜稅和各種攤派都出現了大幅增長，但這只能招致普通民眾和新興商人的廣泛不滿。於是乎，在晚清的最後十年，抗糧抗捐風潮此起彼伏，湖南的搶米運動和山東的抗捐風潮更是震驚全國。「山雨欲來風滿樓」，這些風潮預示著更大規模的全國性反抗即將來臨。

革命勢力在改革中坐大

隨著清末廢科舉、辦學堂、派留學，原來的封建士大夫階層日漸消亡，取而代之的是一批新型的知識份子。這些人由於受西方自由民主思想薰陶，認為要救中國，就必須打倒清王朝。於是，「革命」成為了這些年輕學生的一致共識，並逐漸形成幾個革命團體。而這些學生又大多被政府委以重任，甚至進入新軍，於是新軍成為了革命青年的集合地。而 1905 年中國同盟會的成立，更統一了國內各革命青年團體的組織，從此革命風潮一日千里。

而清廷預備立憲後，准許成立合法政黨和議會機構也爲清末的政治動盪埋下了不穩定的因素。各省諮議局和中央資政院的成立，給了全國鄉紳一個參與國家政治的機會，於是乎，一些新紳士所組成的新政治團體開始登上國家政治的舞臺，這就是立憲派。而當這些立憲派一再上書要求速開國會、慈禧還政得不到滿足，特別是 1911 年首任內閣竟有半數閣僚爲清宗室和滿人時，他們的不滿便迅速增長。辛亥革命爆發以後，他們中有不少人站到了革命陣營的一邊，這對各省脫離清政府、實行獨立產生了重要影響。

不過，與以上兩點相比，清末袁世凱的崛起及其關鍵時刻的倒戈才是導致清王朝覆滅最重要、也是最直接的原因。說起來，這個在朝鮮發跡，小站練兵起家，靠出賣維新派和鎮壓義和團博得老佛爺歡心的袁大頭，工於心計，精於算計，頭腦十分靈活，總能站在時代的最前沿，成爲時代的先鋒。他之所以在清末大張旗鼓地搞改革，不是爲了挽救民族危機，也不是爲了維護清王朝統治，而是爲了擴大自己的勢力和影響。在十年「新政」期間，袁世凱憑藉自己的權力與才幹，使他督率的直隸成爲新政的模範省。與此同時，他一手抓緊北洋新軍，使其成爲國內最強大的一支軍閥武裝，另一手又大肆網羅人才。正靠著這兩手，袁世凱終於組成了一個以自己爲首的北洋政治軍事集團。很快，伴隨著慈禧太后的去世，袁世凱與清朝貴族少壯集團的矛盾也隨之公開化。等到武昌起義以後，袁世凱控制下的這支北洋新軍不僅不爲朝廷賣命出力，反倒用槍炮逼迫主子退位。於是，統治中國二百六十八年的清王朝最後便在革命派和立憲派的衝鋒與吶喊聲中土崩瓦解，在袁世凱導演的「勸退」鬧劇中含恨落幕。

外蒙古是如何從中國獨立出去的？

假設歷史可以重來，沒有內鬥和外來勢力干涉、沒有列強瓜分中國和建立勢力範圍，外蒙古就不會分離出去。正是西方列強的到來，改變了中國的發展軌跡。中華民族的大好河山受到破壞，祖先留下來的神聖國土也慘遭瓜分蠶食。

原屬中國的外蒙古地區，首府為庫倫（現名烏蘭巴托），總面積約二百萬平方公里[72]。而廣義上的外蒙古還包括貝加爾湖與額爾古納河之間的部分（《尼布楚條約》中已經割讓給俄羅斯）和貝加爾湖西邊的部分。如果再加上這麼一大塊，總面積就有二百六十多萬平方公里。外蒙古在清朝早期時，叫做喀爾喀蒙古，後來又改名為烏裡雅蘇台將軍轄區，轄下有盟、旗等類似於縣或縣治的區劃。民國時期正式更名為外蒙古，與中國的內蒙古相對應。

外蒙歷史沿革，華蒙統而不合

自古以來，蒙古高原上就有匈奴、柔然、回鶻、突厥等多個遊牧民族和部落繁衍生息。宋朝時，突厥勢力逐漸淡出，蒙古人開始遷入，蒙古各部在當時臣屬於金朝。到了 13 世紀初，成吉思汗統一這一地區的所有蒙古部族，建立了蒙古帝國。其後忽必烈建立的元朝囊括現在中

72 原外蒙古的範圍大致包括今天的蒙古國全境和今天俄羅斯聯邦所屬圖瓦共和國的唐努烏梁海地區，以及現屬於哈薩克東北部的科布多地區。

國大部、蒙古高原、朝鮮半島等地區。明朝時蒙古人退回塞外，維持北元政權，與明朝對抗。後來崛起於白山黑水的滿洲與漠南蒙古諸部結盟，進入中原，建立清朝。其他漠北、漠西蒙古部族以及塞北諸部落也紛紛歸附清朝，遂稱內蒙古。而外蒙古此時在喀爾喀部的統治下，地廣人稀。1660 年，從突厥後裔建立的瓦剌部落所分裂出的一支漠西蒙古準噶爾部，在葛爾丹汗的帶領下，大舉進攻外蒙。喀爾喀部全面潰敗，不得不商量救亡策略。當時擺在他們面前的有以下兩條路：一是投降俄國，二是歸附中國。而庫倫活佛作爲外蒙古的精神領袖，最終做出了歸附中國這個影響後世數百年的重大決定[73]。此後，庫倫活佛和康熙成爲私交很好的鐵哥們。1696 年，康熙皇帝率軍親征噶爾丹，噶爾丹在清軍三路大軍圍剿下大敗，第二年自殺。從此，這外蒙古的一百八十多萬平方公里土地便正式被納入中國版圖。

外蒙古地處遙遠的北疆，自然條件差，人口稀少。清政府爲了保護牧場、維護蒙古人的利益，禁止內地農民移居外蒙古發展農業，以避免產生民族矛盾，確保外蒙地區的安定。所以到了晚清，這裡依然是延續幾千年「逐水草遷徙」的粗放型遊牧畜業，產業單一，產值低下。而內、外蒙古之間的大片沙漠，也使得外蒙古和內地的物資交流、人員往來受到極大限制。溝通外蒙與內地之間的交通運輸還是靠傳統的馬拉駝運，沒有鐵路和公路。只有 1898 年架設的張家口至恰克圖的電報線在這裡能體現出近代文明的痕跡。由於經常隨水草進行遷徙，遊牧民族也不重視文化教育，再加上清政府一直禁止蒙古王公聘請漢族知識份子擔任教師及從事文書工作、禁止蒙人使用漢文和使用漢字命名，所以內地中原文化一直難以傳入外蒙，外蒙的文化教育水準也十分落

---

73 庫倫活佛說：「俄國不信佛教，衣服奇形怪狀。中國一片繁榮景象，又信佛教，有用不完的財寶，綾羅綢緞，依靠他們，生活一定很好。」

後，幾乎沒什麼正式的學校。在外蒙，除了一些蒙古王公和喇嘛懂些蒙文、藏文和滿文外，絕大多數牧民都目不識丁。因此，由於經濟文化上的落後，再加上一些時不時發生的天災人禍，外蒙人民的生活一直非常貧困[74]。

蒙古國皇帝哲布尊丹巴呼圖克圖與皇后

作爲抵禦外敵入侵的最主要、也是最後一道屏障，駐外蒙的清軍非常薄弱。光緒年間，駐守烏裡雅蘇台城的綠營兵只有二百四十名、滿營兵三十三名，外蒙古首府庫倫的駐防軍數量也大致與之相仿，但這還是在戰略要地，其他邊遠小城則更少。而從部隊的裝備訓練看，這些邊防軍也都是舊軍隊，武器落後，缺少訓練。邊防都是由蒙古民兵守衛，「每卡倫（即邊防哨所）官兵至多不過五十名，其各卡倫相去甚遠，聲勢不能聯絡」。

74　1906 年夏，曾去外蒙古出差辦事的清朝官員達壽在後來描述他們在當地看到的情況，曾用「荒榛塞路車難進」、「嬰孩裸體向寒風」來形容。

野心沙俄覬覦，滲透拉攏外蒙

作爲清朝的北部邊疆，外蒙古與俄國接壤。沙皇俄國很久以來就想把這個地區攫爲己有。從 16 世紀開始，經濟落後、邊防空虛的外蒙古就開始面臨著越來越大的外部威脅，此時侵入西伯利亞的沙俄勢力不斷向該地區滲透，鼓動外蒙王公分裂。17 世紀前期，漠西蒙古噶爾丹部對外蒙的進攻就是在沙俄的鼓動下進行的。到了 18 世紀，俄國西伯利亞總督米亞特列夫和科學院教授米勒等人又先後向中央政府建言，要求直接占領外蒙。但當時，沙皇認爲條件尚不具備，未敢付諸實施，並在 1727 年 9 月中俄簽訂的《布連斯奇界約》和《恰克圖界約》中肯定了外蒙古屬於中國的事實。但沙俄的這一招只不過是緩兵之計，故意迷惑大清，彪悍兇猛的北極熊並沒有放棄侵佔外蒙古的野心。在羽翼豐滿之後，沙俄的侵略野心便日漸膨脹，到 19 世紀中葉終於露出猙獰的嘴臉，把邪惡的黑手伸向外蒙。

1854 年，在瞅准中國正發生太平天國運動，清政府無暇北顧的機遇下，俄國東西伯利亞總督穆拉維約夫向沙皇政府提出「中國一旦發生政變，不應容許中國新政府把權力擴張到蒙古，在這種情況下，蒙古應受到俄國保護」。這種赤裸裸的軍事叫囂畢竟太露骨了，所以 1860 年俄國政府又把其侵略方針修改爲：通過各種方式影響蒙古上層集團，逐漸促使外蒙從中國獨立出去。在當時沙俄與清政府簽訂的大多數不平等條約裡，俄國也都有意把有關俄國在蒙古利益的內容添加進去。此外，俄國還大力推進和蒙古各部的經貿交流。僅僅數年，俄國對外蒙古的貿易就出現迅速增長，外蒙古各地也駐有大批俄商[75]。

75 1909 年俄國從外蒙古掠走的牲畜就有三十一點九萬頭，價值達三百三十點零五萬盧布；到 1910 年，當時常駐庫倫的俄商已達三千人，定期來庫倫的商隊也在七千人以上。

與此同時，沙俄還利用各種文化交流活動進行宣傳，極力唆使蒙古上層對俄親善。為此，沙俄在庫倫開辦蒙語翻譯學校，在彼得堡大學和喀山宗教大學設置蒙古語言研究專業，培養了大量研究蒙古問題的專業人才。沙俄還以駐庫倫領事館和「巴德瑪耶夫商務公司庫倫辦事處」為基地，經常往來於恰克圖、烏裡雅蘇台及各主要商路、驛道，從事分裂活動。而沙俄駐庫倫領事館也在「恰克圖、庫倫、張家口」和「庫倫、科布多、烏裡雅蘇台」這兩條驛道的每個台站派駐間諜，以「學習蒙語」為名，實際負責與清朝官員和蒙古王公們接觸，刺探情報。另一方面，俄國還利用各種機會拉攏和收買蒙古王公，並惡意挑撥蒙古王公與清廷的關係，極力煽動民族分裂情緒，培植親俄勢力。如庫倫活佛哲布尊丹巴，是外蒙古政教最高首領。他四歲成為第八世活佛，由西蒙來到庫倫。從十二歲起，沙俄勢力就有意識地對他進行親俄教育。沙俄駐庫倫領事經常向這位少年活佛「贈送」大量的歐式玩具、繪畫和稀有動物。活佛長大後，沙俄又在活佛身邊安插了一個俄國乳娘，並利用這個機會，對哲布尊丹巴進行「去中國化」的洗腦。1900 年，俄國駐庫倫領事又代表沙俄政府先後向哲布尊丹巴贈送了金椅、大象等禮物。同年，俄國領事又拿出十萬盧布四處賄賂王公，並在蒙古王公會議上，公然散布謠言，說漢族要在「經濟上、政治上滅亡蒙古」，宣傳只有俄國才能「增進蒙古的國王、人民和王公的繁榮」。暗中拉攏和收買土謝圖汗部盟長察克都爾紮布、杭達多爾濟親王等人，使其投靠俄國。

作為策劃外蒙獨立的急先鋒，1908 年沙俄新任駐華公使廓索維慈在赴北京途中，曾特意繞道庫倫，夥同新任駐庫倫領事劉巴，給哲布尊丹巴「贈送」了價值兩萬多盧布的金銀珠寶、鐘錶和多種俄式奢侈品。沙俄為拉攏和收買哲布尊丹巴，還不斷向他灌輸親俄思想，私送大批俄國快槍，建造俄式房屋，甚至在活佛廟中也不時有俄國女人出入。此時的庫倫已經在沙俄的長期策劃下逐漸變成蒙古「暴亂的政治中心」。而很快，俄國的長期努力終於換來了成果。

分裂加速推進，行徑明目張膽

1908年，慈禧太后和光緒皇帝相繼去世，朝廷內部陷入了群龍無首的混亂狀態，而各地反清起義又接踵而起，清政府四處滅火，自顧不暇。這些變故給一直在等待機會的哲布尊丹巴集團提供了一個絕好的機會，在沙俄的支援和策動下，庫倫的政治局勢更加動盪。同年春，杭達多爾濟親王、大喇嘛車林齊密特和來自內蒙古的海山[76]聯名請求哲布尊丹巴，要求蒙古獨立。不久，又有十八名蒙古王公在庫倫的博克多烏拉山中秘密舉行會議，具體策劃外蒙古「獨立」。該會議還通過了向呼圖克圖遞送的呈文，內容是：「我們的確再不能忍受滿清辦事大臣和官員們的貪欲，以及他們對中國權利的掠奪了。雖然，努力爭取獨立和保護我們的黃教與國家是必要的，但是如果沒有外國的援助，要獨立將是困難的。因此，我們將派特使去我們的北方鄰邦俄國，並以友好的方式闡述這些事實，請求它考慮給我們援助。杭達多爾濟親王、大喇嘛車林齊密特和官員海山已被任命為特使。」

8月15日，杭達多爾濟率領一個代表團帶著哲布尊丹巴要求俄國提供武裝援助的信件抵達俄國首都彼得堡。沙皇尼古拉二世和俄國內閣總理大臣在與其商談後，明確表示承認外蒙古獨立，並答應給予軍事援助。8月17日，沙俄政府發表公報說：「很久以來就對蒙古人給予援助和保護，我們在蒙古的某些代表在說服蒙古人方面貢獻很大，

---

76 海山曾任內蒙古卓索圖盟喀喇沁右旗二品頂戴，後因重案被清政府削爵通緝，逃亡哈爾濱。此後在俄國人的庇護下一直逍遙法外。

使他們確信如果和中國破裂，他們是會得到俄羅斯援助的。」與此同時，沙俄自己也開始在軍事上有所行動。據梁鶴年在《庫倫獨立始末記》中記載，10月上旬，八百多名俄國步兵和哥薩克騎兵開進庫倫，「輜重車輛，絡繹不絕」。從此，哲布尊丹巴集團更有恃無恐地進行著外蒙古獨立活動。

1910年初，得到俄國支持的土謝圖汗，夥同車臣汗的盟長及哲布尊丹巴的宗教機構沙比衙門的首腦額爾德尼商卓特巴[77]，聯名向清朝駐庫倫辦事大臣和烏裡雅蘇台將軍遞交呈文，公然以反對清朝新政爲名，在蒙古人中製造對清朝的怨恨和不滿情緒。他們在呈文中說：

> 我們可憐的、爲各種賦稅弄得一貧如洗的盟和沙比的台吉和阿拉特們，已經到了他們再也無法支援的地步了。歷次頒布的命令，沒有一個對蒙古人是有利的。因此，我們大家希望能讓我們仍按古老的方式生活下去。

同年4月，新任大清駐庫倫大臣三多剛到任不久，庫倫就發生了喇嘛與漢人鬥毆的事件。同時，還發生了大批喇嘛向三多和他的衛隊投擲石頭、要求拆除庫倫城內的漢人商店等一系列暴力事件，可謂將了三多一軍。在外蒙古社會上層，此時也有土謝圖汗盟的杭達多爾濟親王和大沙比的大喇嘛車林齊密特等人，要求聯合俄國，爭取獨立。不久，沙俄爲支持外蒙古「獨立」，公然以「援助」爲名，出動軍隊到庫倫，公開支援亟式庫倫叛亂集團，把外蒙古「獨立」運動推向了高潮。

77 額爾德尼是一種尊稱，商卓特巴是官名，負責管理喇嘛寺院。

清廷最後一搏，奈何回天乏力

面對外蒙局勢日益失控的情況，清廷也並非聽之任之，坐視不管。當時有不少朝廷大臣和一些有見識的蒙古王公都主張立即進行大刀闊斧的改革。於是，為控制外蒙局勢，清政府很快宣布在外蒙古實行新政。其主要措施包括：發展當地經濟和教育事業、發展近代化的軍事力量、加強國防建設、建立警政、鼓勵蒙漢人民交往、改良政治和風俗習慣等。但是外蒙的情況畢竟與內地不同，這些舉措與內地相比更加保守，新政推進速度也很慢。更何況，在一些具體措施的推進過程中，也不可避免地加重了當地人民的負擔。特別是新政推行中所需建造辦公房屋和新軍兵營等，都要當地無償出人出錢，這對當時還未解決溫飽問題的蒙古人民而言，無疑是一筆額外的負擔。另一方面，哲布尊丹巴集團對內蒙新政後發生的變化心有餘悸，他們預見到如果外蒙「新政」持續推行，其原有的政治經濟利益必將受到嚴重損害。因此，當地的王公貴族和上層僧侶對「新政」極為反對，新政在外蒙的推行舉步維艱。不過，話又說回來，這些與清廷已經離心離德、較為親俄的王公貴族們從清廷這次推行「新政」的意圖上也看得非常清楚，北京是不會對外蒙坐視不管的，要真想把外蒙古從大清版圖上分裂出去，恐怕還得有「天機」才行，所以只能靜觀清政府內部的變化。

外蒙借機獨立，分裂變成現實

1911 年，蒙古上層王公多年來一直翹首以盼的「好機會」終於來了。武昌起義成功後，引發了多米諾骨牌效應，中國各省紛紛回應，宣布獨立，擺脫清政府的統治。這次震撼全中國的革命運動，也給沙俄策動外蒙古獨立以可乘之機。10 月 23 日，俄國總理大臣科科弗采夫首先與日本駐俄大使本野一郎會談，要求日本不要干涉沙俄策劃下進行的蒙古獨立活動。在取得日本諒解後，沙俄政府便放心大膽地開始了外蒙獨立活動：一方面煽動外蒙古分裂勢力抓緊有利時機加速獨立，一方面又命令伊爾庫茨克軍區司令部把一萬五千支步槍、七百五十萬發子彈和一萬五千把軍刀運往庫倫，交給正在準備行動的哲布尊丹巴集團。與此同時，在恰克圖、烏丁斯克、赤塔等俄蒙邊境地區的十三萬到十五萬俄軍，也四處揚言在「遇有必要，在旬日之內，即可調動數萬兵力，集結庫倫」。

依靠沙俄的背後軍事支持，感到時機已經成熟的杭達多爾濟便於11月中旬趕回庫倫，密謀宣布外蒙古「獨立」，試圖組成一個以他爲首的「臨時總理蒙古國務衙門」。11月30日，在沙俄駐庫倫總領事館的策劃和指揮下，杭達多爾濟等人向清朝駐庫倫辦事大臣三多發出最後通牒，宣布「將蒙古全土自行保護，定爲大蒙古獨立帝國，公推哲布尊丹巴爲大皇帝，不日登極」，要三多等清朝官員立刻出境，但遭到了三多拒絕。於是，12月1日淩晨，一支沙俄軍隊便包圍了清朝庫倫辦事大臣的衙門，脅迫三多出境，三多的衛隊也由「俄兵收械解散」，行轅「由俄兵會同蒙古看管」。與此同時，兵備處、電報局等機構也都被俄蒙兵「守護」，大街小巷都由俄國人警戒，荷槍巡邏。當晚，沙俄領事派人來見三多，詭稱：「我們不容任何一點暴力行爲，對中國人的行爲也要進行監督。」並派俄國士兵不分晝夜地在庫倫和買賣城的街頭進行巡邏，局勢遂完全由俄國人控制。12月5日，俄國以「保護」爲名，派三十名沙俄哥薩克兵強行將三多押解出境。12月16日，庫倫「獨立」集團正式宣布成立「大蒙古國」，以「共戴」爲年號，奉哲布尊丹巴爲「皇帝」。當然，對於庫倫方面的擅自獨立，清政府始終堅決反對，未予承認。

為了儘快將「生米煮成熟飯」，在中國局勢穩定前澈底解決外蒙問題，沙俄一面加緊唆使各地王公支持獨立；一方面又不惜公然出兵強占外蒙各地。於是，在 1912 年 1 月，俄國駐烏裡雅蘇台領事策劃當地叛亂，並要求清朝駐烏裡雅蘇台將軍奎芳「限於七日內將倉庫、銀、緞、軍裝等項，一律交蒙參贊接收，自備資斧回籍」。對此，奎芳雖「驚駭異常」，卻也無可奈何。最後在沙俄領事的威脅下，由一隊哥薩克騎兵將其押解出境。同年 5 月，庫倫「獨立軍」五千餘人，也在沙俄的支持下向科布多展開進攻。無奈當時科布多城只有清朝守軍三百餘人，在孤立無援的情況下，守軍與俄蒙聯軍苦戰十餘天，直至 8 月 6 日，科布多城終告失陷，清朝參贊大臣溥潤和居民七百餘人，均被俄軍押解出境。至此，沙俄操縱下的「獨立」政權終於控制了外蒙古全境。

一年後，急於收網的沙俄又脅迫蒙古偽政府先後簽訂了《俄蒙協定》和《商務專約》。通過這兩個條約，事實上確立了沙俄對外蒙的實際統治。消息傳回國內，中國輿論大嘩，從政府到民間群情激奮，內蒙古也發表了嚴正聲明，不承認庫倫偽政府違法締結的一切條約。儘管後來的民國政府也極力否認這個名不副實的庫倫「獨立」政府，但事實上，外蒙一百八十萬平方公里的土地卻從此脫離了祖國，最終變成了國人眼中的異國他鄉。

歲月留痕

慈禧太后為何被稱為「老佛爺」？

現在有很多以晚清為背景的小說和影視劇裡，都把慈禧太后稱為「老佛爺」。為什麼把她稱為「老佛爺」呢？是真的因為她信佛嗎？

關於「老佛爺」的來源，民間流傳最廣的有以下三種說法：

【說法一】光緒初年，慈禧太后獨攬朝政，遇到難題時，總是心事重重，終日不樂。於是，慈禧就不時地在佛像前誦經，禱告觀世音菩薩保佑。此時最善於揣摩太后心事的李蓮英，爲哄慈禧高興，就命人在萬壽寺大雄寶殿後建了一座佛像。建成後，李蓮英故作神秘地稟告慈禧說：「奴才聽說，萬壽寺大雄寶殿常有雙佛顯光，這是大吉大利之兆，奴才想請太后駕臨萬壽寺觀看。」慈禧聽後也嘖嘖稱奇，一時興起，便在眾太監宮女和一些大臣的陪伴下，起駕出宮，直奔萬壽寺。進了山門，來到大雄寶殿，見供奉的還是三世佛，便頗爲不悅地責問：「小李子，你可知罪？你說的那雙佛顯光何在？」李蓮英早有準備，見狀不慌不忙地上前跪下，低頭應答道：「請太后息怒，請您

老佛爺

到後殿御覽。」慈禧太后轉到三世佛後面，果然看到一尊慈眉善目的觀世音佛像端坐在大殿的中央，頓時氣就消了一半。眼看時機已到，李蓮英突然提高嗓門，大喊一聲「老佛爺到」。聞聽此言，萬壽寺眾僧人，還有隨行的不少文武大臣都不約而同地跪地高呼：「恭迎老佛爺！」聰明過人的慈禧，見狀心喜，但這時故意裝傻，一臉不解地問：「你們迎接的是哪位老佛爺呀？」李蓮英高聲回答：「就是迎接太后您老佛爺呀！您老就是當今救苦救難的觀世音活菩薩啊！」「如今先皇晏駕，新皇尚幼，國不可一日無主，臣民們請您垂簾料理朝政，您可要救庶民於水火啊！」一席話說得慈禧像吃了順氣丸一樣，神清氣爽，心裡就別提多舒服了！

自此，這「老佛爺」的稱呼便從萬壽寺傳遍北京城，舉國上下，都稱慈禧爲「太后老佛爺」而慈禧也欣然接受。那尊三世佛後面的觀世音像，據說是李蓮英偷偷讓人按慈禧的模樣塑造的，難怪慈禧見了心花怒放。據《清代野史大觀》記載，慈禧以後也經常來這裡焚香拜佛、求籤占卜。有一次，慈禧心情極好，還按此觀世音像，穿上了廟裡給她準備的觀音服飾，端坐中央，李蓮英扮作護法韋馱，雙手合十，橫杵於腕上，另有兩名侍女在慈禧背後捧法器而立。他們幾人還按這個樣子照了張合影。這個照片後來流傳甚廣，許多人都見過。

【說法二】光緒年間，中國北方地區遭受連年旱災，其中以北京和毗鄰京師的直隸和山西饑荒最爲嚴重。張之洞在光緒 5 年（1879）秋給朝廷的奏報中，便說直隸保定、河間一帶，大約一村十戶人家中，有五家長期不見糧食，只以樹葉、野菜類充饑；流亡逃荒者，又占三家。逃荒乞丐充塞在運河、官道的兩旁，滿路可見倒斃的災民。而此時太平天國、撚軍等反清起義才剛剛平息，光緒皇帝也只是個幾歲的幼童，實際統治權控制在「垂簾聽政」的慈禧太後手裡。按朝廷慣例，每逢水旱災情年份，皇帝都要禱告上天，祈求風調雨順。自詡佛門弟子的慈禧自然也不例外，便帶著朝廷的文武官員，前往天壇求雨。說來也巧，在慈禧求雨後三天，忽然一場大雨從天而降，北京的旱情解除了。這時，一向善於溜鬚拍馬的大太監李蓮英，看著天降大雨，靈機一動，便立刻跪在地上說：「太后求雨得雨，國泰民安；太后洪福齊天，眞是佛爺轉世啊！」一向好聽歌功頌德好聽話的慈禧太后聽了，心裡也自然高興，但表面上卻裝作生氣地說：「大膽奴才，你知罪嗎？佛天降雨是爲了拯救百姓，你怎敢洩露天機？」李蓮英知道慈禧太后是在賣關子，便仗著膽子回答：「不是奴才洩露天機，是您老佛爺搬來甘露，顯露了天機！」此言一出，聽得慈禧更是滿心歡喜，而善於察顏觀色的李蓮英也從此開始稱慈禧爲「老佛爺」，慈禧也總是泰然受之。由此，「老佛爺」這個稱號便不脛而走，傳遍宮裡宮外。以後，爲了討好慈禧，其他皇親國戚、達官貴人、嬪妃宮娥們也都稱慈禧太后爲「老佛爺」。

【說法三】中國歷史上的帝王除了有「年號」、「廟號」、「諡號」和「尊稱」以外，有些帝王還有特指的稱呼。如宋代時也把皇帝叫做「官家」，明代皇帝也被叫做「老爺」，而清代的皇帝則叫「老佛爺」。清朝帝王之所以用「老佛爺」這個稱呼，不是因爲別的，就是因爲滿族的祖先，女眞族的首領最早稱爲「滿柱」。「滿柱」是佛號「曼殊」的諧音，意爲「佛爺」、「吉祥」的意思。於是，清朝建國後，就有人把「滿柱」翻譯成漢語裡的「佛爺」，並把它作爲皇帝的昵稱，如「康熙老佛爺」、「乾隆老佛爺」等。而至於自己本不是皇帝的慈禧爲什麼也總是喜歡被別人稱爲「老佛爺」，則大概是因爲，慈禧不僅信佛，而且這一稱呼意味著自己和皇帝一樣，聽著很受用，所以深受慈禧的喜愛。後來的一些歷史小說、電影、戲曲中，也常把慈禧太后稱作

「老佛爺」。但有意思的是，晚清歷代的最高統治者，除慈禧以外，其他的清朝皇帝、皇后，還有皇太后卻再沒有被稱爲「老佛爺」的了。

除以上三種說法外，民間還流傳其他說法。比如蔡東藩在《慈禧太后演義》中就曾說，慈禧六十大壽時，「自加徽號，令承值人員等稱她作老佛爺，或稱她作老祖宗」。王無生在《述庵秘史》中也記載道：「宮中稱老佛爺，沿蒙古俗也。」

凡此種種，各有故事，信與不信，讀者自會選擇。

讓人大開眼界的慈禧養生術

說起慈禧，大家首先想到的就是那個「垂簾聽政」冷酷無情的陰謀家。可大家別忘了，慈禧也是個女人。俗話說，「愛美之心，人皆有之」。既然是女人，又有哪個不愛美呢？這裡，我們就曬一曬「慈禧老佛爺」的養生術，一定會讓你大開眼界。

慈禧太后（1835-1908），滿族，葉赫那拉氏，滿洲鑲黃旗人，安徽徽甯池太廣道道員惠征之女，名杏貞，小名杏兒、蘭兒[78]。咸豐2年（1852）入宮，封懿貴人。咸豐6年（1856），進懿貴妃。同治皇帝即位後，封「慈禧皇太后」。俗稱「西太后」、「那拉太后」或「老佛爺」，死後諡號「孝欽慈禧端佑康頤昭豫莊誠壽恭欽獻崇熙配天興聖顯皇后」。慈禧太后生前曾兩次垂簾聽政，是同治、光緒兩朝的實際統治者。而她當政的那段日子，也是清王朝有史以來內憂外患最嚴重的一個時期。在慈禧掌權的四十八年中，她既享盡了世間榮華富貴，也飽嘗了人間的辛酸苦辣。然而，與大清的大多數男性統治者相比，慈禧不但健康地一直活到七十四歲，而且在古稀之年仍神思敏捷、肌膚如玉、青絲不落，風韻不減。後來，「和碩格格」裕德齡曾在她所著的《御香縹緲錄》中記載，慈禧到年老時，肌膚仍然如同妙齡少女般白嫩光滑。美國的女畫家卡爾，1904年也曾與慈禧朝夕相處九個月，爲慈禧畫像。後來卡爾把自己的親身經歷寫成《慈禧寫照記》一書，她對慈禧的外貌

78 她的一生充滿波折，二十七歲時老公咸豐皇帝去世，四十一歲時又飽嘗喪子之痛。

是這樣描述的：

> 我看眼前這位皇太后，乃是一位極美麗極和善的婦人，猜度其年齡，至多不過四十歲（其實慈禧已年近七旬）……，慈禧太后身體各部分極爲相稱，美麗的面容，與其柔嫩修美的手、苗條的身材和烏黑光亮的頭髮，和諧地組合在一起，相得益彰……，嫣然一笑，姿態橫生，令人自然欣悅。

慈禧以古稀之年，還能保持這般精神健碩、容貌嬌美，證明「老佛爺」在養生方面，的確有異於常人的獨門秘笈。

飲食之道

慈禧太后非常重視飲食養生[79]。當年爲慈禧備膳的壽膳房廚役、太監有一百多人，僅傳膳太監就有二十多人。每次膳都按皇太后的份例上菜，其原料大多爲山珍海味、新鮮蔬菜。每餐葷素搭配，營養合理，例如冬季多食羊肉、鹿肉等熱性食品，夏季多食野生的茯苓、山菜和蘑菇。主食以五穀雜糧爲主，比如做粥用的米就有京米、紫米、薏米、粳米、老米、小米等十幾種。進膳所用的餐具也多爲金銀玉翠器及細瓷盤碗，而且一年四季的使用也頗爲講究：冬天多用金銀暖鍋和銀質暖盤、暖碗，夏天則使用水晶、瑪瑙、細瓷盤碗。爲了保證每道菜的安全，盤子上都有銀質的試毒牌。慈禧使用的筷子爲象牙質地鑲金頭，湯匙則金銀、細瓷質地的都有。

79 裕德齡在《清宮二年記》中寫道：「慈禧對於飲食的知識極為淵博，大概可以使當代許多專家吃驚。」

慈禧每天吃兩頓正餐，另有兩頓「小吃」，還有各類糕點、水果、糖食和乾果等零食。每頓正餐和小吃都分主菜、小菜，另加火鍋、湯、粥、細點等。爲了增進食欲，禦膳房還設有「看桌」。桌子上擺著各式各樣、色香味美的美食。正餐一般要上幾十種不同的菜肴美食，「小吃」至少也要十幾種。這麼多的菜，慈禧除了靠近身邊的幾種，遠些的菜一般都很少動。慈禧若想吃較遠的某一種，就吩咐侍膳的太監端到近前，不過這種情況一般很少。基本上她每餐吃過的菜最多不過三五個，其他十之八九還是完完整整的。剩下的或當即扔掉，或由女官、宮女、太監等依次取食。

慈禧每天的菜譜，都是由內務府大臣劃定的，每月集成一冊。所以，在清宮檔案裡留下了大量的膳單和《膳底檔》等資料。下面就是一份慈禧太后的生日功能表：

> 火鍋二品：豬肉絲炒菠菜、野味酸菜；大碗菜四品：燕窩「萬」字紅白鴨絲、燕窩「年」字三鮮肥雞、燕窩「如」字八仙鴨子、燕窩「意」字什錦雞絲；中碗菜四品：燕窩鴨條、鮮蝦丸子、燴鴨腰、溜海參；碟菜六品：燕窩炒燒鴨絲、雞泥蘿蔔醬、肉絲炒翅子、醬鴨子、鹹菜炒茭白、肉絲炒雞蛋。

在這十六個菜裡面，除燕窩外，其餘都是民間常見的雞鴨肉，但其製作工藝非常精緻，菜名讀起來也是「萬年如意」，取吉祥高壽之意。而小菜則以素食爲主，主要爲鮮香爽口的家常菜，如蘿蔔、茭白、雞蛋、菠菜甚至酸野菜。這些菜不光色香味俱全，而且品種豐富，營養均衡。只是作爲一個人享用的菜肴，實在有點太奢侈，太浪費了。

遇到節日，比如重陽節，御膳房還要做菊花、棗泥、八寶等各種花糕上供，還有各式餑餑。據說，在過節的這天，慈禧還要到頤和園排雲殿吃一種專用木炭和松枝烤出來的「燒餅夾烤肉」。此外，慈禧還愛吃清燉肥鴨：先把鴨洗淨，加調味品裝入瓷罐，隔水用文火蒸三天，肉酥骨軟，香味四溢。老佛爺食欲好時，還會挑幾塊最爲精美可口的鴨皮嘗嘗。不過，慈禧平日裡比較注意飲食的粗細搭配，不貪食精細美味，玉米粥、窩窩頭等粗糧也是她常吃的。

要問慈禧最愛吃的菜是哪道？結果一定讓各位大跌眼鏡，竟然是讓她每頓飯都離不了的王致和臭豆腐！怎麼樣，沒想到吧？而且這臭豆腐還必須是當天從「王致和南醬園」買來的，不臭不行，不臭吃著不過癮。除此以外，慈禧還愛吃栗子面小窩頭。據說這還與庚子國變時，慈禧西逃的一段經歷有關。1900 年八國聯軍打到北京，朝廷西逃時沒得吃，慈禧見一群逃難的人正在啃窩頭，討來一吃，竟然十分可口。回宮後便命御膳房做窩窩頭，可怎麼做也做不出挨餓時吃的那種美味。爲此，廚子們絞盡腦汁，就用栗子面加糖做出一兩一個的栗子面小窩頭。慈禧吃起來雖然還是覺得沒逃難時那麼香甜，但總算將就了，這以後御膳中也就多了這麼一品佳點。

喝的方面，那時候清宮裡可沒有現在的可樂、咖啡，日常飲用品還保持著關外的習慣，喝奶要加茶，稱爲奶茶。不過，慈禧喝的奶茶，不是由御茶房供應，而是由儲秀宮內專門的小茶爐製作的，奶茶的濃淡全由慈禧自己定。慈禧還愛飲花茶，沖泡的工藝也特別講究。泡茶用的水是當天從玉泉山上運來的泉水，所飲的花茶不是經過火焙的茉莉、玫瑰，而是剛採摘的鮮花，摻入幹茶裡再泡入茶盅，這樣喝起來既有茶香又有花香。慈禧飲茶用的器皿也是白玉做的茶杯，金茶託上放三盞白玉杯，中間是茶，兩邊是花。每次飲茶時，必須由兩名太監雙手將茶託共捧至慈禧面前，口呼：「老佛爺品茗了！」慈禧方才飲用。

人乳養生[80]

慈禧太后有一個習慣，就是喝人乳、用人乳洗面。

古人非常懂得用人乳來養生、治病或烹製美味。如《隨息居飲食譜》一書中就說：人乳可以「補心血，充液，化氣，生肌，安神，益智，長筋骨，利機關，壯胃養脾，聰耳明目」。李時珍在《本草綱目》中也指出：人乳可治「虛損勞、虛損風語、中風不語」等病。除治病外，古人還認爲人乳有美容、養生的作用。明代的李士材在《雷公炮製藥性解人部》中就說：人乳「味甘，性平無毒，入心肝脾三經，主健四肢，榮五臟，實腠理，悅皮膚，安神魂，利關格，明眼目，久服延年」。

慈禧太后

至於用人乳養生的療效，據《史記》和《漢書》記載：漢文帝時的丞相張蒼，有妻妾上百人，年老退休後，牙齒都掉光了，硬東西嚼不動，於是就靠吸食人乳養生，活了百餘歲才去世。沈約在《宋

80 人乳，古人稱作「仙家酒」。它性平，味甘鹹，富含蛋白質、脂肪、碳水化合物和乳化鈣、磷、鐵、維生素等多種成分，營養極為豐富。它不僅是餵養兒童的最佳食品，還有其它方面的奇特功效。

書．何尚之傳》中也說，當時的宰相何尚之患勞疾多年，久治不愈，後常飲婦人乳汁竟治好了。到了明代，用人乳治病的情況就更多了。李時珍曾記錄過一首當時社會上流傳的《服乳歌》，歌詞曰：「仙家酒，仙家酒，兩個壺盧盛一鬥。五行釀出眞醍醐，不離人間處處有。丹田若是乾涸時，咽下重樓潤枯朽。清晨能飲一升餘，返老還童天地久。」到了清代，用人乳治病的風氣也更加普遍。只不過在大多數情況下，並不是單獨喝人乳，而是配合別的中藥一起服用。例如，雍正皇帝就有一個保健秘方，就是由三十三味良藥配成的「龜齡集方」，其中最重要的一味藥就是人乳。

而慈禧太后也十分喜歡人乳養生。大約從二十六歲開始，一直到七十四歲去世，除庚子年外逃西安外，慈禧在近五十年裡幾乎從來沒有間斷。據記載，從光緒七年到十五年，僅專門爲慈禧選進宮內的奶口（清宮稱奶媽爲奶口），最多時就達到了十一人。每天至少有三名奶口專門爲慈禧提供充足的人乳，稱爲敬乳。

您可別小瞧了這個爲慈禧挑奶口的過程，這可是一門學問。首先，這奶口的性格要好，第二長相要好，第三身材高挑。如果誰家的孩子偏矮，那您就專找大高個奶媽喂您的孩子，肯定能長高個兒，奶水就這麼重要。當朝太后對奶口的挑選非常挑剔，不容有半點差錯。除以上所說的三個條件，當皇家的奶口還須符合下列標準：首先，要選自滿族產婦，是眞正的八旗女子；其次，要選擇奶水充足的產婦，並送交敬事房查驗保證無疾無患；再次，入選的奶口，要體型良好、相貌端莊、身體乾淨；最後，奶口的年齡要在十五至二十五歲之間，特別好的可以放寬到三十歲。所以，綜合下來，最後能夠進入紫禁城給太后當奶口的，都是些美貌、豐滿的年輕女人。可是，有時候一些奶口進宮後，還是會由於念子心切，不思飲食，進而影響了奶水品質。為此，慈禧還有一套自己選擇奶口的獨特辦法：就是把候選奶婦的奶水擠出來分別放入盤中，放在太陽下曬乾。曬乾後的奶汁白淨如脂者，方可入選。例如，有京東三河人孫氏，入選之後，老佛爺食其乳「甚覺可口」，於是賜孫氏名曰「福長」，另賜其乳嬰名為「福壽」。

慈禧專用的奶口在敬乳前，都要先用香湯沐浴淨身，然後用一件大紅色套衣，罩蓋其身。紅套衣胸部留有兩個圓洞，可將乳婦雙乳露出。「敬乳」時慈禧太后側臥在床，雙目微閉。奶口則雙膝跪地，雙手捧著乳房，將乳頭送入慈禧口中吸吮。據說，老佛爺直接吮吸人乳是為了「補真元之氣」，擠出來再喝「氣就散了」。這是一位太醫向慈禧進獻的秘方，叫做「人乳養生」方。

當時，由於慈禧太后帶頭使用人乳養生，宮裡的其他後妃紛紛效法。一時間，宮裡人乳養生成風。為此，後來清宮又精選奶口四十人，並在內廷中另辟專室養護，稱為「坐秀奶口」；再選八十人住在宮中，由內府專門供應飲食，稱為「點卯奶口」（即候補奶口）。當「坐秀奶口」供奶不足時，「點卯奶口」可以隨時補缺。

藥膳養生

另外，經常食用一些精選的藥膳也是慈禧養生的一種方法。在慈禧服用的藥方中，使用頻率最高的是茯苓、白術、當歸、白芍、砂仁、人參和香附。這些藥物大多性味甘平、甘溫，具有補肝健脾的作用，一般都熬製成茯苓粥、砂仁粥和人參湯等藥膳，以便服用。另外，慈禧還經常服用「益壽膏」、「菊花延齡膏」、「扶元益陰膏」、「十全大補丸」、「長春益壽丹」等具有延年益壽作用的補藥。其中，慈禧最喜歡的是「菊花延齡膏」。特別是到了老年，更是天天服用[81]。該藥的藥方只有一味菊花。菊花味甘、苦，性涼，服用後可入肺經、肝經，具有清熱解表、疏風散寒、清肝明目的功效。此外，慈禧還經常把補藥製成膏藥外敷，以起到增強免疫力、提高抗病能力的功效。事實證明，慈禧太后這種內外兼補、醫食共用的保養方式不僅使她美容養顏，而且保證身體健康，精力充沛。

保健養生

慈禧太后喜歡體育健身。她每天清晨起床後，都要練習一遍八段錦[82]。這能起到導引氣機、調暢氣血、強化臟腑、疏通經絡、調攝精神、增進身體協調性的作用。此外，聰明伶俐的慈禧還自己編排出一套強身健體的方法：每年二月驚蟄一過，即順應節令，開始遛早彎兒。早晨梳洗完畢，吃一小碗百合銀耳湯，走出寢宮，由李蓮英陪伴，崔玉貴跟隨，帶著四個侍女排成兩行遛彎兒。這時太后幾乎不說話，靜悄悄地數著腳步走，不想有任何事情打擾。一邊遛，一邊還有規律地擺首、停步、吸氣、調氣。晚膳後，太后也必繞著寢宮巡行一周。慈禧太后之所以能保持旺盛的精力參與政事，執掌政權長達四十八年之久，與她懂得強身健體之法並常年堅持鍛煉有很大關係。

81 《慈禧光緒醫方選議》一書中記載了慈禧的專用藥膳。這些專用藥膳共使用了六十四味中藥，其中百分之七十五是醫書中列為上、中品的藥物。上品藥無毒且能起到輕身益氣和延緩衰老的作用，而中品藥也能起到扶正祛邪的作用。

82 八段錦是形成於宋代的一種健康運動。它由八種如錦緞般優美、柔順的動作組成，故得名「八段錦」。據說，經常練習這種運動，可以達到強身健體、頤養心神、延年益壽、防病治病的效果。

此外，慈禧對個人衛生方面也很有講究。據金易、沈義羚在《宮女談往錄》中說：

> 老太后洗腳不僅是爲了衛生，更重要的是爲了保養。說深了，有點小病小災的，洗腳比吃藥還便當。儲秀宮裡把給老太后洗腳看成是很重要的事。洗腳水是極講究的。譬如：屬三伏了，天氣很熱，又潮濕，那就用杭菊花煮沸後晾溫了洗，可以讓老太后清心明目， 身涼爽，兩腋生風，保證不中暑氣；入三九了，天氣極冷，那就用木瓜湯洗，活血暖膝，使四體溫和， 身柔暖如春。當然，根據四時的變化、天氣的陰晴，隨時加減現成的方劑，這也是老太后健身的秘密。

後來一位曾伺候過慈禧洗澡的老宮女也回憶說：伺候老太后洗澡和洗腳，有四個貼身婢女。洗腳時兩個，洗澡時四個。這些婢女都知道怎樣用毛巾熱敷膝蓋，怎樣搓腳心的湧泉穴，有一套專門的技術。洗腳時，慈禧太后往椅子上一歪，嘴裡不停地與底下人說閒話，享受著洗腳宮女的搓揉，這是她最鬆散舒適的時候，宮女們也常常在這個時候能得到意料之外的賞賜。洗完腳後，如果要剪腳趾甲，還要有個「請剪子」的過程。這是因爲，在宮裡有個規定，就是不許摸刀子、動剪子。如果需要用，必須先請示。所以，在剪趾甲的時候，伺候洗腳的宮女要先向負責內寢的宮女輕輕說句「請剪子」，然而侍寢的宮女再轉稟慈禧。老太后說：「用吧，還在原地方。」這時侍寢的宮女才敢拿出剪子交給洗腳的宮女。兩個洗腳的宮女，一個單腿跪下，手持著羊角燈，另一個也是單腿跪地，把老太后的腳抱在懷裡細心地剪。修剪完畢後，洗腳的宮女才能跪安退出。

除此以外，慈禧還特別重視對皮膚和頭髮的養護。每晚臨睡前，都要用專門配製的藥膜敷面，清早起來又用特製的美顏膏洗臉，梳頭前後還要用些特製的香發散，所以老佛爺年逾古稀仍然面部白皙，皺紋很少，頭髮不白、不落。爲了減少臉上的皺紋，慈禧有專職的侍女，每天用玉石爲她按摩。

養顏美容

作爲一個女人，慈禧對美的追求孜孜不倦，非常注重打扮。用她自己的話就是：「一個女人沒有心腸打扮自己，那她還活個什麼勁兒」。所以一般情況下，慈禧每天都要在鏡子前花上好長時間打扮。而在寢宮裡，她最心愛的東西也是梳粧檯上的養顏用品和盛有珠寶首飾的提匣。慈禧常用的養顏美容品主要有：宮粉、胭脂、漚子方、玉容散、藿香散、栗荴散等。所謂「宮粉」，主要由原產於江南的米粉、益母草粉、珍珠粉加香料製成。慈禧在化日妝時一般略施薄粉，在晚上入睡前則用大量的宮粉塗於臉部、脖子、前胸和手臂等處，使皮膚與粉融爲一體，以便使皮膚變得更加白嫩細膩。「胭脂」是用新鮮的玫瑰花瓣製成的。每年五月北京的妙峰山都是一片玫瑰花的海洋。這些玫瑰花專門進貢清宮，是提煉玫瑰、做胭脂的上好材料。每到此時，清宮都會挑選一些有經驗的老太監監督製作胭脂，有時慈禧也會自己去驗看。至於「玉容散」，則是各種美容秘術中慈禧的最愛。據《慈禧光緒醫方選議》記載，慈禧中年後，有一段時間臉部肌膚粗糙發黃，還出現了大片黑斑。於是，愛美心切的慈禧便急召御醫李德昌和王永隆爲她診治。結果，兩位御醫爲她精心配製了由十六味中藥材合成的玉容散，經使用，她的肌膚重新煥發了光澤，並去除了黑色素沉積，恢復了原來白潤光潔的原貌。

文化養生

自古以來，民間一直流傳，練習書法者可以長壽。而歷史上的大書法家也確實有不少長壽的。比如，顏眞卿享年七十六歲、柳公權八十七歲、歐陽詢八十四歲。那麼，爲什麼練書法可以長壽呢？大概是由於在練字時，書寫者必須頭正，肩平，胸張，同時用力提肘懸腕。這種姿勢與氣功所要求的姿勢相似，也與太極的用力方法相通，都是柔中有剛，松中有緊。同時，寫字時也要始終保持全神貫注，排除雜念，這樣可以改善大腦皮層的自主神經功能，進而提高大腦思維的敏捷性，減少腦部疾病發生。雖然現在我們還不知道，那時慈禧到底懂不懂書法可以養生健身的道理，但歷史上慈禧卻是一位書法繪畫的愛好者，即使在政務繁忙的時候，也會堅持練上幾筆[83]。現在，我們在頤和園仁壽殿的左右壁上，就能看到慈禧書寫的一幅高約一丈、寬近五尺的「壽」字大立軸。應該說，通過勤練書法，慈禧收到了舒緩神經、修身養性、祛病健身的效果。

另外，這位「老佛爺」還特別愛看戲，可稱得上是一位宮廷裡的超級戲迷。在清代，宮廷戲班本來主要是由太監組成的。光緒十年（1884），爲了慶祝慈禧皇太后五十歲壽辰，清廷破例挑選了一批民間演員入宮聽差，不僅在宮內演戲，還給太監們做老師，向其傳授京劇。到了光緒30年（1904）以後，慈禧開始經常請民間戲班進宮演出，特別是邀請當時社會上的戲班名角到宮廷裡演大戲。

慈禧不但愛聽愛看京劇，還喜歡研究戲劇音樂，特別是沒事時還經

83 今天，人們在博物館或佳士得拍賣會看到一些她的真跡，雖然稱不上是佳作，但也看得出有幾分功力。

常關上門來和太監們一起唱上一段，作爲消遣。而通過唱戲，也可使慈禧平時緊張的身心得到放鬆和調整，所以這也應該是慈禧健康長壽的秘訣之一吧！

曾國藩為何不敢反清稱帝？

在鎮壓太平天國運動後，處於人生頂峰的曾國藩，當時有兩種選擇：一是憑藉手中的兵權，一鼓作氣，代清自立；二是急流勇退，避禍自保。曾國藩時任兩江總督、欽差大臣、協辦大學士等要職，掌握江蘇、浙江、安徽、江西四省軍事，自巡撫、提督等以下文武百官皆歸他節制，手裡還握有當時中國戰鬥力最強的一支軍隊，實力非常可觀。但他最後卻自裁湘軍，低調收場。這不禁讓世人感到不解，實力強大的曾國藩為何不敢反清稱帝呢？

1864年，對曾國藩而言，可謂是其人生的頂峰。在這一年，湘軍攻下太平天國都城天京，捕獲了幼天王洪天貴福和李秀成、洪仁發、洪仁玕等許多太平天國領袖，太平天國滅亡，天下初定。此時，曾國藩麾下的湘軍功蓋天下，擁兵三十多萬，兵強馬壯，士氣高昂，湘軍集團的軍事政治實力達到了頂峰。此時，曾國藩就任兩江總督、欽差大臣、協辦大學士要職並節制江、浙、皖、贛四省軍事，自巡撫、提督等以下文武百官皆歸其節制。而聽命於他的李續宜、沈葆楨、左宗棠、李鴻章等人也分別擔任安徽、江西、浙江和江蘇四省巡撫，而這四人的大量部下又充任各地的布政使和按察使。在當時全國

曾國藩

的八名總督中，有三名是湘系（分別是兩江總督曾國藩、直隸總督劉長佑和閩浙總督左宗棠），此外四川總督駱秉章和兩廣總督毛鴻賓也與湘軍關係密切。而全國十五名巡撫中也有七名出自湘軍或與湘軍關係密切，至於擔任各地官員的湘軍將領就更數不清了。此時，湘軍的勢力已達到歷史的頂峰，是晚清政壇一支舉足輕重的政治力量。

就在這個時候，一些湘軍將領藉口求見大帥，企圖擁戴曾國藩，上演一齣晚清版的「黃袍加身」。但未及眾人開口，曾國藩先拿出一副親筆書寫的對聯「倚天照梅花無數，流水高山心自知」，委婉地表明瞭自己無意自立的想法，眾將見狀只得唯唯退下。

其實，這對曾國藩來說，已不是第一次手下幕僚向自己勸進大位了。早在 1860 年，湘軍的各路大將和政客官僚就不斷往來安慶，討論咸豐皇帝駕崩、「辛酉政變」後朝廷激變的形勢。此時，湘軍中的胡林翼、曾國荃、彭玉麟、鮑超、李元度等人都有意趁清廷幼主即位、人心未定之際，讓曾國藩取而代之。其中，湘軍大將李元度曾偷偷把一副「王侯無種，帝王有眞；鼎之輕重，似可問焉」的對聯獻給曾國藩，但曾國藩卻視若無睹；作爲曾國藩的密友，王闓運也曾拜謁曾國藩，獻「縱橫計」，暗含勸進之意。但曾國藩聽後，用手指蘸著杯中茶水在桌子上點點劃劃，然後離座而去。王闓運起身一看，竟然是「荒謬」二字，隨後悄然離開了曾國藩幕府。後來，曾國藩過生日的時候，湖北巡撫胡林翼也遞給過他一張寫有「東南半壁無主，我公豈有意乎？」的紙條，曾國藩看後，悄悄將其撕碎。更誇張的是，甚至他的敵人也勸他自立。例如，曾國藩寫信勸太平天國翼王石達開降清時，石達開竟反過來提醒，說他像漢代的韓信一樣舉足輕重，何不率眾獨立？忠王李秀成被俘後，也表示願意招長江兩岸十萬餘部，擁戴曾國藩爲帝。

當然，這些勸進最後都被曾國藩拒絕了。但這在常人眼裡，簡直就是「不識時務」，甚至「愚蠢」。只要稍懂些歷史就會知道，在中國古代，只要條件具備，那些政治和軍事上的實力派，哪個不對「稱帝」朝思暮想，整天摩拳擦掌？諸如王莽篡漢、曹氏代漢、司馬奪魏等，不絕於史。反倒是此時手握重兵、位極人臣的曾國藩，卻偏偏按兵不動，無所欲求。難道曾國藩就眞的這麼不明白事理嗎？當然不是。曾國藩既然能平息太平天國，就必有其過人之處。精於算計、老奸巨猾的曾國藩其實比一般人有更強的權力欲望。

政治嗅覺靈敏，手段兇狠老辣

曾國藩飽讀詩書，很早就明白「軍權是一切權力的核心」的道理。爲此，他雖爲一介書生，卻創辦了清朝歷史上第一支地方武裝：湘軍，並自任統帥。爲了確保對軍隊的控制，曾國藩任命自己的親屬、密友爲各營統領，統領們又招募自己的下屬營官，以此類推，營官招募哨官，哨官招募什長，什長招募士兵，從而形成下級只對自己上級負責，而全軍只聽命於曾國藩一人的管理模式。這樣一來，曾國藩就把「兵爲國有」的舊制，變爲「兵爲將有」，湘軍實際上成了他的私家軍，由此開創了中國近代軍閥的先例。

湘軍訓練嚴格，官兵驍勇，勇猛善戰。在和太平軍的作戰中，曾國藩又採用封官賞銀，甚至放縱劫掠的辦法來鼓舞士氣，養成了湘軍兇悍殘忍的本性，這使湘軍威震天下，很快就成了在南方與太平軍進行作戰的主力。隨後各省也紛紛趕赴湖南招募湘勇，故有「天下無湘不成軍」之說。而咸豐皇帝也對曾國藩和湘軍一直心存疑慮，不肯授其實權，長期只以兵部侍郎虛銜領兵。但羽翼漸豐的曾國藩在 1857 年竟以

「回家盡孝」爲由公然向朝廷索要大權。此時，大清正處於內外交困、風雨飄搖的用人之際，迫於形勢咸豐只得答應了他的要求。但這就暴露了這位自詡「忠君」的理學家的眞面目。後來，清軍江南大營被擊潰後，朝廷又授以曾國藩兵部尙書和兩江總督銜，以欽差大臣身分總督江南軍務。從此，曾國藩不但有了兵權，還掌握了地方實權。此後，清政府又不得不授曾國藩以太子少保銜，統轄江蘇、安徽、江西、浙江四省軍務。見機行事的曾國藩遂很快向朝廷舉薦自己的親信左宗棠督辦浙江軍務、李鴻章出任江蘇巡撫，急速擴大湘軍的軍政勢力。

與此同時，曾國藩還對政治異己進行無情打擊。浙江巡撫王有齡長期以來怠慢湘軍，並私下拉攏湘軍將領劉培元、李元度，企圖挖曾國藩的牆角。曾國藩掌握大權後，便首先彈劾王有齡「不熟悉軍情，不懂軍事，急功近利」、「包庇私黨，把持要職，風氣敗壞」。後來，當太平軍大舉進攻浙江時，曾國藩對王有齡發來的求救信又置之不理，按兵不動，最後坐視太平軍攻陷杭州，王有齡兵敗自殺。隨後又趁機保舉親信左宗棠做了浙江巡撫。如此一來，既擴大了湘軍的勢力，又除掉了心頭之恨，可謂一箭雙雕。

讀到這裡，大家可能覺得有些糊塗。一方面曾國藩有極強的權力欲，可另一方面他又爲何不在掌握大權後，趁機自立爲帝呢？難道曾國藩是打仗打暈了？還是他就是一個不想做皇帝的「大傻蛋」？當然這兩者都不是。這裡面最關鍵的原因，還是如果曾國藩選擇做皇帝，則可能是「李自成第二」，沒有勝算的把握。

朝廷釜底抽薪，斷其左膀右臂

事情還得從 1854 年說起，當年湘軍攻克武昌的捷報傳到北京，咸豐皇帝喜形於色，稱讚曾國藩以一介書生，竟能建此奇功。但大學士祁寯藻趕忙奏道：曾國藩只是一個在原籍居家守制的不在官位的侍郎（相當於副部長），只是一個平民而已。要說這一介平民在其家鄉，迅速就能召集起上萬人的隊伍，這總不是國家的吉兆。咸豐帝聽罷，頓時變色。此後嚴守祖訓，不肯將地方督撫實權交給手握重兵的曾國藩等漢人。1861 年，咸豐皇帝駕崩，慈禧太后與恭親王奕訢發動「辛酉政變」奪權後，曾國藩反倒被慈禧、奕訢所重用，被授予「節制四省軍政大權」。但此事朝野議論紛紛，擔心曾國藩尾大不掉。

當時曾國藩所統帥的湘軍大約有三十萬人，看似龐大，但裡面的派系卻很複雜。曾國藩直接指揮的大約有十二萬人，而其中的眞正嫡系則只有弟弟曾國荃指揮的五萬之眾，其餘各部都與曾氏兄弟有不同程度的矛盾。慈禧太后便看准這一點，在「朝廷四顧無人，不得已而用之」的情況下，一方面大膽放手任用曾國藩，另一方面也利用湘軍內部矛盾，伺機拉攏和扶植反對派，使湘軍實力不斷分散，此外又以超擢人才爲名，不斷提拔湘軍中的重要人物，使之與曾國藩的地位平等，相互制衡。其中左宗棠和沈葆楨二人便是清廷在湘軍內部扶植起來的兩大派系。

左宗棠原是曾國藩的核心幕僚，曾一度力勸曾國藩稱帝自立。而後由於性格古怪且自命不凡，自視才華不在曾國藩之下，再加上政見不合，便與曾國藩漸行漸遠。精明的慈禧太后便利用這一點，在 1863 年破格提拔左宗棠爲閩浙總督，使左宗棠與曾國藩地位相當，曾國藩不再節制浙江軍事，把數萬湘軍從曾國藩麾下分離出來。

作爲曾國藩的另一位心腹，沈葆楨出身名門，是林則徐的女婿，後經曾國藩舉薦，很快便平步青雲升至江西巡撫。但此後，曾、沈二人卻發生矛盾，甚至到了反目成仇的地步。當曾國荃的十萬湘軍圍困太平天國都城天京時，前線急需軍資給養，曾國藩爲籌促軍餉「夜不成寐」，但沈葆楨卻將原定移交湘軍的半數江西厘金盡數扣除。曾國藩對此耿耿於懷。後來，爲報復沈葆楨，湘軍在太平軍反攻時故意不守皖南的廣德和宣城，給進攻江西的太平軍留了一條通道，把戰火引向江西。爲此，曾、沈最終絕交，形同陌路。就這樣，江西脫離了曾國藩的控制。

沈葆楨像

清政府這種釜底抽薪之計，正如同斷了曾國藩的左膀右臂，使湘軍集團內部無法形成鐵板一塊的團結之勢，大大削弱了曾國藩的實力。所以，即便曾國藩後來擁兵自立，沈葆楨和左宗棠麾下的湘軍也不會追隨曾國藩。更何況，曾國藩當時雖貴爲兩江總督、節制蘇皖贛浙四省軍事，但這些軍隊並非都是自己的嫡系部隊，不像湘軍那樣好使喚。在鎮壓太平軍時，四省軍隊還可以服從曾國藩的號令，但如果曾國藩要反清稱帝就不一定聽其調遣了。

學生牽制老師，中央嚴陣以待

除了對湘軍進行分化瓦解，清政府也在大膽扶持另一批新的軍事力量，與湘軍相抗衡。很快一支由李鴻章所統率的淮軍便應運而生，並迅速壯大。李鴻章原爲曾國藩的門生和高級幕僚，他們之間的矛盾雖然不像沈葆楨和曾國藩之間那麼公開化，但也有感情不和的苗頭。曾國藩雖對李鴻章有知遇之恩，但淮軍的迅速壯大，令曾國藩頗爲不快，要李鴻章自行限制，並派心腹監視其舉動。後來，曾國藩不但截留了四千名本將要補充進淮軍的新兵，還將其擅自編入湘軍，此舉大大地傷害了曾、李之間的關係，以至於李鴻章對淮軍二號人物程學啓抱怨說，曾國藩和湘軍是「湖南人雞犬升天，客籍人頗難出頭」。而後來，淮軍到達上海後，僅僅兩年部隊便從六千人增至七萬人，又在洋人的支持下，裝備了洋槍洋炮，成爲清軍中裝備最精良、火力最強大的一支武裝，實力已不在湘軍之下。因此，從湘軍與淮軍的力量對比上看，曾國藩並無太大勝算。另外，清政府在任命曾國藩爲湖南團練大臣後，還相繼任命了蘇、直、皖、豫、魯、贛等九個省四十一位官員先後舉辦團練，這些地方武裝對曾國藩也是一種威脅。

不僅如此，慈禧和奕訢也在軍事上做了準備，提防湘軍北進。此時，湘軍的西面有欽差大臣官文所督率的二十萬大軍扼守武昌，控制長江上游；東面有富明阿等占據鎭江、揚州，堵住長江下游；北面更有著名悍將僧格林沁在安徽、湖北一帶屯集重兵駐防，虎視南京。所以，湘軍一旦出現異動，各路大軍便可對其形成包圍之勢，更何況京畿直隸附近還有近百萬後備軍隊。即便曾國藩能夠率湘軍打破清軍的合圍，還要進入北方平原地帶與八旗兵作戰，還要面對六十萬的綠營兵和數不清的地方團練武裝，這些對曾國藩而言都是威脅。如此一來，曾國藩在軍事上還有勝利的把握嗎？

此外，清政府還不斷對曾氏兄弟進行敲打，警告其不要膽大妄爲。1864 年曾國荃攻破天京後，當夜就上奏報捷，原以爲可得重賞。但誰料，下來的聖旨不但沒有兌現咸豐帝臨死前的「克復金陵者爲王」的承諾，反倒嚴厲批評了曾國荃指揮失當，沒有將太平天國一網打盡，以致讓幼主等一千多人逃走。另外，朝廷還限令曾國荃查清太平天國的庫存金銀，並限期將財寶如數上繳朝廷。同時，還警告曾國藩，要他嚴格管束部下，不得驕奢淫逸。語氣嚴厲，暗伏殺機。

湘軍盛極而衰，將士無意再戰

有些人曾以爲曾國藩擁兵數十萬，揮戈北上，就可奪得大清江山，實則不然。自攻破天京城後，湘軍部隊就已盛極而衰。軍中貪腐之風日漸形成，軍中將士紛紛往家裡偷運金銀珠寶，士兵普遍厭戰思歸。由於賞罰不當、分配不公，軍中甚至出現鬧餉、抗令等現象。「黑社會」組織也在軍內發展起來，下層士兵大量加入哥老會，小集團越來越多。此時，曾國藩已清醒地認識到，整個湘軍經過長期征戰，已不復當年朝氣。其嫡系的湘軍部隊打下南京後也腐敗不堪，難堪大用。

而曾國藩本人也並無問鼎中原、反清稱帝的雄心大略。曾國藩之所以以一介書生起兵，就是以忠君報國爲號召，目的是爲了保衛清朝，捍衛儒教大義。他的個人追求就是做個中興名臣、封侯拜相、光宗耀祖。更何況，十數年的軍旅生涯也讓曾國藩歷經坎坷、身心俱疲。縱觀曾國藩起兵攻剿太平軍的全過程，他在戰鬥中數次遇險：第一次，靖港大敗試圖自殺，被幕僚救起；第二次，回到長沙後，聽說朝廷要解散湘軍，悲觀到極點，已寫好遺書、買好棺材，準備自裁，幸虧前線湘潭大捷的消息傳來，才收起自殺的念頭；第三次，湖口大敗時，再次投水自殺，幸得李元度相救；第四次，南昌被圍，差點被石達開活捉，多虧天京事變，石達開才撤兵回京，曾國藩才算撿了一條性命；第五次，太平軍李世賢、楊輔清部十幾萬大軍包圍祁門，僅有的幾條道路也被封死，曾國藩無奈之下再次寫好遺書，只因太平軍情報失誤導致戰場變化，才終於活命。可是，他的幾個兄弟卻沒有那麼幸運。先是二弟曾國葆在戰場上累死，而後三弟曾國華在戰場上戰死。可以說，曾國藩能活著看到勝利，實屬不易，再讓曾國藩冒險稱帝自立，他恐怕早已沒有那個雄心壯志了[84]。

名臣急流勇退，梟雄完美謝幕

曾國藩熟讀史書，自然知道「功高震主」、「兔死狗烹」的歷史教訓，他也明白清政府始終對他心存疑忌。因此，越是戰爭勝利在即，曾國藩越心神不寧、憂心忡忡。而在金陵克復後，曾國藩更陷入了到底該何去何從的苦苦思考，爲此寢食難安、夜不能寐。同時，他在給曾國荃的家書中，也引證歷史上因恃功自滿而遭不測的例子，勸誡胞弟要謹愼自勉、自惕自慨，不貪財、不貪功。曾國藩深知，大清開國二百多年，有幾個像他這般手握重兵的漢人？他怎能讓朝廷放心？如今自己雖然受了點窩囊氣，但這畢竟只是朝廷的一種警告。如果能讓朝廷放心，那自己仍不會失去「功臣」之名、侯爵之位。

因此，老成持重的曾國藩在反復盤算後，決定在勝利後急流勇退。他思之再三，認爲眼下最要緊的就是讓朝廷對自己放心，而朝廷最忌諱的無疑是手中這十幾萬軍隊。於是，曾國藩決定自削兵權，以釋朝廷之疑。爲此，1864 年 8 月曾國藩自裁湘軍二萬五千人。同年 11 月，又奏准停征作爲軍餉的厘金、畝捐。以後曾國藩還奏陳讓胞弟曾國荃抱

84 曾國藩滿腦子忠君報國思想，終生服膺理學，一向以忠君愛國的衛道士自居。朋友、部下勸他做那「犯上作亂、青史不容的逆臣」，無疑是違背了他一生賴以立身的信仰和原則，這是他無論如何無法接受的。

病離職，回原籍調養。如此一來，曾國藩通過自削軍權，緩和了同朝廷的矛盾，成功地解決了「鳥盡弓藏，兔死狗烹」的歷史難題，從而達到圓滿收場的目的。在中國歷史上，像曾國藩這樣在複雜激烈的權鬥中能全身而退的人物，可謂罕見。

曾國藩沒有稱帝野心，甘為中興之臣，客觀上對維護國家統一、抵禦列強侵略起到了積極作用。當時，太平天國余部尚有三十萬人活動於各地，北方的東西捻軍也方興未艾，而西方列強更是環伺中華，虎視眈眈。倘若曾國藩此時乘機稱帝，勢必戰亂再起，中國又會經歷更多磨難，人民更將置身於水深火熱之中。從這個意義上講，曾國藩也算是有利天下蒼生。

而後來的國人，也大多敬佩其嚴格的修身治國精神，從李鴻章、張之洞到袁世凱，無不對其頂禮膜拜，尊為「聖哲」。而後世的兩位現代名人：毛澤東和蔣介石也都對其讚譽有加。毛澤東青年時期，曾潛心研究曾氏文集，得出了「愚於近人，獨服曾文正」的結論。毛澤東晚年還曾說：曾國藩是地主階級最厲害的人物。蔣介石對曾國藩更是百般崇拜，認為曾國藩為人之道，「足為吾人之師資」。他把《曾胡治兵語錄》當做教導高級將領的教科書，自己還將《曾文正公全集》常置案旁，終生拜讀不輟。據說，他的很多行為方式，都是一板一眼模仿曾國藩的。曾國藩的巨大人格魅力，由此可見一斑。

真實的《投名狀》：晚清四大奇案之「刺馬案」

同治 9 年（1870）7 月 26 日，兩江總督馬新貽被人當街刺殺。消息傳開，朝野震驚。清政府連續派出將軍、總督、尚書等幾批高官前往查處。在長達半年的審理過程中，案子卻越審越離奇。政府表面上興師查案，實則刻意掩蓋真相，最後草草收場。後人將該案與「楊乃武與小白菜案」、「名伶楊月樓案」、「太原案」並稱為「晚清四大奇案」。那麼，真實的案情到底是怎樣的呢？

總督被刺，震動朝廷

同治 9 年（1870）7 月 26 日這天，時任兩江總督的馬新貽在江甯（今南京）校軍場閱兵完畢後，在護衛簇擁下正準備返回總督衙門。此時，馬新貽身著一品官服，頭戴翎頂朝珠，前有親兵開道，左右護衛環布，一群隨從們跟在身後，大搖大擺，八面威風。周圍夾道觀看的百姓擠得密密匝匝，卻不敢發出半點聲響。就在這個時候，人群中忽然擠出一人，跪在當道中，雙手捧著一封書信，高舉過頂，用馬新貽家鄉的山東菏澤口音喊道：「大帥！」馬新貽認識這人，一見便問：「你還沒有回去？不是給過你兩次了嗎？怎麼還來？」馬總督神色顯得頗不耐煩。

當那人正吞吞吐吐準備回話時，旁邊又有人大聲呼喊道：「大帥申冤！」接著也跪了下來。馬新貽回過頭來，還來不及詢問何事，此人已突起竄至馬新貽身前，猛然從衣襟下抽出一把雪亮的匕首，左手拉住馬新貽的手臂，右手往上一衝，將匕首刺入馬新貽右胸。馬新貽一聲慘叫，僕倒在地。左右護衛遇此突變，反應不及。待親兵圍集上前扶起馬新貽時，見其已面如土色，雙手緊抱胸部，血流如注，全身抖縮。眾人連忙將馬新貽抬進督署上房，找醫生急救。差役方秉仁一把抓住刺客的辮子，奪過匕首，其他護衛將其扭住，並將其和先前求助的那個人一併捆縛。刺客並不逃跑，還操著北方口音高聲嚷道：「我是張文祥！這事是我一人幹的，與別人沒有干係！」說畢仰天狂笑。

總督被刺的消息立刻傳遍全城，上上下下無不驚詫萬分，尤其是各級官府，亂成一團。布政使梅啓照剛好在衙門內處理事務，聞訊後首先趕到，見到這樣的情形，又驚又怕，手足無措。中軍副將俞吉三報告兇手已被拿獲，他還連呼「速拿兇手」。江甯將軍魁玉得到消息後，也來不及更換便服，便一路小跑趕來。只見馬新貽仰臥榻上，呼吸困難，生命垂危，已經說不出話了。胸口刀傷深至數寸，仍血流不止。此時，久經歷練的魁玉將軍也不禁神色倉皇，連呼醫生救治，並傳令要諸位司道官員速速趕來，將張文祥立即帶上來審問。

衙役們將張文樣帶到後，魁玉張口喝問張文祥是不是瘋子？有何私仇？是何人主使？張文祥怒目相向，只說：「養兵千日，用兵一時，我爲天下人除一惡賊！」魁玉又急又氣，命布政使梅啓照將張文祥帶往衙門嚴刑審訊。

張文祥被帶到衙門後，先後經布政使、按察使、道員、知府、知縣等五十名官員分班輪流會審。而朝廷在接到魁玉六百里馳奏後，也大爲震驚，立即派漕運總督張之萬趕赴江甯會同審辦。

判官潦草，草率定案

要說這漕運總督張之萬在 8 月 23 日接到朝廷諭旨後，照理說本該星夜急赴江甯，會同魁玉辦理「刺馬」案。但是張之萬疑慮恐懼，遲遲不敢動身，直到 9 月間才啓程前往。途中警衛森嚴，上廁所都要數百名士兵環衛保護，在當時傳爲笑柄。而在抵達江甯後，張之萬又一頭紮進魁玉的將軍府，一連數日既不露面，也不接見下屬，每天只和魁玉秘密研究張文祥的供詞。直到 9 月下旬才開始接見會審該案的司道官員，聽取他們的意見。9 月 25 日，張之萬、魁玉才開始正式會審張文祥。魁玉、張之萬給慈禧的審訊奏報說：張文祥是受海盜龍啓雲等人指使，因而行刺總督馬新貽；後來又奏報說：張文祥供詞沒有被人主使行刺的情節，其言「尚屬可信」。兩次奏報前後矛盾，含糊其辭。

關於張文祥的供詞，大致是這樣的：張文祥，河南汝陽縣人。道光 29 年（1849），張文祥先到浙江寧波販賣氈帽，後來開了一家典當行。他在寧波碰到了一位同鄉羅法善，娶了羅法善之女羅氏爲妻，生有一子二女。咸豐 11 年（1861），太平軍攻打寧波，張文祥將銀兩首飾等貴重物品交給妻子羅氏，讓她帶著兒女們出城避亂，自己和夥計留下看店。不久寧波城破，張文祥與一個名叫陳世隆的太平軍小頭目交好，於是張文祥的店鋪得以保全。在陳世隆的勸說下，張文祥也加入了太平軍。後來陳世隆陣亡，張文祥便投入到太平天國侍王李世賢帳下，當上了後營護軍。同治 3 年（1864），太平軍攻下漳州，清軍士兵時金彪被張文祥俘虜。由於時金彪是張文祥的同鄉，張文祥便留下時金彪在自己身邊伺候。太平天國失敗前，張文祥與時金彪一起出逃。但張文祥回到寧波，才得知妻子已被一個叫吳炳燮的人霸占，家裡所有財物也被其全部騙走。張文祥到衙門告狀，雖領回了妻子，但全家財物由於缺乏憑據卻無法要回。此時窮困潦倒的張文祥只好求助於老相識王老四，王老四又轉托相識的龍啓雲湊了一些本錢，讓張文祥開了一家典當行。但實際上，龍啓雲是個海盜，而典當行也爲龍啓雲銷贓的地方。

晚清的兩江總督衙門

同治 5 年（1866），時任浙江巡撫的馬新貽到寧波巡視，張文祥攔轎喊冤，意欲追回被吳炳燮騙走的錢物。馬新貽見此等小事，當即擲還狀詞，未予辦理。不久，又下令取締非法營業的典當行，張文祥的生計遂再次斷絕。走投無路的張文祥於是開始對馬新貽心生恨意。此時，吳炳燮又乘機勾引羅氏逃走，張文祥氣憤至極，便逼迫妻子羅氏自盡。同年 9 月，張文祥與龍啓雲、王老四再次相遇。張文祥述說自己遭吳炳燮侮辱，告狀又不予受理，以致家破人亡的事後，龍啓雲乘機說馬新貽是個昏官，而且他派兵剿匪，使許多海盜兄弟都被捕殺，自己逃回實屬萬幸。龍啓雲誇獎張文祥武藝高強，講義氣，可爲眾人報仇。在言語相激之下，張文祥允諾「殺馬」報仇。同治 7 年（1868），張文祥來到杭州，得知當年被他救下的時金彪就在巡撫衙門內當差，便要求時金彪爲他在衙門內謀一份差事，時金彪顧念舊情，便留張文祥在衙署住了兩日。同治 8 年（1869）馬新貽升任兩江總督，張文祥得知此消息後，便立即趕往江甯（南京）。他看到總督門口貼出的布告，說總督每月 25 日都在校場閱兵，於是便準備尋機謀刺馬新貽。同治 9 年（1870）7 月 25 日，張文祥早早等候在道旁，只因下雨，馬新貽沒有出來。等到次日，馬新貽從校場回來時，張文祥才終於「刺馬」成功。而當街求助的馬新貽同鄉只是恰巧碰到而已，此案和他沒有關係。

就這樣，早就無心審理的魁玉和張之萬便順水推舟，以此供詞爲據，擬定案情。其最後上報給朝廷的處理意見是：張文祥曾經加入太平軍，又受「海盜挾仇指使」，刺殺朝廷大員，按照謀反大罪，凌遲處死；其子張長福現年十二，年幼無知，實不知情，送內務府閹割，發配新疆；時金彪先前在巡撫衙門當差，在督署重地容留來歷不明之人，雖不知其行刺意圖，也革去把總一職，發配邊疆；當日在馬新貽身旁護衛的副將、守備、把總、兵士亦由於看護不當理應受不同程度的處分。另外張文祥往來各地歇腳之處的店老闆、夥計等也被一一提解審訊、處罰。至於海盜龍啓雲、王老四等人，官府密令浙江巡撫等嚴加追訪，務必抓獲。消息傳出，輿論大嘩。朝中大臣紛紛上奏，認爲審問結果不甚明確，要求另派大臣。此時，慈禧太后也覺得此案疑點頗多，馬新貽死得有些蹊蹺。

案情曲折，含混結案

於是，在這種情況下，慈禧不久調足智多謀的直隸總督曾國藩複任兩江總督，並派刑部尙書鄭敦謹爲欽差大臣，命兩人再行複審。臨行前，經驗老到的曾國藩曾特意向慈禧請示該如何辦理此案，但不知爲何，老太后卻對此故意回避，只要他到任後好好練兵。於是，滿腹狐疑的曾國藩一路上反復咀嚼慈禧的意思，卻始終摸不准太后的眞實用意。他與幕僚趙烈文、薛福成、吳汝綸等人反復商討，但終究不得要領。

此時，曾國藩一面派人送信給自己的心腹愛將彭玉麟先行秘密查訪，一面與幕僚隨從緩緩南行。面對種種說法，重重疑點，曾國藩在抵達南京、就任總督後，便首先與幕僚們一起分析了張文祥的供詞，對其中「養兵千日，用在一時」之詞，幕僚們一致認爲，張文祥刺馬案的背後一定有人指使，但這「養兵千日」者是誰？是江洋大盜龍啓雲？還是另有其人？這也許才是偵破「刺馬案」的關鍵。

此後，曾國藩又會審了幾次張文祥。張文祥一會說刺馬是替自己和龍啓雲報仇洩憤，一會又說馬新貽私通西北回王準備反清，刺馬是爲國除害，但就是不承認背後有人指使。不過，張文祥也交代了一個重要細節。還在他一直尋找刺殺馬新貽的機會時，有一次馬新貽坐轎到紫竹林法國天主教堂，張文祥等在門外，尋機殺之。許久，馬新貽在一群基督教士的簇擁下慢慢走出教堂，回頭向法國傳教士抱拳告辭，張文祥正欲掏出尖刀撲過去時，他的衣襟被人從後面拉了一把。張文祥猛吃一驚，回頭看去，只見身後站了一個三十歲出頭的書生。此時，幾名護衛已打起轎簾，將馬新貽扶入轎中，起轎而去。書生趁機將張文祥拉離現場，邊走邊說：「大哥，莽撞了，相距甚遠，護衛又多，沒把握呀！」以後，此書生又不斷與張文祥接觸，卻始終不說姓名和身分。但從其言談舉止中，看得出非同一般。據張文祥講，該書生出手闊綽，聲稱只要能刺殺馬新貽，需要花多少錢都行；而且他對國家大事知之甚詳，言談中，可以感覺到他與馬新貽並無仇恨，但對馬新貽與洋人、洋教的關係非常清楚。他支持張文祥刺馬，似乎只是因爲馬新貽與洋教關係親善。在言談中，這個書生還透露了馬新貽與洋教士的一段非凡關係：早在咸豐 4 年（1854），馬新貽在上海鎮壓小刀會起義的激戰中負傷，被抬到法國人開辦的董家渡醫院，恰巧天主教江南教區主教郎懷仁是該醫院的院長。傷好後，馬新貽在郎懷仁的引導下加入了天主教。此後，馬新貽平步青雲，成爲封疆大吏，對天主教格外照顧。同治 8 年（1869），安徽發生教案，法國公使羅淑亞去南京找總督馬新貽理論。馬新貽對羅淑亞提出的懲辦兇手、賠償損失、在城內建造教堂等要求，一概照辦。不僅如此，馬新貽還會同安徽巡撫發布告示、立石樹碑，極力吹捧洋教的「善行」，要求各地方官「厚待保護傳教之人」，還革除一切禁教條文，規勸江南百姓「規矩習教」、悉聽法國教士在江南「各省租借田地」等。此後，馬新貽與郎懷仁還不時相互訪問，對洋教表示同情，教士們也認爲馬新貽是對洋教最友好的中國官員。天津教案發生後，馬新貽又連上奏摺，斥責反洋教的官員，認爲天津地方官放任百姓反洋教，理應受到懲處。而馬新貽被刺後，南京、鎮江等地的洋人也爲他舉行了隆重的哀悼活動。

隨後，張文祥更供認了一件蹊蹺事：那個神秘人物曾向他提供馬新貽每月 25 日在校場檢閱軍隊的消息，並說可以幫他安排刺殺的具體時機。按常理說，平時總督大人檢閱，演武場不讓閒人出入，即使能進入武場，也無法接近馬新貽。但張文祥說，「刺馬」那天，不知爲何，校場柵欄外突然湧來了無數看熱鬧的群眾，這是從未有過的。到了騎射比賽時，場內歡聲雷動，場外的圍觀者也一起呼叫、擁擠，衛兵無法阻止，許多圍觀者一下子湧入校場，現場頓時陷入混亂。恰在此時，馬新貽離開教場，步行回府。百姓又湧向馬新貽，想一睹總督大人的風采。馬新貽此時志得意滿，也想留給江甯百姓一個好印象，他阻止了衛兵攔截百姓的舉動，大踏步向前走去。於是，混在圍觀百姓中的張文祥遂趁此機會，一舉刺殺成功。

從張文祥的這段口供看，案情條理清楚，而且那天也的確發生了百姓擠倒柵欄的情況。柵欄不倒，百姓擠不進演武場，張文祥也就根本無法靠近馬新貽。原本認爲那只是一出巧合，但這段新的口供則表明顯然是有人事先安排好的。可是，當曾國藩再仔細追審這位神秘人物的來歷底細時，張文祥便供不出詳情了。此時，經過與幕僚們的磋商，曾國藩認爲，這個神秘人物既然知道馬新貽與洋教士的過去，又能讓百姓擠倒演武場柵欄，擠進校場，爲張文祥創造機會，絕不是一般人所能做到的。如此一來，本已有定論的「刺馬案」顯得更加撲朔迷離。曾國藩決定等刑部尚書鄭敦謹抵寧後再做處理。

鄭敦謹是直到上諭下達四個月後才姍姍來到南京的，比曾國藩晚到了一個半月。曾國藩、魁玉、張之萬、梅啓照等人向他彙報了案情後，鄭敦謹唯唯諾諾，竟無成見，仍請曾國藩會審定案。於是，又經過數次會審後，曾國藩考慮再三，決定仍以張之萬、魁玉的初審供詞爲結案依據，按張文祥私通海盜，受龍啓雲指使，刺殺馬新貽以泄私憤來結案。而至於馬新貽與洋教士的關係，以及那位神秘書生的事則一概不提。如此一來，曾國藩、鄭敦謹兩位奉旨查辦「刺馬案」的朝廷重臣複審的結果同先前辦案的結論並無不同。但此時，曾參與審理的孫衣言、袁保慶卻提出異議。兩人都曾受過馬新貽的知遇之恩，都提出要用重刑再審。他們認爲，如此草率結案，不足以成信。但鄭敦謹不同意用重刑逼供，理由是萬一用刑過重，使欽命要犯因傷而死，責任擔當不起。於是，仍維持原案了結。結案上奏清廷後，慈禧太后也沒有再行追究。

就這樣，1871 年 10 月張文祥被凌遲處死，並於馬新貽墳前摘心致祭。馬新貽被追加太子太保，入祭賢良祠，還在江浙、山東等地建忠烈祠，備極榮哀。而這起轟動一時的「刺馬」案，也就隨著張文祥的人頭落地，最終落下了帷幕。

內情迷霧重重，民間議論紛紛

然而，張文祥被殺後，滬寧等地的民間卻開始大量流傳「刺馬案」的各種地下版本。其中，坊間流傳最廣的案情有以下三種：

第一種，湘軍集團暗殺說。傳說，太平天國天王洪秀全曾在天京積聚了大量財寶，曾國荃攻進天京後，這些財寶竟下落不明。有人說，財寶是被湘軍搶劫一空，中飽私囊了。事後，湘軍中也確有不少人發財，大肆購田置地。爲此，當時朝廷曾嚴令兩江總督曾國藩查報太平天國庫銀和財寶的下落，但曾國藩回奏說，天王府已被大火焚毀，財寶無從查找，對此朝廷將信將疑。不久，朝廷將曾國藩調任直隸總督，以便監控。

馬新貽文官出身，做事精明幹練，但不屬於湘軍集團。他在接任浙江巡撫前，按例到北京朝見慈禧，請求訓示。當馬新貽覲見慈禧太后走出來時，大汗淋漓，神態驚恐。據馬新貽後人講，慈禧曾授其密旨，要他秘密調查原太平天國國庫金銀財寶的下落。馬新貽深知事關重大，故而失態。照常理馬新貽進京請訓後，應該到處拜客，在官場中作一番應酬。可這次，馬新貽在面聖後就匆忙離開了北京，叫人好生奇怪。不久，馬新貽又專程請假回家祭祖。臨別之際，他還把兩位兄長召至身邊，秘密叮囑：「我此去吉凶難料，萬一有不測，千萬不要到京告狀。要忍氣吞聲，方能自保。」二人聽後，驚恐不已。後來馬新貽被刺，或許就與他此次秘密調查天京金銀財寶的下落有關。

第二種，是馬新貽私通回匪，招致殺身之禍說。江甯將軍魁玉初審張文祥時，張文祥曾供稱，時金彪說過馬新貽曾經勾通回匪。但抓來時金彪與張文祥對質時，張文祥改了口供：「小的所供時金彪曾向小的告說馬大人勾通回匪的話，是小的前因救過時金彪性命，將他報出幫同作證，好污蔑馬大人的。現與時金彪對質，小的也不敢狡執了。」

此外，據當時參與筆錄口供的人士透露，張文祥在審訊時曾供稱：咸豐7年（1857）廬州失守時，時任廬州知府的馬新貽曾經被張文祥俘獲，他當時並不知道馬新貽是廬州知府，故而將馬新貽與時金彪一起釋放。此言一出，四座皆驚。當時的審訊官員驚愕相視，錄供者也停筆不敢記錄。事後，江甯將軍魁玉並沒有將此事上奏朝廷，官場中對此更是諱莫如深，難怪後人訛言蜂起，議論紛紛。其實，馬新貽私通回匪或廬州被俘一事至今也沒有確鑿的證據可以證明。但類似的故事，卻不脛而走。

第三種，馬新貽富貴忘友，張文祥爲友報仇說。馬新貽在安徽與撚軍作戰時，張文祥是撚軍中的一名軍官。作戰中，張文祥打敗並活捉了馬新貽。此時撚軍已四分五裂，張文祥與好友曹二虎、石錦標私下商量與馬新貽結拜爲異姓兄弟，由馬新貽作保，帶他們投靠清軍。之後，馬新貽依靠張文祥等人屢立戰功，升官發財。同治2年（1863），馬新貽升任安徽布政使，石錦標發財退伍回了老家，張文祥、曹二虎二人也做了軍官，與馬新貽仍然兄弟相稱。但誰也沒有想到，這馬新貽是好色之徒，家有一妻二妾尚不滿足，見曹二虎之妻生得美貌，頓起歹心。他支使曹二虎出外辦事，又藉口兄弟之情將曹妻騙到藩署，姦污了曹妻。張文祥發現後，便將此事告訴了曹二虎。曹二虎未及反應，就被馬新貽暗算。原來，馬新貽先是打發曹二虎去壽州領取軍火，暗中又派人送密信給壽州總兵，以曹二虎「私結撚匪」爲由，將曹二虎斬首。張文祥知道是馬新貽暗害兄弟，也深知自己難逃大禍，便迅速逃離安徽，尋找爲曹二虎報仇的機會。爲此，他特製了兩把精鋼短刀，日夜苦練武藝。聽說馬新貽升任浙江巡撫、閩浙總督，再由閩浙總督調任兩江總督，張文祥遂一路尾隨，苦苦尋找刺殺馬新貽的機會，最後終於得手，實現了替友報仇的夙願。據說 2007 年陳可辛執導的熱門電影《投名狀》就是以此爲藍本改編成的。

酷刑「凌遲」的廢除

重新修訂《大清律》，讓中國的法律制度和世界接軌，是清末新政的一項重要內容。1905年，清政府從《大清刑律》中永遠廢除了凌遲、梟首、戮屍、刺字等酷刑。至此，「凌遲」這一延續了千年之久的酷刑被澈底廢止，中國法制也由此邁向了近代化。

酷刑的起源

在中國歷史上，正式記載於刑法的死刑有斬首、絞、腰斬、棄市、車裂、戮屍、挫屍、抽脅、鑊烹、囊撲、棒殺、凌遲等名目。其中最殘忍的就是凌遲。凌遲，也被稱作陵遲、臠割、寸磔等，即老百姓所說的「千刀萬剮」。

「凌遲」一詞最早見於《荀子·宥坐篇》，其本義是指緩慢的逐漸升高的山坡。而把「凌遲」作為一種死刑的正式名稱，是唐宋以後的事。殺人者要讓被殺者極其痛苦地慢慢死去，取其緩慢的意思[85]。

凌遲作為一種酷刑，是從磔、菹醢逐步發展而來的[86]。中國古代很早就有了將「犯人」加以肢解的「磔」刑（分裂屍體後砍頭，懸首張屍以示眾）。據記載，春秋時期的伍子胥就是被磔於姑蘇城東門外的。秦

85 「凌遲」是將犯人用零刀碎割，讓那些聲稱「腦袋掉了不過碗大個疤」的好漢，想要求速死而不得，從而起到一定的震懾作用。

86 菹，指切碎。醢，意思是肉、魚等製成的醬。而「菹醢」就是指把犯人剁成肉泥的意思了。

漢時又出現了將「犯人」剁成肉醬的「菹醢」。南北朝時，宋後廢帝劉顯曾親手臠割（零割）犯人。北齊文宣帝高洋也用「輕刀臠割」的方法殺死過人。而這裡所指的「輕刀臠割」其實就是凌遲。

唐朝安史之亂中，安祿山就是將顏杲卿零割處死的。不過，直到這個時候，凌遲還是一種法外私刑，沒有寫入國家法典。而凌遲作為一種刑罰正式被國家列入法典，最早見於《遼史．刑法志》：「死刑有絞、斬、凌遲之屬。」晚清法學家沈家本評論認為「凌遲之刑始見於此，古無有也」[87]。

晚清名臣沈家本

何謂凌遲？

在適用範圍上，宋遼時期，凌遲僅限於特殊的命案和謀逆等重犯。南宋詩人陸游在《渭南文集》卷五中曾形象地描述：受凌遲刑者，「肌肉已盡而氣息未絕，肝心聯絡而視聽猶存」。由於該刑罰太殘忍，且不人道，陸游曾向朝廷建議廢除。但讓陸遊失望的是，朝廷不但沒有廢止凌遲，反而將之編進《慶元條法事類》，變成了與斬、絞等並列的死刑名目。從此，凌遲在遼、宋時期變成了國家的正式刑罰。後來的元朝也接著把「凌遲」作為正式條款列入刑法，規定悖逆大罪要處以凌遲。《竇娥冤》中所反映的凌遲之刑，就是把犯人零割一百二十刀。

到了明朝，《大明律．刑律盜賊》對適用凌遲的範圍做了進一步規定：「謀反大逆，凡謀反謂謀危社稷，大逆謂謀毀宗廟、山陵及宮闕，但共謀者，不分首從，皆凌遲處死。」可能是官修史書的緣故，這裡並沒有對行刑的具體細節作出解釋。但熟讀明史的清代法學家王明德在

87 凌遲在史籍中有磔、肢解、臠割、零割等多種名稱，雖然說法不同，但施行的手段差不多。

其《讀律佩觿》一書中就講得比較明白了：「凌遲者，其法乃寸而磔之，必至體無餘臠，然後爲之割其勢，女則幽其閉，出其臟腑，以畢其命，支分節解，菹其骨而後已。」所謂「寸磔」，就是用刀一寸一寸地割。沈家本在其《歷代刑法分考》裡更進一步解釋說，「寸磔」其實只有八刀，即「先頭面，次手足，次胸腹，次梟首。皆劊子手師徒口授，他人不知也，京師與保定亦微有不同，似此重法，而國家未明定制度，未詳其故。」但即便是這樣，滿共只有八刀的凌遲也不能被眞正算作寸磔。那麼，眞實的凌遲到底需要割多少刀呢？其實，這裡面並沒有明確規定，那個時候國家沒有統一的行刑標準，全憑劊子手自己把握，而且各個地方的規矩也不一樣。不過，這裡面倒是有一點可以肯定，就是到了明朝後期，凌遲的行刑過程卻是越來越複雜了，有時多達數千刀，行刑的時間也拖至數日。例如，明朝正德皇帝殺大太監劉瑾時，就曾要求「凌遲三日」，再銼屍梟首。當時在刑部任職的張文麟還曾做如下筆錄：

> 奉旨：劉瑾凌遲三日，銼屍梟首。……凌遲刀數例該三千三百五十七刀，先十刀一歇一吆喝。頭一日該先剮三百五十七刀，如大指甲片，在胸膛左右起初開刀，則有血流寸許，再動刀則無血矣。人言犯人受驚，血俱入小腹小腿肚，剮畢開膛，則血皆從此出。至晚，押瑾順天府宛平縣寄監，釋縛數刻，瑾尚能食粥兩碗。次日則押至東角頭。先日瑾就刑，頗言內事，以麻核桃塞其口，數十刀氣絕，時方日升在彼，與同監斬御史具本奏，奉聖旨：「劉瑾凌遲數足，銼屍免梟首。」銼屍，當胸一大斧，胸去數丈。

而明末崇禎年間忠臣鄭鄤被奸黨所害後，也是被淩遲處死的，有人用下面的文字記錄了當時的場面：

> 黎至二十六日黎明，臠割之旨乃下，外擬原不至是。……少停，行刑之役俱提一小筐，筐內藏貯鐵鉤與利刃，時出其刀與鉤穎，以砂石磨礪之。辰巳二刻，人集如山，屋皆人覆，聲亦嘈雜殊甚。坐陽（即鄭鄤）停於南牌樓下，坐筐籃中，科頭跣足，對一童子囑咐家事，絮絮不已。傍人云：「西城察院未到，尚緩片刻」。稍停，從人叢中舁之而入，遙望木丫，尚聞其「這是何說」者連詞。於極鼎沸中，忽聞宣讀聖旨，結句聲高：「照律應剮三千六百刀。」劊手百人，群而和之，如雷震然，人盡股栗也。炮聲響後，人皆跂足引領，頓高尺許，擁擠之極，亦原無所見，下刀之始不知若何。但見有丫之木，指大繩勒其中，一人高距其後，伸手垂下，取肝肺兩事，置之丫顛。眾不勝駭懼。忽又將繩引下，而坐陽之頭突然而興，時已斬矣。則轉其面而親於木，背尚全體，叢而割之如蝟。須臾，小紅旗向東馳報，風飛電走，云以刀數報入大內也。午於事完，天亦暗慘之極。歸途所見，買生肉以為瘡癤藥料者，遍長安市。二十年前之文章氣節、功名顯宦，竟與參術甘皮同奏邀功，亦大奇矣。

怎麼樣？夠慘吧？不過，這還不算最慘的，最慘的是明末抗清名將袁崇煥。崇禎皇帝在中了大清的反間計後，竟誤以為他通敵賣國，氣急敗壞之下把袁崇煥淩遲處死。行刑前先遊街示眾，然後用漁網覆身（讓肌肉突出以便下刀），最後剮了三千五百四十三刀。

到了清朝，凌遲的殘忍度雖不及明朝，卻更普遍。謀反大逆、殺人、劫囚、越獄、掘墳、逼人致死，都得凌遲。太平天國起義之後，清廷更是以重典治亂。咸豐皇帝授權督撫，對叛軍人犯可以「就地正法」，可以使用凌遲威懾[88]。同治2年4月27日（1863年6月13日），當時英國人辦的《華北先驅週報》裡就曾報導清軍將太平軍俘虜凌遲處死的情景：

> 太倉被占領的次日，上午十一時光景，有七名俘虜被押送到衛康新附近清軍營地。他們的衣服全被剝光，每個人被綁在一根木樁上面，受到了最精細的殘忍酷刑。他們身體的各部分全被刺入了箭鏃，血流如注。但這種酷刑還不能滿足那些刑卒的魔鬼般的惡念，於是又換了別種辦法。他們從這些俘虜身上割下了，或者還不如說是砍下了一片片的肉，因爲根據當時景象看來，他們所用的行刑工具太鈍了。這些肉掛著一點點的薄皮，令人不忍卒睹。……這些可憐的人們在數小時內一直都痛苦地扭動著。大約在日落時分，他們被一個獸性的劊子手押到刑場上，這傢伙手裡拿著刀，急欲把自己的雙手染滿鮮血，簡直像惡魔的化身。他抓住這些不幸的犧牲者，威風凜凜地把他們拖到前面，嘲笑他們，侮辱他們，然後把他們亂剁亂砍，用刀來回鋸著，最後才把他們的頭砍斷一大部分，才總算結束了他們的痛苦。

到了晚清，社會逐漸開化。由於凌遲過於殘忍、不人道，且違背

88 其中最著名的是太平天國翼王石達開、天國副丞相林鳳祥被凌遲處死。石達開就刑時，被割剮一百多刀，卻始終凜然無聲，「神色怡然」從容就義，年僅三十三歲。林鳳祥受刑時，也是「刀所及處，眼光猶直視之，終未嘗出一聲」。

法學精神，法學家薛允曾多次公開呼籲清政府從《大清刑律》中剔除凌遲酷刑。此時，一些對凌遲有所耳聞的外國人也從人道主義的立場出發，對於廢除的主張表示支援。據《東華續錄〈同治朝〉》記載：1866 年 2 月 23 日，英國駐華公使威妥瑪專門就廢除凌遲一事向總理衙門遞呈說帖，請中國不再使用凌遲酷刑。4 月 12 日，恭親王奕訢在向朝廷上奏時，也說中國的凌遲酷刑已經讓各友邦見之不悅，中國應改革刑章，人犯以斬決爲止云云。此奏在清廷內部引發軒然大波，有贊成者，也有反對者。贊成者主張寬刑待民，反對者主張用嚴刑峻法治民，並特別指出，凌遲能以死者痛苦不堪的場面達到殺一儆百的目的，不能撤廢。不過，還是考慮到國際觀瞻和照顧洋人的臉面，清政府最後和威妥瑪達成協議：凡洋人交出的中國人犯，不論何罪，都不使用凌遲。這是大清在廢止凌遲問題上邁出的一小步。後來，朝廷內部又圍繞著興廢凌遲的問題，繼續爭吵了四十年。一直到光緒三十一年（1905），清政府才正式批准沈家本擬定的《刪除律例內重法折》，決定永遠廢除凌遲、梟首、戮屍等嚴刑。

最後的刑犯

據林紓在《畏廬小品》裡記載，中國歷史上最後一個被凌遲處死的人，是清末北京城的惡棍康小八。清光緒年間，土匪盜賊猖獗，尤其是北京的康八、康九兄弟以盜搶爲業，糾集了一幫社會上的閒散無賴，組成了一個黑社會組織，專門對行商進行敲詐勒索，荼毒一方[89]。

有一次，康小八在一家剃頭鋪剃頭，聽見剃頭匠和一位顧客正在閒

89 要說，這兄弟倆也有兩下子，尤其擅長輕功，還有一把手槍。兄弟倆平時不但搶劫偷盜，還特別好色，見到略有姿色的婦女，就尾隨其後，將其綁到隱蔽處姦污，或者乾脆綁回去做壓寨夫人。

談，大罵康小八不得好死。康小八剃完頭便走過去問：「你倆認得康小八？」二人說：「誰認識這個混帳東西。」聽罷，康小八嘿嘿冷笑說：「今天康八爺就叫你們倆當個明白鬼。」說罷拔出手槍把二人打死，轉身揚長而去。不過，法網恢恢，疏而不漏。康八到頭來還是難逃法律的制裁，最後被五城練勇緝拿歸案，被判在北京菜市口「凌遲」處死。

據說，康小八被凌遲那天，菜市口擁擠了近萬人。對康小八主刑的是北京城有名的刑頭蔡六爺。只聽監刑官一聲令下，蔡六爺抽出一把細長的匕首，走到全身衣服被剝光的康小八面前。此時的康小八被用魚線織成的網絲捆得緊緊的，網絲間綳起塊塊黑肉。蔡六爺在康小八身上拉下三千七百八十四刀，整個人血淋淋的如同被剝了皮一樣，全身沒一塊好肉。康小八在行刑過程中除大笑幾聲外，沒發出一點哀求聲。此時的京城已經好些天沒落下一滴雨，天空萬里無雲，一片片的莊稼地都乾涸得裂了口。就在剮了康小八之後，天氣卻突然轉陰，一會電閃雷鳴，黃豆般大小的雨劈裡啪啦下了個透。據老百姓說，這是因爲殺了惡魔，天公開眼了。

封疆大吏為何寓廟而居？

清代各省的地方官進京面聖或等待陛辭、外放時都需要在京城裡暫住一段時間。這段時間，他們大都選擇在北京城內的寺廟下榻，就連總督巡撫這樣的封疆大吏們也不例外。這是為什麼呢？

封疆大吏，無奈居廟

按照清朝的規定，地方官員若不是京官出身，是不能隨意在京師設立私宅或「留邸」（相當於今天的駐京辦事處）的。即使是封疆大吏也只能在接到聖旨後才能入京，否則就是擅離職守[90]。順治3年（1646）朝廷內閣頒布命令：爲防止各地來京的官員拉關係，走後門，行賄賂，五城禦史、五城兵馬司衙門及其屬下的各司、坊官員，要經常巡察暗訪。因此，外省官員不僅不敢在京城購置地產，私設宅院，甚至到了北京也不敢住在同鄉、同年或朋友家裡，以免被五城兵馬司發現或被禦史們參奏。

如此一來，這些遠道而來的外地官員理應住在京城裡的旅店客棧裡才對。可偏偏，朝廷又有規定：禁止二品以上的官員進出茶樓、酒肆、戲院，違者以違制論處。再說了，這些旅館的地理位置大都緊鄰茶樓、酒肆，有些還自帶戲園，乃至妓院。所以，在這種環境下住宿，難

90 在皇帝看來，地方大員既然被派出去做官，就應該老老實實辦差。如果在京建有私宅或者有手下駐在京城，那意圖不是想窺測朝政，就是要結黨營私、收受賄賂，最起碼也是「其志不在封疆」。

免給自己惹來麻煩。但如果，封疆大吏們選擇在各省會館下榻，則招惹的是非更多，因爲會館是各省應試舉人和商人的聚會場所，地方官員住進去難免會給人通商賈、謀私利的猜忌。

於是，算來算去，最後就只有入住寺廟最合情合理了。當時北京有一千多所寺廟，不少寺廟規模壯觀，環境舒適，蒼松翠柏，古梅修竹，頗有園林之雅；客房之中，窗明几淨，齋堂素食，清淡可口，往往勝過市井食肆。下榻寺廟，一可免於私邸的應酬，二可免於旅棧之喧囂，三可免於會館之是非，四可免於安家之麻煩。更何況，寺廟乃佛門清淨之地，督撫大人們寓居於此，也可以藉此宣示自己的坦蕩無私，不鑽營、不賄賂、不謀私、不囑託。「我佛爲證，神明不欺」。寓廟而居，下榻佛前，可謂妙哉，何樂而不爲。

那麼，作爲佛門淨地，寺廟又願不願意收留這些各地的達官貴人呢？按道理來說，寺廟本不該接納世間名利之客，可古代的廟宇宮觀也非天天開門迎接香客，香客們的香火布施，一般都在每月的初一和十五，也有一年內定期開放幾次的。所以，廟裡平時開支花銷，除了靠香客布施和做道場賺取的收入外，也要依賴出租「廟寓」來維持。而歷史上也有過不少達官顯貴、名人墨客在寓居的寺廟裡讀書悟道、淨心養生的故事。所以，自古以來，本爲佛門淨土的寺廟就不是不食人間煙火的地方，出租「廟寓」維持寺裡的日常開支是眾方丈們一條重要的生財門道。更何況，這種「廟寓」也有很多好處：一來拿了借宿費，二來多了香火錢，三來還能找個上層當靠山。因此，城裡的寺廟多半樂於接待這些有錢沒處花的地方大員[91]。

91 唐代元稹在《鶯鶯傳》中寫張生寓居普救寺，遇到借宿的崔鶯鶯母女，就反映了這種「廟寓」的悠久歷史。

賢良古寺，見證歷史

那麼在晚清時，京城內的哪所寺廟最受各地封疆大吏歡迎呢？自然非「賢良寺」莫屬。

說起來，這賢良寺原為雍正年間怡親王允祥的府邸。怡王府地處帥府園一帶，面積很大[92]。允祥死後，按他的遺願把府邸改建為賢良寺。乾隆20年（1755），賢良寺遷建至王府井東邊的金魚胡同和冰渣胡同之間。據1935年的《北平旅行指南》記載：該廟地勢寬敞，肅靜無嘩。庭中古柏參天，老槐蔭地，非常愜意。到了夏天暑熱，在廟裡擇一塊蔭涼地席地而坐，邊喝茶邊看書，去熱解暑，儼然是京城內的一處世外桃源。此外，在寺內還有一座精美畫壁，畫壁上繪一個羅漢像，左手下隱伏一隻白額猛虎，右手持一把大扇，作飛揚狀，隱然間有抑惡揚善之意。

由於賢良寺毗鄰皇宮，距離紫禁城的東華門只有一裡多地的路程，所以當時外省官員進京述職時多居於此。其中不乏一些在近代史上聲名顯赫的大人物。例如，曾國藩、左宗棠、李鴻章、岑毓英、周馥等歷史名人都曾在此下榻，吳汝綸、袁世凱、康有為等也曾在此短住。其中，又以晚清北洋大臣、直隸總督李鴻章在這裡寓居時間最長、故事也最多[93]。

---

92 據繪於乾隆年間的地圖，怡王府西臨今天的王府井大街，東至校尉胡同，北到金魚胡同，南至帥府園胡同，包括現在中央美術學院等一大片地方。

93 小小一座賢良寺不僅看到了晚清社會及官場的榮辱百態，世態炎涼，也見證了中國近代史上的刻骨屈辱。

1868 年李鴻章在湖廣總督任上擔任協辦大學士，1872 年曾國藩去世後，又任武英殿大學士。1875 年他極爲榮耀地被授予文華殿大學士，成爲有清一代唯一獲此殊榮的漢人。由於清朝時不設丞相，以大學士爲內閣首領，而內閣又是輔佐皇帝處理國家政事的中樞機關。所以身兼直隸總督、北洋大臣的李鴻章儘管府邸在保定、天津，卻由於身爲朝廷三個大學士而理所當然地承擔了朝廷相國的重任，因而常年住在北京。而賢良寺實際上也就成了李鴻章在京時的行轅，是他的辦公場所兼寓所。據說，李鴻章第一次進京時便住在賢良寺裡，以後無數次進京，也無一不下榻於此，甚至這廟裡的西跨院還是李鴻章出錢蓋的。

據記載，當年正在朝廷裡紅得發紫的李鴻章在賢良寺寓居時，寺門外常年車水馬龍，冠蓋如雲，無限風光。可誰想，甲午一戰，中國戰敗，李鴻章因簽訂《馬關條約》和《中俄密約》，一下子變成了朝野內外千夫所指的民族敗類，受盡了嚴厲指責。在罷掉直隸總督後，李鴻章一直在京賦閑。此時，李鴻章在賢良寺的日子，可謂是他一生中少有的悠閒時光。據李鴻章的幕僚吳永記載，當時李鴻章在賢良寺寓居的日常起居是這麼安排的：

> 早間六七點鐘起，稍進餐點，即檢閱公事，或隨意看《通鑒》數頁，臨摹《聖教》一紙。午間飯量頗佳，飯後更進濃粥一碗，雞汁一杯。少停，更服鐵水一盅。即脱去長袍，短衣負手，出廊下散步，非嚴寒冰雪不禦長衣。予即於屋內伺之，看其沿廊下從彼端到此端，往復約數十次。一家人伺門外，大聲報曰：「夠矣！」即牽簾而入，瞑坐皮椅上，更進鐵酒一盅，一伺者爲之搓捏兩腿……凡歷數十百日，皆一無更變。

在被罷掉直隸總督後，李鴻章終於從繁重的公務中解脫，開始反思自己。平日裡，他很少出門會友，即使有人想要見他也十有八九被擋著不見。對於自己的一生，李鴻章曾用「一萬年來誰著史？八千裡外覓封侯」、「少年科第，壯年戎馬，中年封建，晚年洋務，一路扶搖」來概括。而對於自己晚年洋務的失敗和世人的指責，這位老中堂曾頗爲痛心疾首且不無抱怨地說：

> 我辦了一輩子的事，練兵也，海軍也，都是紙糊的老虎，何嘗能實在放手辦理？不過勉強塗飾，虛有其表，不揭破猶可敷衍一時。如一間破屋，由裱糊匠東補西貼，居然成是淨室，雖明知爲紙片糊裱，然究竟決不定裡面是何等材料。即有小小風雨，打成幾個窟窿，隨時補葺，亦可支吾應付。乃必欲爽手扯破，又未預備何種修葺材料，何種改造方式，自然眞相破露，不可收拾，但裱糊匠又有何術能負其責？

從這些語句中，我們已看不到李中堂當年的那種縱橫捭闔的揚厲之氣，反而在言語裡流露出了一種英雄遲暮、無力回天的悲涼。在突然失去權力後，門庭冷落的生活反倒讓他看穿了這個繁雜紛亂的世道。當他發現整個天下已經無法可補，自己也再沒有了補天之才，李鴻章終於看透了世態的炎涼。

這時有「帝師之尊」的翁同龢正如日中天[94]。只可惜，翁同龢不是大學士，不能被人尊稱「丞相」。因此心有不甘的翁同龢，希望能取李鴻章而代之。於是，李鴻章的舊日門生袁世凱便受翁師傅之托趕赴賢

---

94 飽讀史書、滿腹經綸的翁同龢，曾於同治 4 年，成為同治的老師，前後教授九年。同治帝病逝後，又受慈禧之命，指導光緒帝讀書，為光緒的啟蒙老師。翁同龢共與兩位皇帝以師生關係相處長達二十四年，是為同治和光緒朝的兩朝「帝師」。

良寺拜謁老師。他說：

> 中堂是再造元勳，功高汗馬。現在朝廷待您如此涼薄，以首輔空名，隨班朝請，未免過於不合。您不如暫時告歸，養望林下，俟朝廷一旦有事，聞鼙鼓而思將帥，不能不倚重老臣。屆時羽檄征馳，安車就道，方足見您的身分呢。

聞聽此言，經驗老到的李鴻章立馬看穿了袁世凱的來意，隨即厲聲呵斥道：

> 慰廷（袁世凱的字），你是來替翁叔平（翁同龢，字叔平）當說客的吧？他想得協辦大學士，我開了缺，正好騰出個協辦，他即可頂補。你告訴他，教他休想！旁人要是開缺，他得了協辦，那不幹我事。想補我的缺，萬萬不能！諸葛亮說：「鞠躬盡瘁，死而後已。」這兩句話我還配說。只要我一息尚存，決不無故告退，決不奏請開缺！花言巧語，休在我面前賣弄！

就在李鴻章閒居賢良寺之際，康有爲、梁啓超們開始日夜奔走，呼籲維新變法。消息傳到賢良寺中，李鴻章欣然向強學會捐款二千兩白銀，要求入會，但被新黨拒絕。轉眼間，百日維新戛然而止。事敗後，眾多朝廷要員紛紛退出強學會，唯恐與維新派扯上關係，而此時李鴻章卻被當做康黨受到彈劾。得到消息的慈禧太后遂即質問李鴻章說：「有人說你是康黨。」李鴻章回答：「臣實是康黨，廢立之事，臣不與聞，六部誠可廢，若舊法能富強，中國之強久矣，何待今日？主張變法者即指爲康黨，臣無可逃，實是康黨。」慈禧太后聽後，默然無語。

1900年庚子國變，情急之下，清政府急忙調李鴻章入京與八國聯軍議和。為了讓大清在談判中少受些損失，李鴻章在談判中抱著「補救一分是一分」的態度極力斡旋，「竭力磋磨」，「每當聚議時，一切辯駁均由李鴻章陳詞；回奏朝廷折電，概出李鴻章之手」。每天日理萬機，忙得焦頭爛額。一日，他在拜會英、德公使後回賢良寺的路上受了風寒，回去後便一病不起。此時一看李鴻章病倒，一直以來都故意拖延談判、想要漫天要價的八國聯軍也沉不住氣了。在這種情況下，雙方的「議和大綱」才算出爐。1901年1月15日，李鴻章和慶親王奕劻最終代表大清國在「議和大綱」上簽字。然而，許多不明內情的國人卻因此指責李鴻章說他「誤國」，並將其與歷史上著名的賣國賊秦檜相提並論[95]。

由此一來，李鴻章受了極大的委屈，加之長期操勞，終於咳血不止。此時，李鴻章雖有心救國，卻已無力回天。油盡燈枯的老中堂在主持完與列強的談判後便因胃血管破裂再一次大口吐血，而「痰咳不支，飲食不進」，一病不起。死前，他眼望房梁，終日不語。一日，已經穿戴好壽衣臥於病榻上的李鴻章忽然睜大眼睛，嘴唇喃喃顫動，兩行清淚緩緩滾出。此時，聞訊匆忙趕來的老部下周馥痛哭道：「老夫子，有何心思放不下，不忍去耶？公所經手未了事，我輩可以辦了，請放心去罷！」只見李鴻章目張口動，欲語淚流。周馥以手抹其目，且抹且呼，其目遂瞑，須臾氣絕。1901年11月7日，李鴻章在北京賢良寺西跨院黯然去世，終年七十九歲。當天，北京天氣驟變，秋風蕭瑟，滿街落葉。

---

95 在當時的北京城裡，八國聯軍宣布，除「兩個小院落屬於清國政府管轄之外，京城的其他區域都由各國軍隊分區占領」。而聯軍所稱的「兩個小院落」，一個是慶親王府，另一個就是李鴻章回京後寓居的賢良寺。而這賢良寺的西跨院就是當年李鴻章簽訂《辛丑合約》的地方。因此，小小的賢良寺既見證了李鴻章的最後掙扎與無奈，也見證了大清國的屈辱與悲哀。

幽幽古剎，湮滅市井

如今這座曾見證中國近代屈辱歷史的賢良寺早已不復存在。清朝覆滅後，到了民國年間，由於賢良寺內空間寬大，所以配殿內曾建過一所小學。後來又由於前清時這裡曾爲許多達官貴人操辦過喪事，所以又開設了殯儀館，是爲當時全北京最大的殯儀館之一，一直到1950年才撤銷。此時寺內面積雖然是越來越少，但和尚卻並未散去，直到建國後，賢良寺內還有不少僧眾。但後來，由於受歷次政治運動影響，寺內僧眾被遣散，廟裡房屋也被用作校尉小學的校舍，寺院前殿、東西配殿以及後樓一層都被當做教室徵用，甚至原來的住持也無奈改行做了這所小學的校長。而存放在寺內正殿和後樓二層的大量經書和法器，加上寺中的石碑，則都被移至五塔寺石刻博物館。1988年，賢良寺所在地區開始大規模拆遷改造。爲了拓寬馬路、改造街道和修建飯店，原來金魚胡同、校尉胡同和冰渣胡同的民房也被悉數拆除。1990年，校尉小

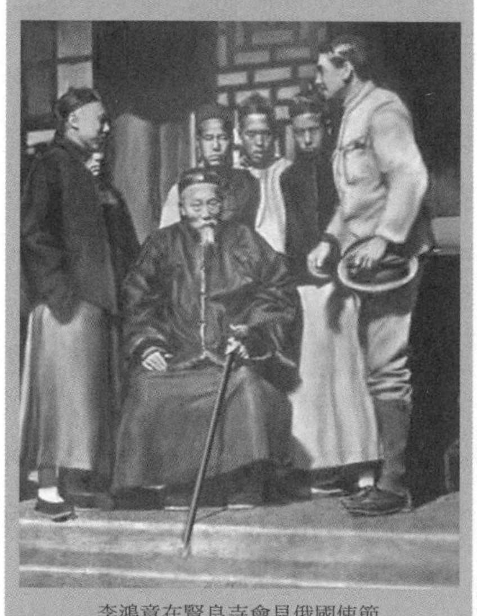

李鴻章在賢良寺會見俄國使節

學改建，賢良寺的大部分建築最終全被拆除，如今只剩下寺東邊的一進小院，孤零零地深藏在校尉小學的高樓東邊。

撫今追昔，昔日的賢良寺已湮滅在歷史的故紙堆中。如果現在各位還想要領略一下當年封疆大吏寓廟而居的歷史風情，或許還可以到如今的臥佛寺一遊。臥佛寺裡也有六、七個精緻的四合院落，名曰「臥佛寺飯店」，還很有從前「廟寓」的遺風。

不差錢的大清為何屢打敗仗？

一談起晚清，人們心中總會有一種貧窮落後的印象。殊不知，在鴉片戰爭前，中國的GDP竟占世界GDP總量的百分之三十二點九！人口達四億一千萬，軍隊總員近百萬人，這三項指標均為世界第一。從資料上看，說中國是當時的世界超級大國一點也不為過。然而就是這麼一個貌似強大的帝國，卻從鴉片戰爭開始，竟不堪一擊，屢戰屢敗。這背後的原因到底是什麼呢？

清朝武備，外強中乾

大清曾經有一支強大的武裝力量。其軍制原分爲八旗與綠營兩種。八旗有正黃、正白、正紅、正藍和鑲黃、鑲白、鑲紅、鑲藍各四旗，合稱八旗。後來把蒙古軍隊編爲蒙古八旗，將進關前收降的明朝軍隊編爲漢軍八旗。因此，總共二十四旗。清軍進入北京後，又把進關後歸降的漢族軍隊編爲獨立的綠營。但不管是八旗還是綠營，都是大清的正式軍隊。鴉片戰爭前夕，清朝的八旗兵和綠營兵編制上共有八十多萬人，但缺額甚多而且武器落後，其部隊裝備水準與清朝早期相比不僅沒有更新，反而還有所退步。再加上軍務廢弛、軍紀敗壞和缺乏訓練等因素，導致清朝中葉以後的國防力量十分虛弱。

曾幾何時，作爲大清的「經制之師」，八旗兵可是清朝賴以立國、定天下的精銳主力。早年的八旗兵非常了得，他們精於騎射，勇猛彪悍，勢如狂飆。但自嘉慶年間以後，實行世襲制的八旗兵出現分化，許多旗人飽食終日，無所事事，整天以喝花酒、鬥蟋蟀、賭博、泡茶館爲業，變得好逸惡勞，腐朽不堪。道光年間，除了蒙古八旗的部分騎兵可稱精兵外，滿漢八旗已基本喪失戰鬥力。鴉片戰爭爆發後，當英軍進攻浙江定海時，道光皇帝令八旗出征。這些從小嬌生慣養的紈褲子弟，一路上抓民夫，由四個民夫抬著一個旗兵行軍。剛到前線聽到炮聲，旗兵們便一哄而散，作戰形同兒戲[96]。

綠營也是清朝常備兵之一。全國綠營兵額總數，在咸豐以前大約在六十萬人左右，比八旗兵多三、四倍。綠營以步兵爲主，也有少量騎兵和水軍。綠營兵平時駐防全國各地，由各地總兵官管帶。但地方總兵卻無權調遣綠營兵馬，綠營兵權悉歸皇帝統轄。戰時，出征的統兵將領由皇帝臨時任命，而且主將多由文官擔任，以文制武。這種兵制雖然防止了武將專權，但由於將帥都是作戰前的臨時組合，所以帥不知將，將不知兵，打仗中也難以有效配合，常常導致號令難行，戰場失控。

綠營兵

由於清朝統治者一直把階級矛盾和民族矛盾視爲國家安全的主要威脅，所以清軍也基本以應付國內戰爭爲主，對可能發生的外國侵略幾乎沒有任何預案，國防布局中既沒有一支戰略預備隊，更沒有快速

96 清朝曾經規定，文官出行可以坐轎，武官出行只能騎馬，然而到了晚清，八旗裡的不少軍官連馬都不會騎了，鬧出了武官坐轎上前線的天大笑話。

機動部隊。平時把八旗軍隊部署於京畿附近及其周邊省份，而其它地區則由戰鬥力稍差的綠營駐防。直至鴉片戰爭前，清軍的構成還主要以單一的陸軍爲主，至於其有限的水師，在編制上也隸屬於八旗和綠營，不是獨立建制，戰鬥力更是乏善可陳[97]。所以，清朝在閉關鎖國政策的指導下，自乾隆年以後，軍備日益廢弛，國防實力空前虛弱。到咸豐年間太平天國起義時，八旗和綠營常常被打得落花流水，一敗塗地。於是以湘軍、淮軍爲代表的地方部隊遂應運而生，一直到洋務運動後才出現了近代意義上的海軍和陸軍。

朝廷昏庸，大臣迂腐

清王朝自命天朝上國，思想上封閉守舊，政策上閉關鎖國。從皇帝到大臣，對世界的變化以及各國的情況幾乎一無所知。1840 年當英國軍艦駛入廣州內河時，道光皇帝才開始打聽：英國地方有多大？女王有無婚配？和中國西北部有無旱路相通？跟俄羅斯是否接壤？知己知彼，方能百戰不殆。不知己，不知彼，焉得不敗？

鴉片戰爭期間，皇帝時而主戰，時而主和，舉棋不定，進退失據。朝廷內又分爲主戰、主和兩派，態度不一，爭論不休，常常貽誤戰機。最可憐的是那些的皇親貴戚和軍政大員們，數十年來，飽食終日，無所用心，騎不上戰馬，舞不動刀槍，卻突然被任命爲某某將軍，主持一方軍事，抵禦強敵入侵，其茫然無奈，貽笑大方，也眞難爲他們了。

1841 年 2 月，道光皇帝派御前大臣、領侍衛內大臣奕山爲靖逆將軍，領軍一萬七千人開赴廣州抵禦英軍。奕山是道光皇帝的皇侄，他一

97 據《清史稿》載：「沿海各省水師，僅為防守海口、緝捕海盜之用。」

到廣州便「食受貨賄」，胡說「粵民皆漢奸，兵皆賊黨」，「患不在外而在內」，執行「防民甚於防寇」的反動方針。結果，英軍一用火炮轟擊廣州城，奕山就在城頭高懸白旗，與英方訂立了屈辱的《廣州和約》。而道光皇帝對打了敗仗的奕山並沒有給予任何處分，反倒把責任算在已被革職的林則徐頭上，下令把林則徐發配到新疆伊犁去贖罪。

因鎮壓白蓮教起義而被封爲「軍勇侯」的清朝「名將」楊芳，作爲參贊大臣赴廣州輔佐奕山防剿英軍。此人內戰內行，但對外作戰卻是個十足的蠢貨。他看到英艦橫行無阻，炮火精准猛烈，認爲其中必有「邪術」，便命令地方保甲收集民間的馬桶和婦女用的穢帶載於竹排之上，企圖以「穢物制邪」之法，去抵擋英國軍艦，結果可想而知，貽笑百年。當時有人寫詩嘲諷曰:「糞桶尙言施妙計,穢聲傳遍粵城中。」清朝的「名將」尙且如此昏庸愚昧，其他貴族、文臣的治軍禦敵本領更不堪耳聞。

1841 年 10 月，道光皇帝的另一位皇侄、揚威將軍奕經被派往浙江主持軍務。他從北京前往浙江途中，一路上勒索地方供應，整日沉溺在花天酒地之中，所到之處民怨沸騰。而奕經也像奕山一樣，同樣把老百姓看成漢奸，顚倒是非，混淆敵我[98]。他誣衊浙江「到處都有漢奸，商人裡占十之七八，是漢奸還是良民，無法分辨清楚」。在大敵壓境之際，奕經不思退敵之策，卻跑去西湖的關帝廟求籤，乞靈於「伏魔大帝」。附會所謂「虎年虎月虎日出兵，必獲全勝」的讖語，在 1842 年 3 月 10 日 4 時（即所謂虎年虎月虎日虎時）出戰，結果「揚威將軍」奕經又一次兵敗浙東。一句荒唐無稽的簽語遂決定了一場大戰的命運

98 不久後，浙江民間遂流傳出這樣一副對聯嘲諷奕山：「紅鬼、白鬼、黑鬼，俱是內鬼；將軍、制軍、撫軍，總是逃軍。」形象生動地描繪了清朝官僚的醜惡嘴臉。

和數萬人的生死。

還是在第一次鴉片戰爭中，英軍進攻廈門。閩浙總督顏伯燾命令將巨炮運至廈門，排列於海口砲臺的護牆（工事）之外。有人提醒顏伯燾說，這些大炮極重，非數十人不能拉動，而大炮是放一炮就要裝一次彈藥的，如果不把大炮從護牆外拉回，士兵怎敢出牆裝彈？誰知驕縱無知的顏伯燾竟回答：「一炮即可滅賊，何須再裝彈藥！」結果，英艦到來後，士兵們一炮放完，就只能等著英艦輪番炮擊了。於是，士兵潰散、軍官逃命，一場戰鬥就這樣如兒戲般地失敗。試問，由如此迂腐昏官主持軍務，何談取勝？！但這位打仗無能的閩浙總督，對於搜刮錢財倒是非常在行。他被革職返回廣東時，途經漳州。據張集馨的《道咸宦海見聞錄》記述：從初一日即有扛夫過境，每日總在六、七百名，直到初十日，顏伯燾及其眷屬才到達漳州。家屬、僕從、兵役、抬夫，差不多有三千名，縣中招待酒席就擺了四百餘桌。顏伯燾在漳州一住數天，搞得「縣中供應實不能支」。

派系混亂，令出多門

清軍缺乏統一的領導和指揮體制，也是導致其軍事上一敗再敗的主要原因。從指揮系統看，清軍先有八旗、綠營，後來又有練軍、防軍，這些軍隊自成體系，互不統屬。即使在同一戰區的部隊，也可能由多人分別指揮，無法協同作戰。而各個戰場的軍權又操於將軍、督撫之手，各集團派系由於平時爭權奪利，導致戰時互不配合，甚至見死不救，往往被敵軍各個擊破[99]。盛宣懷在分析甲午戰爭戰敗的原因時，就

99 王安定在《湘軍記》中說：「將領間互不熟悉，士兵們互不瞭解。打了勝仗互相嫉妒，戰敗時互不相救。欽差大臣與地方將領，號令不一」；「最令人痛心的，莫大於敗不相救四字……這邊大軍失

曾一針見血地指出「平壤、鴨綠江口、威（海）、旅（順）、蓋諸戰，皆敗在各軍心志不齊，並不互相援應」。那時，正當日軍在山東榮城登陸的緊要關頭，李鴻章卻認爲那是山東巡撫李秉衡的防地而未予增援。而等到榮城失守，威海危在旦夕，李秉衡又因爲那是李鴻章的地盤而漠不關心，致使威海孤立無援，迅即陷落，最終導致北洋水師全軍覆滅。

軍事訓練，形同遊戲

乾隆初年，因作戰需要，朝廷在八旗護軍內精選勇猛者千人專門練習用雲梯攀登堡壘和攻城技藝，因此這支後來被稱爲「健銳營」的軍隊，也可以說是清軍八旗禁衛軍裡的特種部隊了[100]。該營在乾隆年間的大小金川之戰、大小和卓之戰、庫侖之戰等戰爭中都發揮了非常重要的作用。戰事結束以後，健銳營作爲八旗中的精銳之師，一直駐守在北京香山腳下。但八旗健銳營自嘉慶、道光以後，便逐漸失去了昔日的輝煌而開始平庸散漫，其軍事訓練形同遊戲。

按道理說，架梯蹬樓本是健銳營的看家本領。但訓練中，官兵們卻一副從容登梯的樣子，敷衍了事；火槍射擊時每人十發子彈，竟無一人能全部中靶；馬術訓練中健銳營「十人上馬半數落，呲牙咧嘴腿骨折」。爲此，道光皇帝勃然大怒，曾專門下旨予以嚴厲批評：「健銳火器兩營，操練本屬認眞，遇事並能得力，然近日風氣，亦不逮從前遠甚。」

敗，血流成河，那邊卻袖手旁觀，暗中譏笑。這樣的惡習，已經成為弊病，難以克服」。

100 現在北京市海澱區的團城演武廳、北京植物園內的藏式碉堡以及香山山腳下一些以八旗命名的村莊都是當年健銳營留下的遺跡。

於是，就是這麼一支形同虛設的「特種部隊」，在遭遇強敵時，很快就被打回原形。1860年英法聯軍進攻北京，健銳營作爲精銳之師參與京師保衛戰，傷亡慘重。同治年間，健銳營又被調往江南參與剿滅太平天國和撚軍的戰鬥，戰鬥中健銳營更不復當年之勇，僅有一成左右官兵活著返回北京。1900年八國聯軍進攻北京，健銳營奉命進城增援守軍，官兵在地安門與進城的日軍展開戰鬥，最後雖一定程度上延緩了聯軍的進攻，爲慈禧太后的出逃爭取了時間，但這也是健銳營的最後一次參戰。

清軍中的精銳尚且不過如此，一般部隊的戰鬥力更可想而知了。清兵平時很少操練，以致出現騎兵不會騎馬、炮兵不知如何放炮者，而水師更鬧出了水兵暈船的笑話。

風氣敗壞，軍紀廢弛

道光年間，清軍中已有幾種惡習：一是大量官兵吸食鴉片。林則徐就說，鴉片煙毒使「中原幾無可以禦敵之兵」[101]。二是賭博，軍官賭博常常要招妓女陪伴，有膽大的軍官甚至把賭局開到了軍營內。例如，浙江一位千總在一次賭博中就壓上了自己的小妾，賭輸了，竟然帶兵與對方決鬥。三是腐敗，署理陝西巡撫張集馨在《道咸宦海見聞錄》中記載了他爲官三十年的所見所聞，其中對軍隊的腐敗現象做了深刻的揭露。張集馨看到，從陝西長武到潼關約五百多里，有營盤而無軍兵，有的城池甚至連把守城門的兵卒，也是每天花一百文錢，現雇「保安」來做。而榆林的綠營一標（相當於現在的團）應有軍兵三千餘名，實際上

---

101 嘉慶道光年間的第八代禮親王昭槤在《嘯亭雜錄》中也說：有許多遊手好閒或失業的人混入了軍隊。有些甚至還吸食鴉片，煙癮很大。

只有十分之一。綠營兵常常僱窮人入營代替他們辦差，自己在軍營外做生意，有的士兵甚至把自己的軍械賣掉換酒喝。

除此以外，清朝的綠營兵源也有很多問題。俗話說「好男不當兵，好鐵不打釘」。首先，讀書人不當兵。其次，地道的農民和工商業者也不當兵。因此，綠營的主要兵源是來自各行各業的破產者和一些遊手好閒的人，他們把當兵作爲一種謀生手段。這部分人在軍隊管理鬆弛時，身上的惡習便很容易發作，成爲社會的毒瘤。當時的綠營兵常常「聚賭宿娼，勒索陋規，搶劫百姓，違禁犯法，無所不爲」。對此，積極宣導禁煙的禮部右侍郎黃爵滋曾痛心地說：國家以爲軍隊可以備戰，而我不敢想像這樣的軍隊可以打仗。軍隊內部的腐敗，已經到了無可救藥的程度。鴉片戰爭前後的清軍就是這樣一支部隊。

鴉片戰爭中，清政府爲抵禦英軍，曾前後六次調兵共一萬七千人前往廣州抗英。道光皇帝每次調兵諭旨的最後一句話都是「嚴令帶兵官員，沿途不得滋擾」。然而，這些軍兵在前往廣東的途中仍然胡作非爲，「有搶掠人財物者，有毆傷差役者」，各種醜聞不絕於耳，引起沿途百姓的強烈不滿。抵達廣州後，這些「客兵」在省城也是胡作非爲，對逃難入城的百姓「經常隨意指責爲漢奸……將領不加以管束，廣州百姓苦不堪言，大半遷徙逃亡」。清兵如此橫行不法，激起廣州人民的極大怨憤，甚至造成當地人民不支持清兵抗戰的局面[102]。

1841 年 1 月，英軍進攻大角、沙角砲臺，兩砲臺地勢險要，易守難攻。然而英軍在沙角登陸後，清軍守衛營門的士兵竟不戰而逃。很多

102 時任廣東地方官的梁廷楠在目睹這些劣行後，在其撰寫的《夷氛聞記》中說：外省各路「客兵」雲集羊城，倉促之間安置不下，領兵統帥「則令手下軍兵自行選擇民間空房入住，兵丁們各找同夥，三五成群，撬門挈鎖而入，隨地宿營」。

清兵不是在同敵人搏鬥中犧牲，而是在逃跑時被追殺的。在大角砲臺戰鬥中，雖然副將陳連升在英軍炮火中英勇陣亡，但也有上百名的清兵從被炮彈打穿的圍牆洞中逃走。事後曾參加這次戰鬥的英國軍官賓漢回憶說：在整個大角戰鬥中，英軍沒有遭到特別強烈的抵抗，英軍攻占大角砲臺只用了不到一個半小時。

大角、沙角砲臺失守，虎門危急。1841 年 2 月，廣東水師提督關天培入守靖遠、威遠砲臺。關天培向兩廣總督琦善請求援兵，但僅得二百二十餘人。據中國第一歷史檔案館編《鴉片戰爭檔案史料》第三冊記載：「士兵譁然，說英國人的軍艦很多，守軍是難以抵擋的。關天培作戰鬥動員，兵丁們則提出要錢並寄回家中，以表示必死的決心。關天培不得已，把自己的衣物送到典當鋪，換了銀兩。」爲了穩住軍心，關天培不得不給每個士兵賞銀元兩塊，這些士兵才勉強來到砲臺。爲了能讓士兵們奮勇殺敵，關天培下令鎖牢砲臺大門，不放一個士兵出去。誰知，這些士兵竟然「夜有扒越台牆而遁者」。2 月 26 日，英軍向虎門大舉進攻。關天培在最後關頭，不得不親手燃炮射擊，結果受傷十多處，周身鮮血淋漓，仍屹立陣前，最後英勇犧牲。

虎門戰役後，道光皇帝下詔：「訪查在戰鬥中臨陣怯戰，逃跑的兵丁，嚴密查拿，立即梟首示眾，殺一儆百，以嚴肅紀律整頓風紀。」但是將軍奕山卻以「急則性變，誅不勝誅」爲由，沒有執行道光皇帝的命令。在虎門戰役中，沒有一個將領因爲臨陣潰逃而受到處分，這種縱容的態度貽害無窮，爲後來清兵一系列的潰逃產生了極壞的「示範」作用。

運輸後勤，機制缺失

第一次鴉片戰爭中，英軍最初派出海陸軍大約七千多人，後來增至二萬人。英軍利用其船堅炮利、快速機動、兵力集中使用的優勢，牢牢掌握了制海權，也掌握著進攻的主動權，從而形成局部的相對兵力、火力優勢，攻其一點，快速突破，然後迅速擴大戰果，其技術優勢和戰術運用都比較得當。

反觀清軍，在鴉片戰爭中先後共投入兵力約十二萬人，雖然在合計的數量上占有絕對優勢，但在幾個具體的戰役中，清軍兵力上的優勢卻未能顯現。為了防禦英軍的入侵，清軍在沿邊臨海的七個省，數十個海口都得設防。每個海防重鎮，駐守的部隊大多在四千至一萬人。如此分兵，導致在各處都很難集合優勢兵力。由於當時的戰爭勝敗很大程度上取決於參戰兵力的多少，而在各次戰役中，中方投入的部隊往往不足，有時與英軍相比還居於劣勢，所以幾乎每次戰役都以清軍失敗告終。而導致清軍難以集合的主要原因，正在於極其糟糕的軍事運輸狀況，極大地限制了清軍兵力調動的速度，甚至影響了清軍集中兵力對英軍作戰。所以，清軍在歷次戰鬥中經常出現力量單薄、被動挨打的局面。例如，1841 年 10 月，英軍攻占寧波，道光帝急調四川建昌、松潘的兩鎮精兵二千名，前往浙江征剿，等到該部奔波二千餘公里趕至前線時，英軍已在寧波休整了近半年，以逸待勞多時了。如此疲憊不堪、裝備落後的清軍又怎能打勝仗呢？

因此，從根本上說，軍事運輸落後是第一次鴉片戰爭戰敗的重要原因[103]。但不可理喻的是，清軍在戰後卻對此幾乎未做任何改進。所以，

---

103 對此，清軍將領勝保曾無可奈何地歎息道：「倘能西安隊到，稍可救急……然恐緩不濟急，奈何！

在二十年後的第二次鴉片戰爭中，清軍仍然受戰時運輸能力落後的影響，遲遲不能把增援部隊按時送達作戰前線，從而導致整個戰局的失敗。例如，1860 年 7 月 13 日，咸豐帝下令將山西、河南、直隸等地的抬槍、鳥槍等武器解送到北京。7 月 27 日，「抬槍一千杆，火繩二萬盤，鉛丸四萬出」等火器由河南起運。但到 8 月 15 日，這批武器還沒運到。河南到北京不過一千多里，十七天竟無法趕到，可見其軍事運輸速度日行不到百里。1860 年 6 月，咸豐帝又下令調陝西官兵增援通州。可到了 9 月初，英法聯軍已經逼近通州，陝西的援兵還沒趕到。直至英法聯軍在八里橋之戰中已經打敗清軍、占領通州後，陝西援兵才姍姍來遲。

武器裝備，落後不堪

清朝入關前，一度非常重視火炮的使用和製造，那時清軍就已擁有紅衣大炮近百門，「師行必攜之」。到康熙年間，清軍的火炮使用和製造達到高潮。僅康熙 13 年到 26 年，由南懷仁督造的歐式火炮就有近五百門。在後來的烏蘭布通、雅克薩、昭莫多等戰役中，火炮對決定戰爭的勝負都發揮了關鍵作用。康熙 30 年（1691），朝廷還專門在八旗中建立了火器營。但可惜的是，後來自廢武功，過於強調祖宗遺訓，要求八旗子弟「以清語、騎射爲務」。此後多年，先進的槍炮火器技術發展陷入停滯。從清軍入關至鴉片戰爭的二百年時間裡，清軍火器水準較之明朝末年不但沒有進步甚至還有所倒退。

到了鴉片戰爭前後，清軍的武器裝備已嚴重落後。清軍中的制式火器仍然是一、兩百年前的舊式火炮、抬槍和鳥槍，特別是號稱精銳的

奈何！」

新式裝備的部分清軍

京師火器營裡居然還在使用二百年前的鳥槍！清軍的武備體制裡也沒有更換報廢武器的意識和制度，所以，部隊裡的火炮還大多是清初時鑄造的，有的甚至是前明的遺物，品質低劣，「老態龍鍾」。更何況，相比較英法軍隊所普遍使用的爆破彈、霰彈而言，清軍的火炮主要是威力較差的實心彈。所以，在激戰中，清軍不但很少能擊沉敵人的戰艦，反而自己的陣地卻總是被轟擊得千瘡百孔。鴉片戰爭前後，廣東、浙江等省也曾購置或改造過一些新式火炮，但由於數量和品質的關係，大多曇花一現，根本於事無補。例如，1835 年廣東水師提督關天培新制大炮四十門，結果在試放過程中炸裂十門，經檢查炸裂的火炮，發現「碎鐵渣滓過多，膛內高低不平，更多孔眼」，其中有一空洞「內可貯水四碗」，可見其品質低劣。對此，魏源痛心疾首地指出：中國製造火炮、艦船時，那些監造的官員和工匠們，只知道省錢、省事，鑄炮時放入渣滓廢鐵，炮怎能不震裂？造船用料脆薄腐朽，不能抵禦大海風濤，怎能用來禦敵？

此外，槍炮新舊雜陳，口徑不一，也給彈藥供應帶來了不少困難。對此，張之洞曾指出：中國軍隊以前所用的火槍，種類紛雜，是最大的弊病。不但一省的軍隊中，不同的部隊武器不同，甚至同一支部隊中，裝備的武器也不一樣，以致彈藥不能通用。一種槍彈缺乏，就有一種槍械作廢。這樣雖有武器，形同赤手空拳，沒有軍需保障，怎能不臨陣潰敗？

第一次鴉片戰爭，「船堅炮利」的英軍，擊敗了赫赫天朝，清朝政府已經覺察到中國在武器裝備上與世界水準的差距。但痛定之後，一切如故。清朝統治者一味苟安，不思振作，十餘年中，清軍裝備幾乎沒有變化。而這十餘年恰恰是英、法等國武器加速更新換代的時期：蒸汽鐵甲艦替代了木制帆艦，線膛炮更新爲滑膛炮，新式的連發步槍已經試製成功，開始分發裝備部隊。可見，中西方之間的軍事裝備差距未曾縮小反而又在擴大。因此，從軍事裝備的角度來看，大清在以後戰爭中的失敗，也屬必然。

「學而優則商」：史上唯一的「狀元下海」始末

「十年窗下無人問，一舉成名天下知」。清光緒20年（1894），慈禧太后六十壽辰恩科會試，一位江蘇舉子殿試高中一甲第一名，榮登狀元，照例授六品翰林院修撰。狀元作為中國科舉制度的至高榮耀，是古代無數讀書人夢寐以求的最高境界。而這位「大魁天下」的新科狀元所獲得的翰林一職，又素有「儲相」之稱。因此，這位新狀元的前程可謂仕途無量。可是，這位狀元爺後來竟丟下國家高級「公務員」的鐵飯碗，棄政從商選擇「下海」，開始了他的「實業救國」活動。要問這位奇人是誰？他就是近代中國鼎鼎大名的實業家：張謇。

投身商海，實業救國

1895年，張謇因父親病故，按例回江蘇海門老家守孝。1896年初，兩江總督兼南洋大臣張之洞在接到朝廷旨意後，派張謇、陸潤庠、丁立瀛三人在江蘇通州（今南通）、蘇州和鎮江設立商務局，興辦工商實業。三人中，丁立瀛在鎮江碌碌無爲；陸潤庠雖是比張謇早二十年的同治年間狀元，但陸本人對經商開工廠興趣不大，兩年後又重歸仕途，後來升至侍郎、尚書、大學士。相比之下，只有張謇提出「實

張謇

業救國」、「教育救國」的口號，並身體力行。

在接到清政府的指令後，張謇很快在南通創辦了大生紗廠[104]。大生紗廠最初定位是商辦，由張謇出面在民間集資[105]。後來因爲民間股金不能到位，轉而求助於政府，遂變成「紳領商辦」性質。從1895年開始籌辦，到1899年4月正式投產，大生紗廠的招股集資過程歷經曲折，幾次瀕臨夭折。

正所謂「好事多磨」。死中得活的大生紗廠終於在投產後苦盡甘來，第二年即獲純利五萬兩；第三年得利十萬兩；到1908年累計純利達到一百九十多萬兩。經過數年的艱難經營，大生紗廠逐漸壯大，到1904年紗廠增加資本六十三萬兩，紗錠二萬餘枚。後來，在1907年又創辦大生二廠，資本一百萬兩，紗錠二點六萬枚。截止到1926年，大生紡織已有四個廠共紗錠十六萬枚，布機一千五百八十台，資本七百零八點四萬元，是建廠時的十倍，成爲當時中國最大的民族資本紡織企業。

爲了讓大生紗廠有屬於自己的原棉基地，1901年在新任兩江總督劉坤一的支持下，張謇又在呂泗、海門交界處圍墾沿海荒灘，建成了占地十多萬畝的「通海墾牧公司」。1910年後，墾牧公司平均每年向紗廠提供棉花一萬二千擔。創

大生紗廠

104 之所以取名為「大生」，取的是《易經》中「天地之大德曰生」之意。

105 由於張謇是大清狀元出身，所以大生紗廠早期的棉紗產品一直使用「魁星」商標，下設有「紅魁」、「藍魁」、「綠魁」、「金魁」、「彩魁」等不同產品。商標的主要圖樣就是魁星點鬥，獨占鰲頭的形象。

辦墾殖事業後，張謇還堅持對棉花品種進行改良，積極引進新棉種。在短短八年時間內，他先後收集了來自世界各地的近一百五十個棉種供技術人員研究，並開闢了實驗農場、苗圃，購置儀器，設立化驗室，這些都為中國現代棉花種植生產打下了扎實的基礎。

與此同時，在確保棉紡織業不斷發展的基礎上，張謇開始積極開拓其他相關產業的發展。原棉加工後會留下大量棉籽，其含油量高，既可作食用油，也可作工業原料。為避免浪費，節約成本，1903 年大生紗廠開始進入煉油業，出資購買了新式榨油機，在唐家閘建立「廣生油廠」，把榨出的棉籽油賣給農民食用，榨油下腳料賣給肥皂廠做原料，而棉餅則用作肥料，提前百餘年實現了棉紡業的「綠色環保」生產。

後來，考慮到大生紗廠機器的維修問題，1906 年張謇投資二十二萬兩白銀，購置各種機床、衝床和化鐵爐等設備，建起一個機器製造廠，名為「資生鐵廠」，取「資助大生」之意。該廠前後共為大生系統各企業製造各種紡織機械一千五百多台。此外，還為農墾公司修造機器，並製造過載重數十噸的大小輪船十多艘。

南通的東面和北面臨海，南瀕長江，離上海僅百餘裡，因水路阻隔，交通不便。南通各紗廠所用的機器設備、燃料等，都要從上海運來，而生產的棉紗、布匹也都要運往上海銷售或轉口。為了方便產品的運輸，張謇在籌建大生紗廠時，又特意購買了一艘輪船，成立了大生輪船公司，專為紗廠服務。1904 年張謇把大生輪船公司擴展為大達輪船公司。除擴建南通的天生碼頭外，還在上海修建了大達碼頭，先後添置七條大型江輪。以後，張謇還在唐家閘開辦了大達內河輪船公司，擁有二十條客貨輪，十五條拖輪。

爲了保證大生紗廠的日常照明用電，1916 年張謇在如皋和唐家閘建立了兩個小型發電廠，取名「通明公司」。1920 年，大生紗廠又在天生港投資建立一座較大的火力發電廠，使紗廠部分機器改爲電力牽動，還基本解決了南通城的照明問題。

1919 年，張謇又在南通成立了淮海實業銀行，由其長子張孝若任總經理，並在上海、漢口、揚州、南京、蘇州、鎮江、海門等地設立分行，在鹽城、東台等地設立分理行或辦事處。淮海實業銀行成了張謇企業融通資金的重要機構。

總而言之，當時張謇開辦的各項企事業涉獵很廣，涉及地方社會的諸多部門，如大生紗廠、通海墾牧公司、大達輪船公司、復興麵粉公司、資生鐵冶公司、鹽業公司、漁業公司、榨油廠、電廠、釀造公司、食品廠、油廠、淮海實業銀行等。在水利交通方面，張謇也曾計畫把蘇北的江淮河運水利工程改建爲淮河入江水道和淮河入海水道，並分片開河築港，建築十餘處大型涵閘，百餘處小型涵閘。截止第一次世界大戰前夕，張謇已先後興辦各類企業二、三十個，初步形成了一個以輕紡工業爲核心的南通工業群，而南通也已成爲當時與上海、武漢等地齊名的著名工業基地。

興辦教育，銳意創新

張謇是一位偉大的企業家，也是一位推動近代教育發展的先驅。經他所創辦的學校，不僅有中小學和各類師範，也有大學專科學校。就興辦教育的成就而言，實可以與其實業成就相媲美。

張謇辦教育的初衷，首先是源於企業的技術需求。早在大生紗廠創辦之初，爲解決技術上的難題，張謇曾接受外國資本家苛刻的條件，重金聘用「隨機洋師」。但這樣的後果，不但導致技術上由洋工程師把持一切，連工廠的生產也處處受制於洋人。張謇感到中國必須培養自己的專門人才，遂痛下決心投資興辦職業教育，培養工廠急缺的熟練工人、專門技師和各種管理人員。他以實業所得利潤開辦教育，再以教育促進實業的興盛，目的在於「實業教育，互相孳生」。爲此，他提出「苟欲興工，必先興學」的口號，每創辦一類企業，都必辦相應的學校。

在這個思想指導下，張謇的興學之舉隨後付諸實施。首先開展師範、中小學等普通教育，解決普通教育所需的師資問題，然後以提高工人和當地居民的文化水準爲主，爲下一步的專門教育打好基礎。然後，再創建各類農工商職業學校，培養各級專門人才，爲當地發展建設提供服務。1902 年張謇創立了中國的第一所師範學校：通州師範學校。其學校最大的特色在於，除一般教學外，還設有教育實習課一項。這種理論結合實際的教學方法，在當時可稱得上是一種教育創新[106]。

張謇興辦實業的主業是紡織和棉墾。爲此，他創辦了紡織與農業兩所專科學校。南通紡織專科學校是全國最早的紡織學校，當時遠道而來的求學學生，幾乎遍及全國。該校不僅爲當地紡織企業培養了大批技術員工，也爲全國紡織業提供了專業人才。1927 年，紡織專門學校更名爲南通紡織大學，1928 年與南通醫科大學、南通農科大學合併成南通大學。而在辦農校方面，張謇把重點放在對棉花生產的研究上。在墾區，他還特別強調對村落建設和普及教育的要求。按照他的規定，在墾牧鄉每一萬二千畝，劃築一堤，堤中住戶滿二百戶以上的，必須設立

106 對自己一手創建的「通州師範學校」，張謇自豪地說：中國的師範學校，自光緒 28 年出現。在中國二十一省的廣大地區，四億人之眾，有相同認識及舉措者僅此一處啊！

國民學校一所。而數堤以上，則必須成立高級小學。

爲了傳承中醫學，1912 年張謇設立了醫學校，1918 年更名爲醫學專門學校，專門學習和研究中國源遠流長的中醫。在興辦這所學校的同時，張謇結合自己的獨特見解，首次提出了中西醫結合的思路，即中西醫並舉[107]。當時，南通醫學專科學校不僅聘請了有經驗的中醫講學，還在校園內廣植中草藥，這在當時絕對是一件亙古未有、又很有見地的新鮮事兒。

在這個過程中，爲給工廠提供源源不斷的大量熟練工人，張謇在 1905 年建立了工人藝徒學校；爲興修水利，1906 年開辦測繪班和河海工程學校；後來又陸續開辦了商業學校、商船學校、鐵路學校、河海工程學校、蠶桑講習所、銀行專修科、繡織學校、伶工學校、聾啞學校、測繪班等。其中，他特別注意對女子的訓練，通過開辦各種女子職業教育機構，讓婦女學習紡織、養蠶、刺繡、結髮網、制火柴等技藝。從他開辦教育的規模和範圍看，其目標是面向整個社會，建設全面的系統的教育體系。

張謇十分重視專門學校的師資品質，認爲「有好教師，才有好學生」。第一次世界大戰中，德國驅趕大批華僑回國，張謇知道留德人士中有不少科學家，於是選擇十多名專家，分任各學校、工廠的教授及顧問。張謇還非常注意專門學校的教育內容和方法，強調教育必須從企業的實際需要出發。他強調：「在南通講教育，所學一定要立足於應用，所學一定要適合當地特點和需求。」「專門教育，以實踐爲主要目的。比如農業學校的學生，不會在農田裡幹農活，搞農業，可以稱爲學生，而不能稱之爲農校的學生」。

107 為此，他為醫學專科學校所題寫的校訓，就是「祁通中西，以宏慈善」。

張謇開辦了這麼多的學校，其實際辦學成果如何呢？顯而易見，這些學校對南通實業的發展發揮了很大作用。譬如，在籌建大生三廠時，原擬請一位英國技師負責安裝機器，由於給他的洋樓未蓋好，這位洋技師索性拂袖而去。無奈之下，張謇要求紡織學校師生自行設計安裝。沒想到，全廠的一萬零三百枚紗錠、四百二十二臺布機，竟全部一次安裝成功並順利開機生產。事後，張謇滿意地說：「紡織學校不僅為我省了錢，還爭了氣。」

作為一名教育家，張謇不但在家鄉大力宣導教育發展，對外地的教育事業也不遺餘力進行幫扶。張謇先後通過宣導加資助的形式，在外地創立了龍門師範、南京高等師範等學校。1911 年，張謇正式擔任江蘇教育會會長和中央教育會會長。在他的宣導下，全省先後創辦了三百六十三所小學、六所中學和三所師範學校。張謇興辦教育，不僅提高了普通民眾的基本文化素質，也為中國近代教育事業的興起和發展作出了重要的貢獻。

熱衷公益，開辦展會

除學校教育之外，張謇還創辦了各種社會教育機構，開設博物苑、圖書館、氣象臺、農事試驗場、圖書公司，以及公園、劇院等。這些文化教育設施大多沒有利潤，而且要不斷用大筆開支去維持，但張謇一直積極創辦並勉力維持著，直到其事業的終結。

張謇也是中國近代博覽事業的開拓者之一。1903 年，日本邀請張謇等社會名流參觀日本舉辦的大阪世界博覽會。當年 4 月，張謇東渡抵達日本。他看到博覽會範圍廣、場面大，參觀者人山人海，深為震撼，對博覽會產生了濃厚的興趣。在參觀中，更令他大開眼界，感慨萬千[108]。回國後，他把日本的成功模式總結爲「聖王之道＋機器之學」，在這個思路的指導下，開始了他在南通的龐大事業。

後來，在張謇等人的策劃下，中國也參加了 1907 年的米蘭漁業博覽會。當時，中國的商品僅有漁業類，展位占地四百平方公尺；工藝類占地一百二十平方公尺。展品數量非常有限，而且品質尙顯粗糙。但評獎結果，卻出人意料地獲得了百餘項獎牌和獎盃。其中，張謇創辦的呂泗鹽場的鹽、頤生釀造公司的頤生酒、頤生和溫州罐潔公司生產的罐頭食品同獲展會金獎。

除參加國際博覽會外，張謇還積極推動中國舉辦自己的博覽會。1908 年 11 月，兩江總督端方上奏朝廷，申請舉辦南洋勸業會。8 月，清廷正式批准舉辦。以張謇爲首的江蘇紳商們積極回應，參與籌備。1909 年 2 月，張謇在南京發起成立「勸業事務所」，作爲勸業會的中樞機構，具體負責籌辦事務。在各省「協贊會」、「物產會」等組織的積極協助下，「勸業事務所」精選各地的優良展品，送往南京赴會參展。1910 年 6 月至 11 月，「南洋勸業會」在南京成功舉辦，這是江蘇地方舉辦，也是中國第一次全國性的博覽會。此次博覽會上有二十二個省提供了展品。此外，東南亞、英、美、日、德等國也都有展品參展。整個博覽會歷時半年，參觀人數達三十多萬，在國內外產生的影響力不亞於當時的世博會[109]。

108 張謇在日本考察期間，先後八次前往博覽會場館參觀，學習世界先進技術，以求借鑒發展國內實業。

109 以張謇為首的一批東南紳商對這次博覽會的成功舉辦起到了關鍵性的作用，是這次博覽會的實際組織、籌辦者。

由盛轉衰，狀元謝幕

隨著實業的一步步延伸，張謇的事業也在20世紀20年代初達到頂峰，此時大生集團的資本總額共計二千四百八十餘萬兩白銀。但一戰結束後，中國民族工商業的外部市場環境驟然惡化，帝國主義特別是日、美、英等國加緊向中國傾銷商品和輸入資本，使中國的民族工商業陷於困境，其中以棉紡織業受到的衝擊最大。張謇的大生集團也不例外，經營狀況驟然惡化。另外，戰後匯率的變動，使新採購機器的成本大增，機器設備陳舊而得不到更新。同時，生產原料的暴漲，也導致經營成本驟增。而且，張謇的各項社會性事業擴張速度過快，投資幅度過廣，也影響了資金的提留儲備和擴大再生產的需求。因此，在內外交織的因素作用下，大生紗廠最後資金枯竭，負債累累，生產逐漸陷於停頓。從 1922 年起，大生各紡織廠開始連年虧蝕，債務不斷增加：大生一廠負債總額達到一千二百四十二萬餘兩，二廠負債總額三百五十二萬兩。從此大生集團走上迅速破產的不歸路。到 1925 年，大生集團更加惡化。當年 7 月，由中國銀行、交通銀行、金城銀行、上海銀行和永豐、永聚錢莊組成的上海債權人團遂全面接管了張謇苦心經營三十年的大生企業集團。

1926 年 8 月 24 日，張謇病逝於南通，享年七十四歲。

對於自己的一生，張謇自我評價說，自己一生辦事做人，只有「獨來獨往，直起直落」。他一生孤獨，最大的精神支撐是崇高的社會理想，是一個狀元告別仕途後念念不忘的興國之夢，爲了這個夢想，他傾盡了全力。他一生共創辦了二十多個企業，三百七十多所學校，爲中國近代民族工業的興起、近代教育事業的發展做出了寶貴貢獻。

晚清報紙一覽

每天清晨，當一份份散發著墨香的報紙送到千家萬戶時，人們可以及時、準確地捕捉每天國內外發生的最新消息。時至今日，讀報已經是許多都市人不可或缺的一種日常生活習慣，它不僅為我們的生活帶來了方便，還傳遞了知識，送來了快樂。不過，您可知這報紙在中國是如何發展起來的嗎？

報紙的起源

二千一百年前，世界上就已經出現了報紙的雛形。西元前60年，羅馬共和國在羅馬議事廳外的一塊白色木牌上，每天書寫公告式的官方公報，內容多以元老院或公民大會的議事紀錄爲主，其作用大致相當於現在的公告欄。關心時事的羅馬公民常常圍聚在這塊木牌前閱讀、議論[110]。後來，隨著羅馬版圖的擴大，又有人將《每日紀聞》的內容寫在布匹上，帶到各個地區的首府，翻譯成各種語言，發布給民眾。

在中國，大約西元前 2 世紀也出現了早期的「報紙」，算起來比西方的《每日紀聞》還早一百年。當時正是西漢時期，國家實行郡縣制，各郡在京城長安都設有一種叫做「邸」的辦事機構（其主要職能，與今天的各地駐京辦相仿）。「邸」中的官員，主要負責搜集朝廷的各種資訊，然後把資訊寫在竹簡或絹帛上，通過驛站傳送給各郡主要

110 當時這種公告式的政府公報被人們叫做「阿爾布」，後人稱為《每日紀聞》。

官員參閱，以便瞭解中央動態。所以，這種寫有資訊的竹帛就被稱爲「邸報」。而這份政府專用的「邸報」也是現知中國歷史上最早的「報紙」[111]。自漢、唐、宋、元、明直到清代，「邸報」的名稱雖有變化，但這種形式一直沒有中斷，其性質和內容也沒有多大變動。

不過，無論是西方的《每日紀聞》，還是中國古代的「邸報」，這些早期的「報紙」都還只是一種古代的傳播媒介或封建政權內部的參考讀物，充其量只能稱得上是具有報紙形態的官方讀物，它們與近代報紙相比還有非常大的差別。眞正具有近代意義的報紙是一種以刊登新聞爲主、面向公眾發行的散頁型印刷出版物，是大眾傳媒的重要載體，有反映和引導社會輿論的功能，具有刊載新聞、定期出版和公開發行的三大特性。所以，按這一標準，現知世界上最早的近代報紙應誕生於17世紀初資本主義蓬勃發展的西歐。其中，1609年荷蘭安特衛普的《新聞報》、1609年德國的《通告報》和1621年英國的《每週新聞》都是這類新報紙的典型代表。

近代中文報紙的先驅

相比之下，中國第一張近代報紙的產生比西方晚了二百年。1822年9月12日，葡文的《蜜蜂華報》作爲中國近代第一份報紙，同時也是中國第一份由外國人創辦的報紙和澳門第一份報紙，於當時中外交流最前沿的澳門創辦。《蜜蜂華報》由時任澳門議事會主席的葡萄牙立憲派領袖巴波沙與醫生阿美達著聯手創辦，阿馬蘭特神父爲主編，每

111 現存世界上最早的「邸報」實物，是西元887年（唐僖宗光啟3年）的敦煌歸義軍《進奏院狀》。這是一張手抄的「邸報」，長約九十七公分，寬約三十四公分，現藏於英國倫敦的大不列顛圖書館。

週四出版，由澳門官印局負責印刷，是澳門議事會的政府公報。其內容既報導澳門與葡萄牙的政治新聞、國際要聞和港口的船期班次，也有各黨派的政論文章等。該報在創辦時以週刊形式出版，前後共出版六十七期，1824 年 1 月被《澳門鈔報》取代。由於該報在當時印量極少和語言的關係，主要物件僅限於居住在澳門的葡籍人士，所以對當時的中國而言，並沒有什麼影響力。

而 1853 年 8 月在香港創刊的《遐邇貫珍》應該是近代第一份中文報紙。該報由馬禮遜教育學會主辦，香港中環英華書院印製，由倫敦佈道會的傳教士麥都思擔當主編，華人牧師黃勝任任助理，月刊，每月印三千冊，發行地爲香港、廣州、廈門、寧波、福州和上海五個最早對外通商的地方。1856 年 5 月 1 日停刊，前後共出三十三期。雖然從創辦背景看，該報最初不過爲基督教會的一份內部刊物，但實際上卻有相當一部分內容涉及當時的政治、經濟、科學文化等各領域。其中，《遐邇貫珍》是第一家對當時太平天國運動和上海小刀會的情況進行報導的社會媒體，首次將西方保險事業介紹到中國，同時還破天荒地刊登了中國第一個商業廣告和第一個新聞圖片，並首次使用鉛字印刷和刊登中英文目錄。憑著這些，這份名不見經傳的《遐邇貫珍》就足以在中國近代報刊史上占有一席之地了。

至於近代首份在中國內地出版的中文報紙，則是於 1854 年 5 月在寧波創刊的《中外新報》。當時寧波已被辟爲「五口通商」口岸之一，西方各國傳教士、商人紛至遝來，他們除了傳教、經商，同時辦學校、開醫院、出版報刊。《中外新報》正是在這種時代背景下出現的。寧波《中外新報》由美國傳教士瑪高溫、應思理主辦，半月一期（後改爲月刊），每期四頁，先是用木刻竹紙印刷，後來改爲鉛印，主要銷往寧波、杭州、上海、香港、北京及日本和歐美一帶，1861 年終刊，前後共存在七年。作爲內地最早問世的近代報刊，《中外新報》以「廣見聞，寓勸誡」爲宗旨，除宣傳基督教義外，還有報刊新聞、科學、文學等類內容，尤以各地時事新聞所占比例爲大，曾連續報導過太平軍和撚軍的動態及第二次鴉片戰爭時中外交戰的戰地通訊。

近代著名報紙

此後，再經過半個世紀的發展，報紙在中國已不算是個稀罕物。截至 19 世紀末 20 世紀初，全國共有報紙近百家[112]。當時著名的報紙有香港的《中外新報》、《迴圈日報》，北京的《中外紀聞》，上海的《強學報》、《六合叢談》、《教會新報》（後改爲《萬國公報》）等。

香港《中外新報》創刊於 1857 年 11 月，創辦人是伍廷芳。該報最大的特色在於改變了以往中國報紙採取的書本樣式，第一次採用西方的報紙形式進行編排。起初兩天出版一次，後改爲日刊，以四開白報紙單張印刷。內容多以廣告及各種商業消息爲主。

1874 年 2 月《迴圈日報》在香港創刊，標誌著中國第一份政治評論報紙的產生，開了當時國內媒體政論之先河，它的創辦人和主編是近代著名的報刊政論家王韜。在王韜的主導下，《迴圈日報》陸續發表了一大批旨在宣傳變法圖強和發展近代民族工業的時事評論。如王韜的《變法》、《重民》，鄭觀應的《論商務》、《論交涉》等，這些文章都在社會上引起了極大反響。另一方面，《迴圈日報》還以「通外

112 在這近百餘家報紙中，有五十餘家是教會主辦，二十家是外商所辦，只有十餘家不到是中國人創辦（這裡面還有不少洋人的股份），而真正屬於中國人自己的報紙，寥寥無幾。這些報刊的宗旨，大都是為了通曉中外之情，介紹西學情況，促進中國人對世界的瞭解。在近代中國與西方世界接觸的早期，這些報紙對中西溝通的作用不可忽視。

情，廣見聞」爲己任，致力於傳播和普及西方知識，介紹西方自然科學和社會科學成就，反映世界和時局變化，鼓吹學習西方，變法圖強，對開通民智、促進中西文化交流產生了積極的影響。

中日甲午戰爭後，光緒帝爲宣傳新政，下詔允許官方和民間辦報，中國內地的官、民辦報方日漸繁盛。1895 年，以康有爲爲首的維新派，在北京創刊《中外紀聞》。1896 年另一份鼓吹變法的《強學報》在上海創刊，其辦報宗旨是：「廣人才、保疆土、助變法、增學問、降舞弊、達發隱」，這些報紙對喚醒民眾起了積極作用。而國內此時也出現了不少使用白話文寫作的報紙。例如，1898 年創辦的《無錫白話報》、1901 年創刊的《蘇州白話報》和《杭州白話報》等就對社會影響很大。在它們的宣傳下，社會上逐漸形成了一股白話文熱。而白話文報紙的橫空出世，也使得報紙這種媒體形式第一次面向百姓，走向大眾，爲以後五四運動中的現代白話文運動準備了條件。

不過，倘要論中國近代最重要的報紙，則《申報》當仁不讓。作爲中國近代歷時最長、影響最大的中文報紙，《申報》於 1872 年 4 月在上海創刊，1949 年 5 月 25 日上海解放後停刊，存世七十八年。該報詳細記錄了從清末到民國年間的政治、經濟、軍事、文化、社會等各方面的情況。以文字、圖像記錄了大量的豐富史實，具有很高的史料價值，被譽爲中國「近代史的百科全書」[113]。

《申報》的特色在於其新聞報導的視角極爲廣闊。其內容既包括國際要聞、上層社會名流的逸聞趣事，也關注下層社會世間百態和市井風情。例如，1872 年 4 月 30 日《申報》第二版就刊登了一則《馳馬角

113 由於《申報》在上海影響巨大，所以在上海話中又將報紙稱之為「申報紙」。1982 年，上海書店影印出版了全部《申報》，共裝訂了四百二十冊，是新聞出版業的一項盛事。

勝》。作者用文學中的駢體文形式，對外國人舉行的賽馬場面進行了生動的描寫：

> 西人咸往觀焉，爲之罷市數日。至於遊人來往、士女如云，則大有溱洧間風景。或籃輿筍轎，得得遠來；或油壁小車，轔轔乍過；或徙倚於樓上，或隱約於簾中，莫不注目凝視，觀玆奇景。而蹀躞街頭者，上自士夫，下及負販。男女雜遝、踵接肩摩，更不知其凡幾也。

很明顯，撰寫報導的記者對賽馬場景做了大量華麗的鋪陳，以傳統文人的想像性描寫部分地代替了實景報導，而對賽事的過程和結果則點到即止。很顯然，作者的注意力並不在賽馬本身，而在於賽馬所折射的異域風情。而這種對新聞進行文學加工和包裝的做法，在早期的《申報》中極爲常見，這既反映了早期《申報》的一種辦報風格，也使《申報》的新聞報導極爲精彩生動，有些文章甚至是很好的文學作品。例如《申報》在描寫上海英租界發生火災的救火情形時說：「當時救火諸西人莫不奮勇當先，竭力施救，將各洋龍分列兩起，迎頭攔截，祝融氏始不能更施狡獪，遂偃旗息鼓而返。」在這不過短短五十餘字的報導裡，作者接連運用了古代成語、典故及擬人的修辭手法，將當時火災現場的緊張場面描寫得栩栩如生、形象逼眞，又夾敘夾議，即便今天讀來仍有身臨其境的感覺。

對重大事件，《申報》往往不是報導一次，而是連續跟蹤報導，而且每篇報導又各有側重，力圖將事件的本末和各種情況揭示清楚。有時，在事件一開始沒有得到很準確的報導時，後期的報導就會進行更正或補充，從而給讀者一個完整的交代。例如，光緒 19 年廣州三元里火藥局爆炸火災，《申報》有三篇長篇報導；光緒 24 年杭州火藥局爆炸大火，《申報》的相關報導也達到九次。通過連續報導，對這兩次火災的前後經過、原因責任、補救措施等等，做了非常詳盡的論述。

《申報》吸引讀者的另一個特點是它對社會名流的日常活動極爲關注。例如，《申報》在 1922 年 7 月 6 日《溥儀胡適談新學》中就報導：

> 溥儀日前在琉璃廠買書，偕行者有莊士敦等。溥儀喜讀胡適文集，並於翌日打電話約胡適入宮。胡適要求免跪拜，溥儀自接電話，謂君爲新學泰斗，當然不能拜。胡適遂入談甚久。溥儀延胡爲師，胡允爲友。

類似這樣的新聞，上海觀眾非常喜歡，滿足了社會公眾對名人的好奇，也提高了《申報》的影響力。

讀報改變歷史

經常閱讀報紙，不僅能從中獲取知識和資訊，有時還能改變一個人的人生軌跡，甚至影響一個國家的歷史發展。譬如，太平天國的洪仁玕及其《資政新篇》就是一個很好的例子。洪仁玕是太平天國領導人洪秀全的族弟，他在金田起義後遭到清政府的通緝，逃亡到了香港。他發現香港道路整齊，生活有序，社會安定，開始萌發了向西方學習的思想。他在香港期間結識了許多西方傳教士，逐漸對於西方社會狀況有了一個整體的瞭解。後來，他閱讀香港報紙時，得知洪秀全領導的太平天國已經由珠江流域轉戰到長江流域，占據了富庶的東南半壁，在南京建立了太平天國政權。於是，洪仁玕便兩次回返，幾經輾轉才於 1859 年到達天京，後來被天王封爲軍師、「幹王」，一度總理朝政，成爲太平天國後期的重要領導人。後來，洪仁玕又根據自己在香港的親身考察，在《資政新篇》一書中主張全面革新，接受西方文明，走資本主義的道路。而《資政新篇》經天王批准刊行，也成爲太平天國後期的一個重要政治綱領。

無獨有偶，孫中山之所以在辛亥革命後，能擔任民國政府的臨時大總統，說起來，也與他經常讀報有很大關係呢！要說孫中山在廣州黃花崗起義失敗以後，不得不流亡到美洲。不久，震驚中外的辛亥革命爆發。隨後各省紛紛回應，國內的革命形勢如火如荼，清王朝的統治迅速土崩瓦解。當時，遠在海外的孫中山並不知道武昌起義的消息，更不知道清王朝的腐朽統治即將被推翻。有一天，他在一份經常閱讀的美國報紙上突然看到武昌起義勝利的消息，興奮地立即決定回國，終於在 1911 年 12 月 25 日抵達上海，並成爲新政府眾望所歸的領袖。1912 年 1 月 1 日，在社會各界的推舉下，孫中山在南京正式宣誓就任中華民國政府臨時大總統，宣告歷史新紀元的開始。如此一來，報紙也就在不經意間又一次影響了中國的近代歷史。

近代中國對外賠款知多少？

近代中國的對外賠款，隨著清政府的屢屢戰敗而激增，到簽訂《辛丑合約》時已經達到了令人咋舌的程度。應該說，對外賠款是西方列強對中國的無恥訛詐與勒索，也是近代中國軍事落後、政治腐敗、經濟崩潰、屈辱外交的必然代價。但是，近代中國一共賠了多少款呢？下面就讓我們一起來算算這筆令每一個中國人都感到刻骨銘心的歷史舊賬吧！

鴉片戰爭到甲午戰爭前，賠款 3,902 萬兩白銀

清朝的第一筆戰爭賠款始於第一次鴉片戰爭。1841 年 5 月，英國侵略者炮擊廣州。清朝的「靖逆將軍」奕山在戰敗後被迫向英軍求和，並與之訂立《廣州和約》。爲了換取英軍從廣州撤出，和約規定，中方向英方繳納廣州「贖城費」600 萬元（銀元），賠償英國商館損失 30 萬元。英國政府在勒索到這筆賠款後，還嫌向中國敲詐得太少。於是，又派璞鼎查爲全權代表，率軍來華，擴大侵略戰爭。到 1842 年 8 月，清政府的軍事抵抗全面失敗，被迫與英國簽訂了中國近代史上第一個不平等條約：中英《南京條約》。該條約規定：除割讓香港、開放五口通商口岸和英國人在華享有領事裁判權外，中國還要另外賠償英國鴉片煙費 600 萬元、累欠英商費 300 萬元、軍費 1,200 萬元，共計 2,100 萬元。按當時銀價 1 兩白銀約等於 1.558 銀元計算，共折合白銀 1,348 萬兩。再加上《廣州和約》賠償的 630 萬元折合白銀約 404 萬兩。在第一次鴉片戰爭中，中國總共支付了 1,752 萬兩白銀的賠款。

由於1851至1864年中國正爆發太平天國運動，此時趁火打劫的英法兩國又先後在第二次鴉片戰爭中通過《天津條約》、《北京條約》，強迫清政府賠款1,600萬兩白銀。雙方協定，清政府必須先賠付全部賠款中的一部分來作爲英法撤軍的條件，並且還別有用心地規定，其餘賠款應在通商口岸的海關收入中分期予以扣還，以每三個月爲一期，直至賠款全部付清。這樣，就爲今後進一步染指中國海關主權埋下了伏筆。

1874年6月，日本以中日兩國漁民發生衝突爲由，秘密派出幾艘商船，陰謀占領台灣。清政府聞訊後，急派福建省「安瀾」、「伏波」等幾艘兵艦前往台灣。此時，乘商船而來的日本人第一次見到了大清國的艦隊，懾於清軍威力，不得不倉皇逃離台灣。後來，爲了解決中日兩國的爭端，美英法三國雖名義上居中調停，但實際上卻暗助日本一起向清政府施壓。最後，清政府被迫屈服。在1874年10月簽訂的中日《北京專條》規定：作爲日本從台灣退兵的條件，中國給日本「撫恤」銀10萬兩、「修道建房」銀40萬兩。如此一來，原爲始作俑者的日本竟在三國「調停」下，讓清政府賠償軍費50萬兩，因此這筆錢也應視作賠款。

1871年，沙俄入侵中國新疆伊犁地區。1879年，中俄簽訂了不平等的《伊犁條約》。按照條約規定，中國要付給沙俄銀盧布500萬元，並將伊犁西境霍爾果斯河以西地區及南境的特克斯河一帶割給俄國。後來清政府迫於輿論，沒有批准該條約，但沙俄並不甘心。後來，又強迫清政府在1881年2月簽訂了《改訂條約》。在該條約中，中方雖收回了部分領土，但對俄國的賠款卻增加到盧布900萬元，約合白銀500萬兩。

《辛丑條約》簽訂現場

甲午戰爭賠借款總額約 7.29 億兩白銀

1894 年中日黃海一戰，北洋海軍全軍覆沒，大清被日本打得鼻青臉腫，一敗塗地。不得已，李鴻章代表清政府與日本簽訂了喪權辱國的《馬關條約》，由此中國也一下子背上了 2 億兩庫平銀的巨額賠款[114]。此外，清政府還要再支付日本所謂遼東半島的贖金 3,000 萬兩和「代守」威海衛每年 50 萬兩軍費的勒索，而且第一年就必須賠付 1.3 億兩。這對財政早已拮据不堪的清政府來說，絕對是場空前的劫難。據統計，當時清政府每年的正常收入大約只有 7,000 萬到 8,000 萬兩。爲了賠付日本的巨額賠款，清政府在列強的脅迫利誘下先後三次向俄、法、德、英等國舉借巨額外債。第一次在 1895 年，俄法利用其所謂「干涉還遼」的「功勞」，首先獲得向清政府貸款的機會，共借款 4 億法郎（折合白銀 9,896 萬餘兩），年息 4 厘，自 1896 年起，分三十六年還清，以中國海關收入爲擔保；第二次是 1896 年的英德借款，計 1,600 萬英鎊（合白銀 9,766 萬餘兩），年息 5 厘，自 1896 年起，分三十六年償還，以海關收入爲擔保[115]。第三次是 1898 年的英德續借款，計 1,600

114 所謂「庫平銀」是當時清政府為計算國庫收支而使用的一種標準貨幣單位。

115 後來在交付時，英德按百分之九十四交付，即中國應實收 3,765 萬法郎，合庫平銀 9,051 萬兩。

萬英鎊，年息 4.5 厘，自 1898 年起，分四十五年還清，以海關收入及厘金、鹽稅爲擔保[116]。以上合計，清政府爲償付甲午戰敗賠款，共借外債多達 3 億兩白銀，還本付息總額 7.29 億兩！後來，據中國政府統計，截至 1938 年，用於甲午戰爭賠款的外國借款，中國實際共支付了白銀 6.707 億兩。

在這種情況下，清政府的甲午賠款很快變成償還外國的長期借款及其利息，而這些長期借款都是以中國海關的關稅收入作爲擔保的，從而又使得西方列強加強了對中國海關的控制。此外，通過借款，英法還提出了要以蘇州等七地的內地「厘金」[117]收入的500萬兩作爲借款抵押，進而染指了中國的內陸稅收。而且，借款的高利息與重折扣，也使清政府在借款的同時又一次受到直接的盤剝。由此一來，近代賠款與借款成了不可分割的孿生體，特別是附加苛刻政治條件的借款，極大地制約了清政府的內政外交，嚴重影響了近代中國社會經濟與政治走向。

庚子國難賠款共約 10 億兩白銀

1901 年 9 月，清政府與帝國主義列強簽訂了《辛丑合約》。《辛丑合約》的簽訂既是列強共同侵略壓榨中國的結果，也是清政府政治上完全半殖民地化的標誌。在《辛丑合約》簽訂前，爲了更多地獲取到在華政治、經濟權益，西方列強紛紛訓令自己的談判代表，想方設法地擴大戰爭賠款。例如，德皇威廉二世就曾向德軍統帥瓦德西發出命令：「要求中國賠款，務達最高限度。」沙俄外務大臣拉姆斯也不無炫耀

116 英德按百分之八十三交付，所以中國實際僅獲銀 8,072 萬兩。

117 所謂「厘金」指的是清代在全國各主要水陸交通要道設卡徵收的一種商業稅。

地宣稱：「1900年的對華作戰，是歷史上少有的最夠本的戰爭。」因此，在西方列強的嚴苛盤剝下，最終按條約規定，中國向西方八國支付高達4.5億兩白銀的賠款。由於清政府無力交付，所以賠款又變成了借款。按年息4厘，分三十九年還清計算，到1940年，這筆賠款本息合計將達到9.82億兩。如果再加上各省的2,000萬地方賠款，則庚子賠款的總數將超過10億兩白銀。

由於賠款數額空前，海關收入又極其有限，所以列強又一步脅迫清政府開放各通商口岸五十里以內的「常關」[118]收入作爲擔保，不足部分再由全國的「鹽稅」收入作擔保。此後，西方列強就利用這種賠款的擔保權，多次蠻橫地干涉中國的內政。例如，辛亥革命發生後，當時英國人控制的海關總稅務司就藉口保證「備付各項賠付的借款」，控制了中國所有的海關稅收，並在上海成立「各國銀行委員會」，擅自截留了南方革命黨地區的全部海關稅收，從而使南京臨時政府沒有拿到一分錢，不得不與北方的袁世凱進行談判。

不過，庚子賠款雖然理論上需要支付近10億兩白銀，但實際上並沒有支付那麼多。造成這種結果的原因，主要有以下四個：

第一，中國正式參加第一次世界大戰後，英美法等協約國同意，從1917年起，中國可緩付部分債款，這筆「緩款」總額約3,150萬兩。後來因爲國際形勢的變化，這筆「緩款」實際上未再支付。

第二，由於中國在一戰中宣布對德奧作戰，庚子賠款中的德奧部分從1917年3月起便自動停止支付。其中欠德國7,269萬兩，欠奧匈帝

118 所謂「常關」是清代對舊稅收機構的一種統稱，以便與近代新開設的「海關」相區別。「常關」主要包括「工關」（主要徵收木業、船業等行業稅，因隸屬工部管轄得名）和「戶關」（即全國內地所徵收的關卡稅，因隸屬戶部管轄得名）兩部分。

國 543 萬兩。

第三，俄國十月革命後，償還俄國的部分也從 1918 年起基本停止支付。1924 年，中俄雙方在《中俄解決懸案大綱協定》中商定，剩餘 1.5875 億兩的款項停止支付。

第四，1937 年日本發動全面侵華戰爭後，國民政府在 1939 年正式停付日本庚子賠款約 7,000 萬兩。

以上合計未付賠款的總額爲 3.069 億兩白銀。因此，從 1902 年中國政府正式開始支付庚子賠款到 1938 年實際停止支付，在長達三十六年的時間裡，中國實際已支付的庚子賠款爲 6.5237 億兩白銀。不過，應該指出的是，在這期間，美國等一些國家也曾先後退還過一些賠款。比如，《辛丑合約》原定美國應得賠款本金折合爲美金是 2,444 萬，到 1908 年美國政府決定把賠款本金減爲 1,365 萬美元，同時又將以前多收的部分退還給中國，並決定把這筆錢用來作爲支援中國留學生赴美深造的經費。到 1924 年，美國又決定將保留的那部分賠款也退還給中國。繼美國之後，一些西方國家也紛紛退還部分庚子賠款。

總之，從第一次鴉片戰爭到八國聯軍入侵的六十年間，清朝對外賠款及其借款利息、折扣等合計，應償付的賠款本息總額高達 17.6 億兩白銀。實際支付總額爲 13.35 億兩白銀。

這些賠款對中國近代史的影響可謂極其重大。巨額的賠款加劇了晚清政府的財政危機與經濟崩潰，制約了近代民族經濟的振興，影響了中國近代化的進程。例如，鴉片戰爭的賠款額，就占了當時清政府全年財政收入的三分之一；甲午戰爭的賠款更完全超出清政府的償還能力，是清政府全年收入的三倍；而庚子賠款總額達到了清政府全年收入的十二倍！如此巨額的賠款使中國的財富如傾江倒海般流入西方列強的腰包，而清政府爲了支付這一筆筆巨大的賠款，不但增加了關稅、地丁、鹽課、兵餉、商捐等多如牛毛的苛捐雜稅，還喪失了原本自主的關稅收入。最終賠款一層層轉嫁到中國人民身上，廣大的普通民眾成爲歷次賠款的直接受害者。不過，從另一個角度看，賠款本身所引發的社會危機，也加速了清朝政權的覆亡和民族覺醒的步伐，反過來又推動了中國近代民主運動的不斷高漲，成爲近代中國革命的一個重要原因。

嘉峪關前的左公柳

教科書裡沒有的近代史

作　　者	董　佳
發 行 人	林敬彬
主　　編	楊安瑜
副 主 編	黃谷光
編　　輯	王艾維、黃谷光
內頁編排	王艾維
封面設計	陳膺正
編輯協力	陳于雯、丁顯維
出　　版	大旗出版社
發　　行	大都會文化事業有限公司
	11051 台北市信義區基隆路一段 432 號 4 樓之 9
	讀者服務專線：（02）27235216
	讀者服務傳真：（02）27235220
	電子郵件信箱：metro@ms21.hinet.net
	網　　　址：www.metrobook.com.tw
郵政劃撥	14050529 大都會文化事業有限公司
出版日期	2017 年 10 月修訂初版一刷
定　　價	380 元
I S B N	978-986-95038-9-1
書　　號	History-93

◎本書經中圖公司版權部由中華書局（北京）授權繁體字版之出版發行。

Cover Photography: iStock / 678908108

國家圖書館出版品預行編目（CIP）資料

教科書裡沒有的近代史 / 董佳著 . -- 修訂初版 . -- 臺北市
: 大旗出版 : 大都會文化發行 , 2017.10
320 面 ; 17×23 公分

ISBN 978-986-95038-9-1（平裝）

1. 近代史 2. 中國史 3. 通俗史話

627.6　　106016437

大都會文化　　讀者服務卡

書名：**教科書裡沒有的近代史**

謝謝您選擇了這本書！期待您的支持與建議，讓我們能有更多聯繫與互動的機會。

A. 您在何時購得本書：______年______月______日

B. 您在何處購得本書：____________書店，位於____________(市、縣)

C. 您從哪裡得知本書的消息：

1.□書店　2.□報章雜誌　3.□電台活動　4.□網路資訊

5.□書籤宣傳品等　6.□親友介紹　7.□書評　8.□其他

D. 您購買本書的動機：（可複選）

1.□對主題或內容感興趣　2.□工作需要　3.□生活需要

4.□自我進修　5.□內容為流行熱門話題　6.□其他

E. 您最喜歡本書的：（可複選）

1.□內容題材　2.□字體大小　3.□翻譯文筆　4.□封面　5.□編排方式　6.□其他

F. 您認為本書的封面：1.□非常出色　2.□普通　3.□毫不起眼　4.□其他

G. 您認為本書的編排：1.□非常出色　2.□普通　3.□毫不起眼　4.□其他

H. 您通常以哪些方式購書：(可複選)

1.□逛書店　2.□書展　3.□劃撥郵購　4.□團體訂購　5.□網路購書　6.□其他

I. 您希望我們出版哪類書籍：（可複選）

1.□旅遊　2.□流行文化　3.□生活休閒　4.□美容保養　5.□散文小品

6.□科學新知　7.□藝術音樂　8.□致富理財　9.□工商企管　10.□科幻推理

11.□史地類　12.□勵志傳記　13.□電影小說　14.□語言學習（____語）

15.□幽默諧趣　16.□其他

J. 您對本書（系）的建議：

____

K. 您對本出版社的建議：

____

讀者小檔案

姓名：______________ 性別：□男　□女　生日：____年____月____日

年齡：□20歲以下 □21～30歲 □31～40歲 □41～50歲 □51歲以上

職業：1.□學生 2.□軍公教 3.□大眾傳播 4.□服務業 5.□金融業 6.□製造業

7.□資訊業 8.□自由業 9.□家管 10.□退休 11.□其他

學歷：□國小或以下 □國中 □高中／高職 □大學／大專 □研究所以上

通訊地址：____

電話：（H）______________（O）______________ 傳真：______________

行動電話：__________________E-Mail：__________________________

◎謝謝您購買本書，歡迎您上大都會文化網站 （www.metrobook.com.tw）登錄會員，或至Facebook（www.facebook.com/metrobook2）為我們按個讚，您將不定期收到最新的圖書訊息與電子報。

教科書裡沒有的近代史

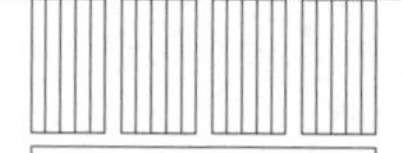

北區郵政管理局
登記證北台字第9125號
免貼郵票

大都會文化事業有限公司
讀者服務部 收

11051台北市基隆路一段432號4樓之9

寄回這張服務卡〔免貼郵票〕
您可以：
◎不定期收到最新出版訊息
◎參加各項回饋優惠活動

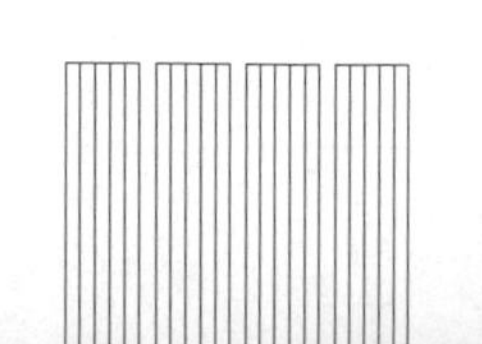

我要購買以下書籍

書　　名	單　價	數　量	合　計

購書金額未滿600元，另加收60元國內掛號郵資或貨運專送運費。

總計數量及金額：共＿＿＿＿本，合計＿＿＿＿＿＿＿＿元

通訊欄（限與本次存款有關事項）

98-04-43-04 郵政劃撥儲金存款單

收款帳號 1 4 0 5 0 5 2 9

金額 新台幣（小寫） 億 仟萬 佰萬 拾萬 萬 仟 佰 拾 元

收款戶名 大都會文化事業有限公司

寄款人 □他人存款 □本戶存款

姓名

地址 □□□-□□

電話

主管：

經辦局收款戳

虛線內備供機器印錄用請勿填寫

◎寄款人請注意背面說明

◎本收據由電腦印錄請勿填寫

郵政劃撥儲金存款收據

收款帳號戶名

存款金額

電腦紀錄

經辦局收款戳

郵政劃撥存款收據 注意事項

一、本收據請妥為保管，以便日後查考。

二、如欲查詢存款入帳詳情時，請檢附本收據及已填妥之查詢函向任一郵局辦理

三、本收據各項金額、數字係機器印製，如非機器列印或經塗改或無收款郵局收訖章者無效。

大都會文化、大旗出版社讀者請注意

一、帳號、戶名及寄款人姓名地址各欄請詳細填明，以免誤寄；抵付票據之存款，務請於交換前一天存入。

二、本存款單金額之幣別為新台幣，每筆存款至少須在新台幣十五元以上，且限填至元位為止。

三、倘金額塗改時請更換存款單重新填寫。

四、本存款單不得黏貼或附寄任何文件。

五、本存款金額業經電腦登帳後，不得申請撤回。

六、本存款單備供電腦影像處理，請以正楷工整書寫並請勿摺疊。帳戶如需自印存款單，各欄文字及規格必須與本單完全相符；如有不符，各局應婉請寄款人更換郵局印製之存款單填寫，以利處理。

七、 本存款單帳號與金額欄請以阿拉伯數字書寫 。

八、 帳戶本人在「付款局」所在直轄市或縣(市)以外之行政區域存款，需由帳戶內扣收手續費 。

如果您在存款上有任何問題，歡迎您來電洽詢
讀者服務專線：(02)2723-5216(代表線)
為您服務時間：09：00～18：00(週一至週五)

大都會文化事業有限公司　　讀者服務部

交易代號：0501、0502 現金存款　0503票據存款　2212 劃撥票據託收

大旗出版
BANNER PUBLISHING

大旗出版
BANNER PUBLISHING

大旗出版
BANNER PUBLISHING

大旗出版
BANNER PUBLISHING